Em 1979 eu era um garoto cheio de dúvidas, temores, curiosidades e também com alguns problemas de ordem espiritual por não saber lidar com a minha mediunidade. Foi nesse cenário conturbado que iniciei minha jornada no meio espírita.

Acolhido com carinho no Centro Espírita Os Caminheiros, fundado por Aldo Luiz e Zibia Gasparetto, trabalhei primeiramente na recepção, como atendente, depois como conselheiro, passista, doutrinador e médium de incorporação, colocando em prática tudo o que lia e aprendia nos cursos oferecidos pelo próprio centro, nas obras de Allan Kardec e, posteriormente, nos livros do espírito André Luiz, psicografados por Chico Xavier. Dentro desse ambiente repleto de paz e harmonia, aprendi a ter valor, a ser útil, criativo e me tornei um homem de bem.

Com o passar dos anos, comecei a compreender e aceitar outras verdades espirituais; afinal, temos muito que estudar e aprender em relação aos mistérios e verdades da vida e, por que não, da morte.

Meu real desejo é levar às pessoas, sempre orientado pelos queridos amigos espirituais, histórias nas quais a espiritualidade é mostrada de maneira natural, enfatizando em cada um de nós os verdadeiros valores do espírito, para que possamos viver melhor conosco e com as pessoas ao nosso redor.

CB078760

Marco Aurélio

Marco Aurélio, espírito amigo, tem me acompanhado desde que iniciei meus estudos no espiritismo. No início, ele ditava mensagens e, conforme fui me acostumando à sua presença nas sessões espíritas, desejava saber mais sobre ele. Anos atrás, durante uma sessão no Caminheiros, ele me revelou que, em sua última encarnação, fora investigador de polícia, nascido e criado na cidade do Rio de Janeiro, em fins do século dezenove. Seus pais morreram cedo e ele, filho único, foi morar com um casal de tios ricos, o que lhe deu condições de estudar em boas escolas e entrar para a polícia. Dentre os feitos de sua prestimosa carreira, ajudou a polícia de São Paulo nas investigações e na solução do famoso crime da mala, ocorrido em 1928.

Depois de seu desencarne, ocorrido por volta de 1931, Marco Aurélio uniu-se a uma colônia destinada a trabalhar com médiuns no nosso planeta por meio de inspiração ou psicografia, trazendo ao público histórias reais, sempre respeitando o nome dos verdadeiros envolvidos, pois muitos ainda encontram-se encarnados.

Esse grupo do qual o espírito de Marco Aurélio faz parte trabalha no desenvolvimento do ser humano, fazendo com que, ao ler nossas histórias, você possa conscientizar-se do seu grau de responsabilidade diante da vida e acionar a chave interior para viver melhor consigo e com os outros, tornando o nosso planeta um lugar bem mais interessante e prazeroso de se viver.

© 2009 por Marcelo Cezar

Diretor de arte: Luiz A. Gasparetto
Projeto gráfico: Priscila Noberto
Diagramação: Cristiane Alfano
Revisão: Grace Guimarães Mosquera, Juliana Rochetto Costa e Cristina Peres

Retrato do espírito Marco Aurélio: desenho mediúnico de Cézanne, psicopictografado pelo médium Germano Rehder.

Foto desta página: Praça do Patriarca, São Paulo, 1929.

2ª edição — 1ª impressão
10.000 exemplares — maio 2012

*Dados Internacionais de Catalogação na Publicação (CIP)*
*(Câmara Brasileira do Livro, SP, Brasil)*

Aurélio, Marco (Espírito).
Um sopro de ternura / pelo espírito Marco Aurélio; [psicografado por] Marcelo Cezar. --
2. ed. rev. e atual -- São Paulo : Centro de Estudos Vida & Consciência Editora.

ISBN 978-85-7722-212-4

1. Espiritismo 2. Psicografia 3. Romance espírita
I. Cezar, Marcelo. II. Título.

12-05676 CDD-133.93

*Índices para catálogo sistemático:*
1. Romances espíritas psicografados: Espiritismo 133.93

Todos os direitos reservados. Nenhuma parte desta edição pode ser utilizada ou reproduzida, por qualquer forma ou meio, seja ele mecânico ou eletrônico, fotocópia, gravação etc., tampouco apropriada ou estocada em sistema de banco de dados, sem a expressa autorização da editora (Lei nº 5.988, de 14/12/1973).

Este livro adota as regras do novo acordo ortográfico (2009).

Editora Vida & Consciência
Rua Agostinho Gomes, 2.312 – São Paulo – SP – Brasil
CEP 04206-001
editora@vidaeconsciencia.com.br
www.vidaeconsciencia.com.br

# Um Sopro de Ternura

Marcelo Cezar

pelo espírito Marco Aurélio

Para Nanah

São Paulo – Praça do Patriarca

# Apresentação à segunda edição

Esta segunda edição chega às suas mãos revista pelos amigos espirituais Marco Aurélio e Nanah, embora mantendo o conteúdo original. Também foi atualizada conforme as regras do novo acordo ortográfico, de 2009.

Eu estava terminando mais um livro quando Marco Aurélio aproximou-se e informou-me que faríamos uma pausa na história que estávamos escrevendo. Achei muito estranho, porque, nesses anos todos de psicografia, tal fato nunca acontecera antes. E o livro em questão estava bem adiantado, quase pronto.

Mas, como bom secretário do Além, obedeci. Para me tranquilizar, ele me disse que havia se encontrado com uma amiga — um espírito tido em altas contas nas esferas superiores — e ela havia lhe contado, segundo palavras dele, "uma fascinante história de vida".

No dia seguinte, ainda ressabiado, corri aos braços da Zibia Gasparetto. Quem me conhece vai dar risada, porque deve estar imaginando um homem de quase dois metros de altura sentado no colo de uma senhora de pouco mais de um metro e sessenta.

Conversamos sobre o ocorrido, e Zibia também me tranquilizou, afirmando que, muito provavelmente, a nova história tinha mais a ver com o nosso tempo, com o nosso momento, que eu deveria confiar na espiritualidade maior.

Alguns dias depois desse, digamos, choque espiritual, eu fui ao encontro semanal do grupo de estudos mediúnicos liderado por Luiz Gasparetto. Próximo ao fim dos estudos, uma médium aproximou-se e falou-me que um espírito em forma de mulher estava ao seu lado e desejava conversar comigo. A médium incorporou, ou seja, deu passagem para o espírito se comunicar comigo, e este se apresentou. Era Nanah [pronuncia-se Naná], a dirigente dos trabalhos espirituais, isto é, o espírito responsável pelos trabalhos daquela semana. O espírito disse-me que estava relatando muitas passagens de sua última encarnação na Terra ao meu mentor Marco Aurélio, e que ele, fascinado com a história, tinha resolvido passá-la na frente da outra que estávamos escrevendo.

Nanah, espírito muito lúcido, de beleza e força impressionantes, além de uma luz linda e envolvente, confidenciou-me que fora importante figura da elite paulistana na primeira metade do século passado. Amante das artes e preocupada em levá-las ao conhecimento de todas as camadas sociais, trabalhou e usou sua influência e fortuna para que a cultura fosse acessível a todos.

A conversa estava agradável, mas os trabalhos espirituais estavam chegando ao fim. Ela assegurou-me de que estava terminando de contar tudo ao Marco Aurélio e que na semana seguinte ele me ditaria a história.

Assim foi feito. Em dois meses eu psicografei o livro. E falo com propriedade sobre psicografia, porque este livro, de fato, foi totalmente ditado, sem a mínima interferência de minha parte, algo comum em obras psicografadas.

Neste romance tão bonito, Nanah apresenta-se como Valentina, obviamente nome fictício, a fim de preservar a intimidade dos verdadeiros envolvidos e não os expor à curiosidade pública, muito embora os principais personagens que participam desta história em particular estejam desencarnados. Todos, sem exceção, já estão do lado de lá.

Não estamos aqui para falar de fulano ou sicrano, que foi importante ou ilustre, mas de espíritos que desejam compartilhar com você as valorosas experiências de vida aprendidas neste planeta em sua última jornada.

Segundo as palavras do querido espírito Lucius, "*que ninguém, ao lê-la [a obra], procure descobrir nomes ou pessoas que a nossa ética houve por bem ocultar e que com certeza não acrescentarão nada aos objetivos desta narrativa*".

Por solicitação de Nanah, houve necessidade de pesquisa e inclusão de notas de rodapé, para dar mais consistência e coerência à obra mediúnica. Na preparação dos originais para publicação, os espíritos aprovaram a inserção de 26 notas explicativas.

Eu sou fã dessas notas, porquanto elas alimentam o meu conhecimento e saciam a minha curiosidade. Se você, assim como eu, tem curiosidade em relação a determinados fatos, nomes, datas e situações, vai se deliciar com as notas. No entanto, se você não é fã de notas de rodapé e acredita que elas atrapalham a narrativa, tudo bem. Basta não descer o olho quando uma delas aparecer e seguir a leitura adiante, pois isso não vai, em hipótese alguma, atrapalhar o entendimento da obra.

Este romance fala da confiança no bem, da necessidade de ligação diária com Deus e da necessidade de sermos pessoas mais carinhosas, afetuosas e ternas. Afinal de contas, uma dose diária de simpatia e ternura que possamos compartilhar com nossos entes queridos, familiares, amigos, pessoas mais velhas, empregados, chefes etc., não faz mal e não exige tanto esforço; ao contrário, filtra e melhora as energias ao nosso redor, dando-nos a chance de uma vida mais equilibrada, mais serena e mais feliz.

Eu preciso de ternura. Você precisa de ternura. O planeta está precisando demais de muita ternura para enfrentar as adversidades do hoje e do amanhã.

Desejo-lhe uma ótima leitura.

Um abraço afetuoso,

Marcelo Cezar

# Prólogo

Lilian abriu a porta da casa com fúria e correu pela sala, ofegante e completamente desorientada. Sua respiração estava entrecortada e ela precisou se apoiar num móvel para não cair, tamanho cansaço e mal-estar. Estava atordoada. As duras palavras que Dinah gritara, havia poucos instantes, ecoavam fortes em sua mente:

— Paul e Natalie estão juntos! Para ser mais exata, estão se amando!

— Impossível! Ele prometeu ficar comigo.

— Veja por si mesma. Neste momento.

— Você sempre foi má. Nunca conheci pessoa tão vil em toda minha vida.

— Sou realista. Estou querendo abrir seus olhos.

— Como sente prazer em ver os outros sofrerem! Por que me odeia tanto?

— Eu?!

— Sim. Por que me odeia e não suporta a minha felicidade?

— Eu não a odeio, tampouco a sua felicidade — mentiu. — Sinto pena, dó. Você diz que Natalie é sua amiga e eu duvido.

— Ela é. Você enche minha cabeça com esses absurdos porque tem inveja de nossa amizade. Nunca aceitou o fato de Paul preferir a mim. Ele não gosta de você. Consegue perceber que jamais será dele?

Um brilho rancoroso perpassou os olhos de Dinah. Um ódio surdo brotou em seu peito.

— Se Paul não me quis, problema dele. Contudo, você não merece ser traída de forma alguma.

— Se você não gosta de mim, por que está me contando sobre essa suposta traição de Paul? Virou a minha melhor amiga de uma hora para outra? Sei que foi você quem me trancafiou naquele sanatório. Eu a odeio!

Dinah balançou a cabeça negativamente. Conforme virava o rosto, sua fisionomia também mudava. Transformava-se no rosto de outra mulher. Mas era algo muito rápido. Lilian pensou estar louca. Acreditou ser o nervosismo daquele momento. A jovem espremeu os olhos e os fixou nos de Dinah, mas ela virou o rosto para trás e bramiu:

— Estúpida! Vou repetir: estou abrindo seus olhos. Sua amiga está metendo chifres na sua cabeça.

— Não pode ser!

A risada sarcástica de Dinah era algo terrivelmente perturbador.

— Idiota! Você sempre foi facilmente levada na conversa.

— Não, eu...

Dinah a cortou:

— Paul está com Natalie! Eles estão traindo você faz tempo. Ele ama você, sem dúvida, mas prefere o dinheiro da Natalie.

— Ela é minha amiga. Ela gosta de mim.

A gargalhada estridente de Dinah chamava a atenção dos passantes.

— Tonta! Além de burra, é cega. Natalie me deu a ideia de colocar você no sanatório. Ela quer você longe de Paul.

— Isso não! — Lilian levou a mão à cabeça, depois tentou tapar os ouvidos. Não queria escutar, não queria ouvir mais nada. Dinah estava sendo muito dura com ela. Depois de tantos dias tristes, de dias pavorosos naquele sanatório, Lilian sentia-se confusa. Dinah estava tentando encher sua cabeça de caraminholas. Era isso. Ela sorriu e deu de ombros, procurando dissimular o nervosismo.

— Esqueça. Desta vez você não vai destruir minha felicidade. Ele me ama e nunca amou você ou Natalie, ou até mesmo Claire. Ponha isso definitivamente em sua cabecinha oca.

Dinah rangeu os dentes, com fúria.

— Você é louca, isso sim. Esqueceu-se de que o tempo passou? Olhe para você! — Lilian não entendeu, e Dinah prosseguiu diabólica: — Corra e vá até a estalagem no fim da rua Lepic. Eles se amam ali, naquele pardieiro.

— E por que motivo iriam se amar num pardieiro? Natalie tem dinheiro.

— Tem dinheiro, mas ainda é legalmente casada. Precisa se encontrar às escondidas com Paul.

Lilian não ouviu mais nada. Dinah continuou a falar e a gargalhar, e uma horda de mulheres, atentas à discussão, riam e apontavam seus dedos cheios de sarcasmo e indignação na direção da pobre moça.

— Louca! — gritava uma.

— Idiota, cega! — bradava outra.

— Chifruda! — gargalhava outra.

As risadas cresciam à medida que aumentava seu desespero. Lilian levantou as saias do vestido e correu o mais que pôde. Assim que chegou à casa dele, gritou:

— Paul! Paul! Está em casa?

Nada. Uma das criadas entrou na grande sala assustada.

— Quem é você?

Lilian respirou fundo e perguntou:

— Cadê o Paul?

— Monsieur Deubreil não está. Saiu há pouco mais de...

Lilian não escutou o fim da frase. Balançou a cabeça negativamente, seus olhos pareciam querer saltar das órbitas. Notou uma coleção de armas na estante à sua frente. Suas mãos estavam trêmulas e suadas. Ela derrubou a criada no chão, correu até a estante e quebrou o vidro com um soco. Pegou uma pistola dentre outras da coleção, meteu no meio do decote e ajeitou-a entre os seios fartos, saindo em disparada. Estugou o passo e acelerou o mais que pôde.

Lilian subiu as ladeiras íngremes do bairro de Montmartre a toda brida, parou em frente à igreja ofegante. Tentou fazer uma oração, mas em vão, pois seus pensamentos não conseguiam manter-se ordenados. Sua mente estava encoberta pela névoa da desconfiança, da insegurança, da traição.

Fez o sinal da cruz e continuou o trajeto. Continuava correndo e, logo em seguida, na curva da rua, avistou a estalagem. Era uma construção de dois andares, se é que aquele casebre de cômodos baratos podia ser chamado como tal. Lilian respirou fundo, levantou o queixo e entrou. Um homem com cara de poucos amigos a encarou.

— O que deseja?

— Onde eles estão? — indagou ela nervosa.

O homem deixou a carranca de lado. Um ar de espanto apoderou-se de seu rosto.

— *Pardon*?

— Onde eles estão? Sei que estão aqui.

Sem deixar o homem concluir o raciocínio, Lilian subiu a escada de madeira que conduzia aos quartos. Foi abrindo porta por porta, mesmo sob protesto dos hóspedes, muitos deles em situações comprometedoras, constrangidos por serem pegos de surpresa enquanto faziam sexo.

No fim do corredor, conforme ia se aproximando da porta, os gemidos de amor tornavam-se intensos. Lilian mordiscou os lábios, escancarou a porta e deparou-se com a cena que jamais gostaria de ver em toda a sua vida.

A vela que iluminava parcamente o ambiente de repente apagou-se. Mas era impossível não ver. Paul e Claire estavam deitados, abraçados. Os dois estavam tão envolvidos em carícias que nem perceberam a entrada súbita de Lilian no quarto. Somente o grito de indignação dela os fez notar sua presença.

— Canalhas! Dinah estava certa!

Paul pulou para a ponta da cama e se levantou num salto. Arregalou os olhos:

— O que faz aqui?! — perguntou perplexo.

— Quem é você? — foi a vez de Claire, numa voz quase sumida.

Lilian não conseguia falar. A garganta estava seca e o coração batia descompassado. Nunca tinha visto Claire, só ouvido falar da moça. Mas Dinah havia dito que Natalie estava lá.

— Onde está Natalie?

— Não sei. Por que pergunta? — indagou Paul em estado apoplético.

Lilian tirou a pistola que carregava entre os seios e apontou. Claire levou a mão à boca para sufocar o grito de horror.

— Vocês merecem morrer!

Houve gritos, pedidos de esclarecimento, de clemência. Um casal de enamorados, ao entrar na estalagem, ouviu os tiros secos lá de cima. A mulher, assustada, puxou o rapaz para fora. O gerente imediatamente subiu as escadas o mais rápido que pôde, todavia era tarde demais.

Um, dois, três disparos. Três corpos ensanguentados e caídos no chão. Três mortes. Três almas unidas pelos laços da traição, ódio, falta de perdão e, acima de tudo, pela total falta de ternura em seus corações.

# Capítulo 1

Eram tempos difíceis aqueles, e todas as pessoas deviam acatar o toque de recolher. A cidade parecia estar abandonada, sem vida. O único som que se escutava, de vez em quando, provinha das copas das árvores que farfalhavam, movidas pela brisa suave da madrugada.

Num sobrado de classe média paulistana, tudo parecia calmo e tranquilo. Todos dormiam a sono solto. De repente, um grito seco ecoou pelo quarto escuro. Lilian gritou e acordou em seguida. Seus olhos arregalados expressavam puro terror e as grossas gotas de suor escorriam pela sua testa. Clara acendeu a luzinha do abajur de cabeceira. Pulou na cama da irmã.

— O que foi?

— Aquele pesadelo de novo — Lilian abraçou-se a Clara. — Sangue, morte... Eu não quero mais ter esse sonho ruim. Nem conheço essas pessoas...

— Chi! — Clara abraçava a irmã e passava as mãozinhas delicadamente pelos seus cabelos compridos e lisos. — Vai passar.

— Estou com medo. Aquela mulher. Sinto arrepios só de me lembrar das palavras horríveis e de sua risada descontrolada.

— A tal de Dinah?

— Acho que é Dinah, Dina...

Clara riu.

— Será porque nossa madrasta se chama Dinorá?

— Ela não é nossa madrasta! Que mania, Clara.

— Ela vive com o papai...

Passou as costas da mão na testa e notou que o suor havia se dissipado. Esqueceu-se do pesadelo por ora. Também pudera. Estava acostumada a ter esse mesmo tipo de sonho ruim. Desde que sua mãe morrera, alguns anos antes, Lilian sonhava com essa sequência de cenas e com o fim trágico que resultava em sangue e morte. Suspirou profundamente. Olhou para Clara. Como explicar à irmãzinha de cinco anos de idade que Dinorá era uma mulher que vivia com o pai sem ter se casado com ele? Como definir o que era uma concubina? Ela meneou a cabeça e abraçou-se à Clara.

— Tem razão. Eu vejo essa mulher ruim no meu sonho. Até que se parece com a Dinorá.

Uma voz familiar e em alto tom se fez ouvir no corredor:

— Acordadas?

— Ai! A leoa acordou!

A voz continuava estridente.

— Vocês estão acordadas? Não posso crer.

Clara escondeu seu rosto no peito da irmã.

— Dessa vez ela vai bater na gente.

— Não vai.

Dinorá entrou no quarto feito um tufão. Os cabelos presos e enrolados em bobes e o creme branco melando o rosto a deixavam com aparência de uma bruxa igual às relatadas em contos de fadas. Só faltava a verruga proeminente na ponta do nariz.

— São três da manhã! — gritou. — Três da manhã! Eu quero dormir mais. Tenho um dia cheio de compromissos, e as duas aí, de conversa fiada! Onde já se viu?

Lilian respondeu:

— Está tudo bem. Eu tive um pesadelo. Só isso.

— Pesadelo? De novo?

— Ando assustada. É o clima de guerra em que vivemos.

— Quanta bobagem. É falta de chinelo.

Dinorá tirou uma das chinelas do pé e as ameaçou. As irmãs recuaram, levantaram-se e abraçaram uma a outra.

— Voltem já para a cama! Seis e meia eu as chamo. Não quero ver ninguém com cara de sono e ai se uma das duas reclamar que não dormiu direito. Eu juro que o couro vai comer!

Ela ameaçou, como sempre fazia, rodou nos calcanhares e voltou para seu quarto. Lilian e Clara retornaram para suas camas.

— É melhor obedecer, Lilian.

— Eu sei, mas estou com medo.

— Estou aqui para lhe proteger.

Lilian esboçou sorriso terno.

— Você é uma menininha. Eu é que deveria cuidar de você, não o contrário.

— Somos só nós duas no mundo. Eu gosto muito de você — Clara falou e beijou a irmã nas bochechas. Prosseguiu: — Temos também a amizade de Carmela.

Um brilho emotivo surgiu nos olhos de Lilian. Em seguida desvaneceu. Ela mordiscou os lábios com raiva.

— Carmela é como se fosse nossa irmã, mas infelizmente ela não mora com a gente.

— Mas é sua amiga.

— É verdade. Carmela é como uma irmã mais velha. Ainda bem que a temos por perto.

— Viu como temos sorte?

Lilian pendeu a cabeça para os lados. Clara era muito pequena e não entendia que a vida não era lá um mar de rosas. Ponderou:

— Desde que papai foi para a guerra, sinto falta de proteção.

— Eu sinto saudade dele — falou Clara, soltando um suspiro.

— Mas temos de obedecer a — ela abaixou a voz — *essa* mulher!

— Não vamos pensar em coisas ruins. Vamos orar para que papai volte são e salvo para casa.

— De que vai adiantar, Clara?

— Não sei, todavia pode ajudar. A Carmela diz que rezar ajuda e aquieta o coraçãozinho.

— Você ainda é muito pequena. Quando crescer, vai ter muita decepção na vida. O mundo não é bom.

— Eu gosto do mundo.

Lilian mudou o assunto. Clarinha era inocente e alegre. Para sua irmãzinha tudo era lindo. Quem sabe, quando Clara completasse doze anos, idade dela, iria olhar o mundo e as pessoas com outros olhos. O mundo era dos espertos, e as pessoas boas não tinham chance de ser felizes.

Lilian acreditava que o mundo era assim, cheio de obstáculos e dificuldades. Ainda criança, viu a mãe morrer e teve muita raiva da vida. Sentiu-se só e desprotegida. A relação com o pai era baseada na obediência e, se não fosse Carmela, sua vizinha e grande amiga, Lilian teria dado cabo da própria vida. Já havia pensado em se matar, ou mesmo em sumir do mundo.

Mas o que fazer? A vida a havia metido naquela casa, com aquela mulher que seu pai enfiara lá para substituir sua mãe, e tinha também a pequena Clara. Se pudesse escolher, Lilian preferiria ter outra vida.

Contudo, a vida era dura, triste, feia. Lilian era desconfiada de tudo e de todos. Acreditava que por trás de uma boa intenção sempre havia uma segunda intenção ruim. Seu espírito, por meio de experiências das mais diversas, ao longo de algumas vidas, desprovido de carinho e afeto, acreditava que o mal sempre vencia.

Fez um muxoxo e virou-se para Clara.

— Não gosto da Dinorá.

— Papai a escolheu para casar.

— Eu já disse que eles não são casados.

— Não sei a diferença. Eles moram juntos, dormem juntos...

Lilian exalou profundo suspiro.

— Entenda, Dinorá juntou-se com ele. Papai só teve uma esposa: nossa mãe!

— Não me lembro dela.

— Você era um bebezinho quando mamãe morreu.

— Dinorá não é como nossa mãe?

— Ela é como se fosse nossa madrasta. Uma madrasta ruim, chata e que nos obriga a fazer coisas de que não gostamos.

— Quando papai voltar, tudo vai ser como antes. Você bem sabe que Dinorá não abusa de nós na presença dele.

— Sinto falta da mamãe... Eu queria tanto que ela estivesse aqui conosco.

— Eu sei.

— Parece que a vida funciona dessa maneira. Uns vivem mais e outros menos, mas pela minha experiência de vida — Lilian assumiu um ar de superioridade que ficava engraçado para seus doze anos —, todo mundo que nasce vai morrer um dia. Foi a Carmela quem disse.

— Se a Carmela disse, então é verdade.

— Ela tem uns pensamentos estranhos, diz que a vida é bela.

— E não é?

— Não. A vida é dura e triste. Mas gosto muito da Carmela.

— Tem o seu Manuel da padaria, que parece ter uns duzentos anos — ajuntou Clara.

Lilian riu.

— Seu Manuel é um senhor com bastante idade, mas não deve ter duzentos anos. Creio que tenha cerca de cinquenta.

— Nossa, tudo isso?

— É, tudo isso.

As duas meninas ajeitaram-se na caminha de Lilian. Clara puxou sua boneca velha de roupinhas puídas ao encontro do peito.

— Ela pode ficar aqui com a gente?

— Pode. Mas está velha e descosturada, soltando palha.

— Eu queria uma boneca nova. A Dinorá disse que não tem dinheiro.

— Ela tem. Mas não quer gastar nada com a gente.

— Papai me prometeu uma boneca nova no Natal.

— Aguarde. Falta pouco tempo.

Clara ajeitou-se e encaixou a cabecinha no travesseiro. Perguntou:

— Por que Deus levou nossa mãe?

— Não sei explicar, Clarinha. Juro que não sei...

— Tem uma menina na escola que não gosta da mãe dela. Por que Deus não leva a mãe dela? Não é justo.

Lilian afastou o corpo e fixou os olhos nos da irmã.

— A gente precisa aprender que nada é justo na vida, minha querida.

Clara aconchegou seu corpinho ao da irmã.

— Você jura que nunca vai me maltratar?

— Mas que pergunta, Clara! É óbvio que não. Somos irmãs. Eu a amo.

— Eu também. Às vezes acho que você vai brigar comigo e querer me matar.

Lilian sentiu um frio percorrer sua espinha.

— Não diga isso! Eu a amo. Você é minha irmã querida. De onde veio essa ideia maluca?

— Não sei. Tem vezes que eu vejo você querendo judiar de mim.

— Impressão sua. Mesmo. Amo você, Clarinha.

— Só tenho a você e ao papai. Tenho medo de que ele não volte.

— Ele vai voltar.

Lilian falou e apagou a luz do abajur. Mesmo tão jovenzinha, sentia um aperto no peito quando falava e se lembrava do pai. Ela queria confortar sua irmãzinha e a si própria, nadando contra essa maré de medo e angústia que persistia em ficar presa ao seu coração, tão intoxicado por sentimentos desagradáveis que não lhe faziam bem.

A menina afastou a sensação ruim com uma passada de mão no peito. Sorriu. De onde Clara tirara a ideia de que ela queria lhe fazer mal? Tratava a irmãzinha com enlevo.

— Vai ver está assim por causa dessa guerra estúpida — disse para si.

Beijou a bochecha da irmãzinha já adormecida e virou-se de lado. Precisavam dormir mais um pouquinho porque, assim que o sol surgisse, Dinorá iria acordá-las com estrondo e gritaria, como de costume. Seria mais um dia de trabalho duro.

Desde que o pai delas, Aureliano, fora lutar na Revolução, elas eram submetidas a uma estafante e árdua rotina de serviços domésticos impróprios para suas idades.

As escolas estavam fechadas, e Dinorá aproveitara dessa, digamos, situação favorável, para que as meninas deixassem a casa sempre em ordem. O pior do serviço era passar o escovão sobre o chão vermelho da cozinha e lustrar o chão de linóleo da sala. Aquilo era um tormento, uma canseira só. O sobrado era tão grande e espaçoso que os braços de Lilian chegavam a formigar, tamanho esforço.

Dinorá era mulher bonita e sensual, passava a maior parte do tempo lendo revistas femininas como *A Cigarra*, *Eu Sei Tudo* ou *Revista da Semana* para se inteirar dos assuntos ligados à moda, das novidades em cremes e perfumes.

As suas unhas estavam sempre compridas e benfeitas. Dinorá não era dada às prendas do lar e deixava as louças se amontoarem pela pia. Quando faltavam copos ou pratos para as refeições, ela, a contragosto, encostava a barriga na pia e as lavava.

O salário de Aureliano não era ruim e, mesmo assim, Dinorá fazia questão de comprar menos comida, economizar nas compras para a casa. Chegou ao cúmulo de retirar o chuveiro elétrico do banheiro e continuava a usar o velho fogão a lenha para gastar menos energia elétrica e, dessa forma, pagar uma lavadeira, pois tinha verdadeiro pavor de encostar sua barriga num tanque. Até ensaiava na cozinha, mas lavar e passar, nunca.

Antes de ela conhecer Aureliano, a prostituição fizera parte de uma época de sua vida. Filha de um mascate, vivia com os pais e os irmãos zanzando para lá e para cá, sem residência fixa, levando uma vida de cigana.

Algum tempo depois, o pai percebeu que os homens ficavam mais interessados na filha do que nas quinquilharias que ele vendia. Dinorá era uma linda moça. Cabelos castanho-escuros e encaracolados, testa alta, encimando olhos negros e vivos. O corpo era benfeito e seu sorriso, cativante. Começou a se deitar com homens aos treze anos. Fizera alguns abortos e, aos vinte e cinco, a sua aparência ainda era a das melhores. Trabalhava nos arredores do cais do porto de Santos.

Ela conheceu Aureliano por meio de um cliente e viu nele o trampolim para uma nova vida. Estava cansada de prostituir-se. Dinorá acreditava que, por ele ser oficial da Força Pública[1], tinha uma posição na sociedade, uma profissão de destaque e, seguindo esse raciocínio, acreditava piamente que ele tivesse posses e pudesse dar a ela uma vida bem melhor. Uma vida melhor ela teria, com certeza, mas nunca uma vida de luxo como imaginara sua mente desvairada.

Dinorá estava sendo procurada por um gringo que a ameaçara de morte por duas vezes seguidas. Era o seu cafetão. Precisava sumir, e mudar de cidade era uma questão de vida ou morte. Aureliano estava na cidade a serviço e regressaria logo à capital.

Pensando em sair de cena e desaparecer das vistas de Adolf, o cafetão, Dinorá seduziu o oficial de polícia, falou meia dúzia de palavras aos seus ouvidos, do tipo de coisas que um homem carente gosta de escutar, e ele a levou consigo para a capital paulista.

[1]Atualmente Polícia Militar do Estado de São Paulo, popularmente conhecida como PM.

Na subida da serra, Aureliano revelou a surpresa desagradável: tinha duas filhas pequenas, que eram uns amores e não davam o menor trabalho.

Ao escutar isso, ela falou entre dentes:

— Que maçada!

Se Dinorá pudesse, teria saltado do trem. Não idealizava duas meninas nessa sua nova aventura amorosa. Dissimulou a contrariedade e fez força para conviver com elas, tão logo o casal chegou a São Paulo. O relacionamento dela com Clara e Lilian nunca foi bom, desde o começo, três anos atrás, quando amigou-se com Aureliano.

Aureliano era um bom moço. Viera de família pobre, lutou muito para chegar a uma posição de destaque. Entrou para a Força Pública e, quando Lilian completou seis anos, sua esposa Rosa engravidou. Quando estava grávida de Lilian, Rosa penou muito, e por pouco mãe e filha não morreram.

Entretanto, mesmo alertada pelo médico, quis correr o risco de levar essa nova gravidez adiante. Depois do parto, os problemas de saúde foram se acumulando, um atrás do outro. Rosa contraía uma doença atrás da outra. O corpo foi enfraquecendo, definhando e, pouco antes de Clara completar um aninho de vida, Rosa desencarnou.

Sem parentes por perto para ajudar na educação das filhas e sem jeito para se dedicar a elas — afinal tinha sido educado para ser o chefe da família —, Aureliano encantou-se com o jeito sedutor de Dinorá, sem perceber que, na verdade, ela pensava tão somente em si própria, para fugir de seu algoz e recomeçar sua vida longe de Santos.

Aureliano havia sido convocado para lutar na Revolução Constitucionalista, iniciada no dia 9 de julho daquele ano[2]. Foi a primeira grande revolta contra o governo de

[2] Revolução de 1932: também conhecida como Guerra Paulista, foi o movimento armado ocorrido no Brasil entre os meses de julho a outubro de 1932, no qual o estado de São Paulo tinha como principal objetivo a derrubada do governo provisório de Getúlio Vargas. Atualmente, o dia 9 de julho, que marca o início da Revolução, é a data cívica mais importante do estado e é feriado estadual.

Getúlio Vargas, como também o último grande conflito armado ocorrido no Brasil.

Nesse conflito, centenas de vidas foram ceifadas. Aureliano foi um dos que morreram lutando.

Foi com grande pesar que as meninas receberam a notícia, no finzinho de setembro. Dinorá derrubou duas lágrimas e precisava pensar no que fazer dali para a frente. Aureliano tinha sido bom homem e lhe dera um teto. Ponto. Mais nada. E ainda o governo lhe negara uma indenização, pois ela não havia sido oficialmente casada com o falecido.

Dinorá sentiu ódio surdo brotar dentro de si. Ficara três anos ali naquela casa, aguentando aquelas pirralhas, e agora se encontrava sem homem, sem dinheiro, sem eira nem beira. A casa era alugada. E as meninas tornaram-se um estorvo em sua vida.

Ela precisava pensar numa maneira de se livrar delas para tocar sua vida adiante e se dar bem. Rápido.

São Paulo — Panorama visto do Viaduto do Chá

# Capítulo 2

O Natal das meninas foi muito triste. Dinorá não ligava para datas comemorativas, mas a insistência de Lilian em ter uma ceia obrigou-a a comprar um frango recheado com farofa. Fez um arroz salgado demais, temperado de menos, quase intragável. Completou o banquete com uma limonada — catou alguns limões no pé da árvore, no quintal — e botou tudo muito rápido na mesa.

— Comam depressa.

— Depressa? Por quê?

— Porque eu tenho de sair.

— Sair? — indagou Lilian.

— Sim.

— É que é véspera de Natal. Pensei que fosse ficar aqui em casa.

— Quer que eu espere o Papai Noel chegar e bater à janela? — perguntou com desdém.

— Não acreditamos mais nisso.

— Nem você, Clara? Com cinco anos já não acredita?

— Eu não tenho pai nem mãe. Não acredito em nada — disse num tom melancólico.

— Vai aonde na véspera de Natal? — perguntou Lilian.

— Vou à Missa do Galo. Vou rezar pela alma do pai de vocês.

— Quero ir junto — falou Clara.

— Não vai. Vão terminar de comer e se deitar.

— Deitar? Tão cedo? A Carmela ficou de passar aqui.

— Não quero bagunça nesta casa.

Lilian levantou-se e, enquanto levava seu prato até a pia, tornou:

— Carmela é nossa única amiga. Dona Maria ficou de mandar um bolo prestígio para nós.

Dinorá deu de ombros.

— Importa-se de ela dormir conosco?

— Desde que não façam bagunça, tudo bem. Vou logo avisando que não tenho hora para voltar.

As irmãs trocaram um olhar significativo. Lilian voltou à mesa. Ela esperou que Clara terminasse a refeição. Ficaram em silêncio. Dinorá voltou maquiada e ajeitava o chapéu de feltro com alguns arranjos florais. Clara pediu pelo seu presente.

— Que presente?

— A minha boneca nova, oras.

— Sem presente de Natal este ano.

— Por quê?

— Seu pai morreu, Clara.

— E daí?

— É pecado a gente festejar e trocar presentes logo em seguida à morte de um parente.

— Mas papai ia me dar uma boneca nova — choramingou Clara.

— Ia, esse é o tempo correto, mas não deu e não vai dar.

— Mas...

— Agora chega de choramingos. Arrumem a cozinha.

Ouviram palmas no portão.

— Carmela chegou! — exultou Lilian.

— Nada de brincadeiras agora. Primeiro a cozinha, limpa e asseada.

Lilian foi até a porta e convidou a amiga a entrar. Carmela era uma jovem bem bonita, loira, alta, de corpo esguio. Conhecia as meninas desde que se mudaram para lá, havia alguns anos, e compartilhavam ótima amizade. Carmela tinha grande afeição por Lilian.

— Como prometi, trouxe este bolo de chocolate para vocês.

— Oba. Eu queria tanto um pedaço de doce!

— Pois agora tem, Clara. Vamos comer?

— Nada de migalhas no chão — Dinorá consultou o pequeno relógio no pulso. — Estou atrasada para a missa.

Carmela era extrovertida, sagaz, astuta, inteligente; seus olhos eram vivos e expressivos. Já tinha idade para compreender determinados assuntos e ouvira certa vez uma vizinha comentar sobre as "saídas" de Dinorá, que se tornaram frequentes após a morte de Aureliano.

— Pode ir tranquila para a missa, dona Dinorá. Eu ajudarei as meninas e deixaremos a cozinha em ordem. Não vamos derrubar uma migalha de bolo no chão.

Dinorá fez ar de mofa. Sacudiu os ombros, pegou sua bolsa e saiu. Antes de fechar a porta, disse:

— Quero que durmam cedo. Amanhã teremos um dia cheio pela frente.

— Mas amanhã é Natal! — tornou Lilian.

— Amanhã será um dia como outro qualquer. Dispensei a lavadeira.

— Por quê?

— Não temos dinheiro para pagá-la. Nossas economias estão no fim. Precisamos comer. Roupa eu consigo lavar, mas comida eu não tenho como fazer aparecer aqui na mesa. Não temos mais o salário do seu pai. Vocês pensam que dinheiro cai do céu? Vão para o tanque bem cedo.

Falou e bateu a porta.

— Por que ela está nervosa? — indagou Clara.

— Ela não *está* nervosa, Clara. Ela *é* nervosa — retrucou Lilian.

— Não entendi...

Carmela aproximou-se e a beijou na bochecha.

— Lilian, querida. Deixe as mágoas para trás. Dinorá tem jeito próprio de ser. Não mudamos as pessoas. Elas são do jeito que são.

— Está defendendo-a?

— Não.

— Por que tem de falar bem dela?

— Não falo bem nem mal.

— Ela não é parenta sua, fica mais fácil.

— Não foi isso o que quis dizer. De que vai adiantar falar mal de Dinorá? Vai mudar a relação que ela tem com vocês?

— Não. Não vai.

— Vai melhorar em alguma coisa a vida de vocês duas?

— Também não.

— Então, vamos aproveitar para manter esta casa com ar bem alegre, com energias bem positivas. Afinal, é noite de Natal.

— É Natal! — Clara bateu as palminhas.

Carmela cortou os pedaços de bolo.

— Volto num instante.

Ela saiu e retornou à sua casa. Maria estava sentada numa poltrona, escutando um programa de música clássica no rádio.

— Já voltou?

— Mãe, importa-se se eu me desfizer da boneca que tia Vanda me deu?

— Não, filha, mas...

— A boneca de louça que ganhei de papai é o presente que queria. Estou com a minha coleção de bonecas completa. Essa boneca da tia Vanda é bonita, entretanto, como a tia está velhinha e se confunde com facilidade, acabou me dando uma boneca idêntica à do Natal do ano passado.

— Sim, sua tia anda variando das ideias. Por que quer se desfazer da boneca?

— A Clara e a Lilian não ganharam nada neste Natal. Perderam o pai recentemente. O clima lá não é dos melhores. Sabemos que elas não se dão bem com Dinorá.

— Eu a vi pela fresta da janela. Saiu há pouco, toda emperiquitada.

— Por esse motivo, ofereci-me para dormir lá. Lilian havia me dito ontem que Dinorá iria assistir à Missa do Galo.

— Missa, sei...

— Mãe, nada de julgamentos. A vida de Dinorá é dela, não é nossa. Se falarmos sobre ela de maneira negativa, vamos atrair essa negatividade para nossa casa e, pior, para a nossa vida. É isso o que quer?

— Tem razão, Carmela. Nossa casa transmite tanta paz e serenidade...

— Pois bem. Deixemos Dinorá com seus problemas. Importa-se se eu der esta boneca para a Clarinha?

— De maneira alguma. O presente é seu.

— E aquele par de sandálias? Posso dar para a Lilian? Eu tenho três pares.

Maria abriu largo sorriso.

— Você não existe, filha. Vai se desfazer de seus presentes para dar às suas amiguinhas?

— É. Eu não me importo com presentes. Tenho o mais importante: o amor de você e papai. Eu os amo.

Carmela falou e beijou a mãe. O pai entrou na sala e foi surpreendido com um beijo bem gostoso na bochecha.

— Hum, que beijo bom! Quero mais.

Carmela o abraçou e o beijou várias vezes no rosto.

— Amo vocês.

— Nós também a amamos — tornou Cornélio.

— Papai, importa-se de me desfazer desse par de sandálias?

— Você gostou tanto quando passamos em frente à loja.

— Sei, mas Lilian não ganhou nada nesta data tão significativa. Eu tenho três pares e sei que no meu aniversário o senhor vai me dar outro par caso eu queira.

— Você é uma menina de ouro. Sou abençoado por ter uma filha tão linda por dentro e por fora.

Carmela sorriu e beijou novamente o pai.

— Temos de correr. As meninas estão sozinhas. Mãe, vamos reutilizar os papéis de embrulho?

Maria fez sinal afirmativo com a cabeça. Ajudou a filha a embrulhar a boneca e o par de sapatos. Alguns minutos depois, estava de volta à casa das meninas.

— O Papai Noel passou lá em casa.

— Bom para você — retrucou Lilian, o semblante carregado, olhar taciturno.

— Presente para vocês! — disse alegre e esticou os braços, mostrando os embrulhos.

Os olhinhos de Clara brilharam emocionados.

— Oba! Presente?

— É. Este pacote maior é seu, Clara.

Enquanto a menininha abria o pacote com a boneca, Carmela entregava o pacotinho menor para Lilian.

— Este é para você, amiga. Feliz Natal.

— Você está me dando um presente?

— Sim. Além de minha eterna amizade.

Lilian caiu no pranto. Sentia-se sozinha, abandonada. Embora amasse a irmãzinha, Clara era muito pequena e não tinha idade para compreender determinadas coisas. Agora que Aureliano não fazia mais parte do mundo, ela só tinha mesmo a amizade e o carinho de Carmela.

— Você é como uma irmã para mim. Sei que se desfez de seus presentes para nos alegrar, principalmente a Clarinha — apontou para a irmã no sofá, que chamava a boneca de filha e se divertia. — Você mudou o nosso Natal.

— Eu não mudei nada. Só fiz o que o meu coração mandou. Eu gosto muito de vocês. Gosto de vê-las sorrindo.

Lilian sorriu. Rasgou o embrulho. Embora alguns anos mais nova que Carmela, calçava o mesmo número da amiga. A sandália calçou perfeitamente nos seus pés.

— Obrigada, amiga.

— Você está linda.

Lilian era uma boa menina, porém tinha uma tendência a reclamar de tudo e de todos. Não era mimada, tampouco chata. Entretanto, era uma menina que se sentia, digamos, vítima do mundo. Isso atrapalhava — e iria atrapalhar — bastante o seu caminho nesta vida. Em vez de ficar feliz e aproveitar a noite, o bolo de chocolate prestígio, o par de sandálias, ou seja, em vez de contemplar os presentes, a fartura, a amizade sincera de Carmela, preferiu reclamar.

— É duro ser órfã.

— Vocês não são órfãs! — protestou Carmela.

— Como não? Sem mãe nem pai? Nós não temos parentes, que eu saiba — afirmou Lilian.

— Vocês tem a mim, tem a Deus.

— Deus?

— A inteligência divina, a fonte de energia superior que rege o Universo.

— Ah, o papai do céu, você quer dizer — completou Clara, abraçada à boneca.

— Mais ou menos — Carmela riu. — Vocês precisam ser fortes e pedir que essa força inteligente as ajude a superar os obstáculos e ter uma vida melhor.

— Uma vida melhor seria Dinorá bem longe de nós.

— Peça por isso.

— Como? — indagou Clara.

— Ore com vontade. Peça a Deus que Dinorá seja afastada do caminho.

— Eu não a suporto. Ela abusa de mim e da Clara, obriga-nos a fazer todo o serviço pesado de casa.

— Faça a sua parte e não reclame.

— Fácil falar.

— Eu nunca vi Dinorá levantar o dedo contra vocês.

— Ela nos ameaça de vez em quando. Levanta o chinelo.

— Cão que late não morde. Ela pode não simpatizar com as duas, mas não sinto que ela seja má pessoa. É perturbada das ideias, mas não é ruim.

— Ela é má. Não gosta da gente — tornou Lilian.

— Fique com o coração em paz, minha amiga. De que vai adiantar toda essa amargura?

— Eu não gosto da Dinorá. Às vezes ela me mete medo.

— Não precisa ter medo dela, Lilian. Quando se sentir aborrecida ou magoada, imagine e pense em borboletas.

— Borboletas? — perguntou Clara. Engraçado... borboletas. Gostei de pensar nelas.

— Eu não sou mais criança — protestou Lilian. — Imagine, pensar em borboletas.

— Vai ajudá-la a não ficar com raiva.

— Como?

— Quando se sentir chateada com Dinorá, imagine ao seu redor um elo de luz bem colorido e brilhante como o sol. Imagine que você está em paz e visualize borboletas rodeando o seu corpo.

— Mas borboletas?

— É — respondeu Carmela. — Borboletas. Quando algo desagradável acontece comigo, eu fecho os olhos, imagino uma linda borboleta colorida voando ao meu redor e levando consigo as energias negativas que poderiam ficar grudadas em mim. Depois, eu me sinto como se fosse ela. Fora do casulo, livre, solta, com lindas asas coloridas. Aí eu viajo por entre bosques, florestas, parques, cachoeiras. Sinto-me dona de mim, cheia de poder e, quando volto à realidade, abro os olhos e vejo que tudo está bem.

— Gostei. Borboletas — disse Clara.

— Tenho certeza de que Dinorá vai mudar — finalizou Carmela.

— Difícil ela mudar.

— Veja, Lilian, quando mudamos nossa maneira de agir e pensar, os outros ao nosso redor são diretamente afetados.

— Como? O que acontece?

— Ou eles mudam também, positivamente, é claro, ou se afastam de nós.

— Verdade?

— Posso afirmar por experiência própria.

— Eu queria muito que Dinorá fosse afastada de nossa vida.

— É o que deseja com vontade?

— Sim. Com toda a minha força.

— Peça e será atendida.

— Eu queria uma vida bem diferente dessa.

— Pois peça e terá.

Lilian guardou as sandálias na caixa. Pegou a travessa de bolo e a levou até a mesa da cozinha.

— Vamos comer o bolo? — convidou. — Deve estar uma delícia.

— Adoro bolo de chocolate — respondeu Clara.

— Eu também, Clarinha. E esse tem recheio de coco. É prestígio.

— Hum. Vamos nos fartar!

As três meninas foram para a cozinha e comeram até se sentirem satisfeitas. Depois, lavaram os pratos, copos e talheres, deixaram a cozinha toda arrumada a fim de agradarem Dinorá. O dia seguinte era dia de paz, e elas não queriam, de maneira alguma, arrumar confusão com a madrasta. Colocaram suas camisolas. Havia um colchão que ficava guardado atrás do armário das meninas. Carmela e Lilian o pegaram e fizeram uma caminha provisória entre suas camas.

— Vou fazer uma prece com fervor para Deus afastar Dinorá de nossa vida — comentou Lilian.

— Cuidado com o que pede.

— Por que esse cuidado?

— A vida pode fazer exatamente o que você quer.

— Eu adoraria ficar longe dela — disse Lilian.

— Podemos morar com você, Carmela?

— Eu adoraria, mas eu não sinto que vocês viveriam bem lá em casa.

— Por quê?

— Algo me diz que não. A porta de casa estará sempre aberta para as duas. Contudo, vocês têm uma madrasta. Ela tem responsabilidade em relação a vocês.

— Ela não é nossa mãe. E nem se casou com meu pai.

— Eu posso conversar com mamãe e papai. Eles são pessoas excelentes. Se precisarem, podem contar conosco.

— Obrigada, amiga.

— Não há de quê.

— Vamos rezar — disse Lilian.

As três fecharam os olhos e fizeram suas preces. Carmela agradeceu pela noite alegre. Clarinha agradeceu pela boneca. Lilian pediu que, se Deus a estivesse escutando, que levasse Dinorá para longe de sua vida.

Em seguida, deitaram-se e dormiram.

# Capítulo 3

Alguns dias depois.

Dinorá aproveitou as férias escolares das meninas e toda hora arrumava um serviço de casa para elas fazerem. Ela queria casa, comida e roupa lavada. Obrigava Clara a ir para o fogão e cozinhar, sem se importar que a menina pudesse se machucar com panelas quentes e outras atividades caseiras, perigosas para uma menina de cinco anos.

Mas para que continuar com uma lavadeira se tinha as meninas ali, na mão? Aproveitava o dinheiro economizado e comprava mais cremes, pó de arroz, *rouge* e roupas para melhorar sua aparência já exuberante.

A aparência de Dinorá estava ótima, cada vez melhor. Nem parecia estar perto dos trinta anos. Cuidava do corpo, vestia-se com esmero e, em pouco tempo que retornara àquela vida devassa de outrora, havia conseguido fazer boa carteira de clientes.

Além de conhecer a profissão havia anos, ela tinha gosto excessivo pelo sexo. E esse gosto, aliado à sua experiência e exuberância, eram pontos fortes que seduziam os homens de todas as idades e camadas sociais. As peripécias sexuais de Dinorá deixariam qualquer profissional experiente do sexo com as faces rubras. Ela não tinha pudores. O que o cliente pedia, ela atendia. Dessa forma, mantinha uma carteira cativa.

Percebendo que Lilian e Clara faziam tudo o que ela pedia, veio-lhe uma ideia à mente. Disse para si:

— Elas fazem bem o serviço de casa. Temos um quintal grande e podemos lavar e quarar bastante roupa no gramado. Eu compro mais um ferro a carvão e poderei, dessa forma, oferecer esse serviço às pessoas.

Dinorá disse isso em alto e bom som. Várias vezes. O pensamento lhe agradou bastante. Depois que Aureliano morreu, ela pensou em se separar das meninas. Agora via nelas uma pequena fonte de lucro, pelo menos momentânea.

Os meses se passaram e o serviço foi bem aceito pela redondeza. Alcançou os ateliês de costura do centro da cidade e a clientela não parava de crescer. As meninas não retornaram à escola. Clara começaria o pré-primário e Lilian havia prestado admissão para ingressar no ginásio — atual ensino fundamental II —, porém, foram proibidas de voltar a estudar e ficavam no serviço o dia todo.

Maria tentou argumentar, foi conversar com Dinorá e convencê-la de que as meninas precisavam estudar, mereciam educação. A escola era pública e, se precisasse de novos livros ou novos uniformes, ela e Cornélio ajudariam nas despesas. Dinorá ouviu tudo em silêncio e disse não.

Lilian e Clara não tinham tempo para mais nada, tampouco para as brincadeiras de rua. Elas bem que tentaram, mas era impossível para elas acompanhar as amiguinhas nas brincadeiras, como pular corda, queimada ou esconde-esconde. Estavam sempre cansadas, com sono, desestimuladas. Acordavam e iam dormir lavando, quarando e passando roupas, numa estafante rotina que, semana após semana, sem um pingo de descanso, deixou Clara de cama.

— Está inventando essa gripe — protestou Dinorá enquanto se arrumava para sair.

— Não estou inventando nada.

— Olhe lá — Dinorá aproximou-se e levou a mão à testa da menina. — É. A testa está quente.

— Eu juro. Estou com dor pelo corpo todo, febre. Acho que estou com muito trabalho.

— Muito trabalho? Conheço gente que faria o dobro do que vocês fazem por um prato de comida ou mesmo um teto. Vocês têm casa, comida e — gargalhou — roupa lavada. De monte!

Clara ajeitou-se na cama. As olheiras roxas e profundas deixavam seu rostinho mais abatido.

— Juro que logo vou me recuperar. Não quero que Lilian faça todo o serviço sozinha.

— Não vou perder cliente por conta dessa gripe.

— Vou melhorar.

— Trate de se recuperar bem rápido.

— Você bem que podia ajudá-la.

— Eu?!

— Sim.

— Não tenho idade para o serviço pesado. E, de mais a mais, não posso estragar minhas unhas.

— Não, mas você...

Dinorá a cortou:

— Tenho outro bazar beneficente na igreja — mentiu.

— Outro? Não pode ajudar a minha irmã só um pouquinho? Amanhã vou estar melhor, prometo.

Uma voz se fez ouvir na porta do quarto.

— Eu vim para ajudá-las.

— Carmela! Que bom que você veio.

A jovem fez um sinal com os olhos para o embrulho nas mãos.

— Mamãe mandou essa canja para você.

Carmela achegou-se à cama. Tirou o pano que embalava o prato e o entregou à menina.

— Tome, pois a sopa vai ajudá-la em sua recuperação.

— Obrigada.

— Lilian precisa de ajuda. Eu vou para o quintal. Temos muita roupa para lavar.

— Fico feliz que possa nos ajudar, Carmela — respondeu Dinorá. — Os clientes não querem saber se estamos doentes ou não. Querem as roupas lavadas e passadas.

Dinorá falou e saiu.

— Hum, que sopa gostosa.

— Mamãe fez especialmente para você.

— Eu vou ficar boa?

Carmela pousou a mão sobre a testa de Clara.

— A febre ainda está alta. Mas você vai ficar boa.

— Tenho medo de morrer.

— Quem disse que vai morrer?

— Não sei. Sonhei com mamãe outro dia.

— Você se lembra dela, Clara?

— Não. Mas no sonho eu sabia que era minha mãe.

— Ela lhe disse algo no sonho? Você se recorda?

Clara olhou para o teto. Depois tomou uma colher de sopa.

— Ela me disse que tudo vai ficar bem.

— Então você vai ficar boa. Sua mãe, em espírito, veio lhe dizer que tudo vai passar e que vai ter uma vida muito boa.

— Mesmo? Será que vem me buscar?

Carmela sorriu. Os dentes alvos e brancos iluminavam ainda mais seu rosto bonito.

— Sua mãe vive num outro mundo e tem mais facilidade em vir até o nosso. Tenho certeza de que ela às vezes vem ao seu encontro, a fim de confortá-la, dar-lhe forças para seguir em frente. Amor de mãe não muda, não importa em que mundo esteja.

— Fico feliz.

— Tome essa canja e depois vamos tomar um banho morno. Lá em casa tem chuveiro elétrico. Mamãe disse que você é nossa convidada.

— Estou cansada. Queria tomar banho aqui mesmo.

— Está certo. Eu vou para a cozinha esquentar a água.

— Obrigada, Carmela.

— Não tem de agradecer. Eu gosto muito de você e da Lilian.

Os dias passaram-se rapidamente.

São Paulo — Praça do Patriarca

# Capítulo 4

Dinorá abriu a porta, e sobre o tapetinho, na soleira de entrada, estava um envelope pardo, sem selo e sem remetente. Ela abaixou-se e o pegou. Ao abrir o envelope e ler a carta, seu rosto ficou pálido e ela teve de se apoiar na maçaneta da porta para não cair.

*Querida Dinorá,*

*Eu fico imensamente satisfeito em saber que continua viva e bem. Não foi difícil arrumar seu novo endereço. Só para constar, vale lembrar que você trabalhava para mim no cais do porto e me deve um bom dinheiro. A última rameira que tentou me passar a perna foi encontrada morta, boiando nas águas da praia de Itararé.*

*Eu vou passar aí na semana que vem. Isso quer dizer que você tem sete dias corridos para arrumar o dinheiro e saldar suas dívidas, ou então, já sabe... nunca mais vai ter clientes.*

*Eu vou desfigurar seu rosto com a minha navalha. E depois, com muito carinho, vou apertar seu pescoço até o ar sumir e jogar seu corpo no mar.*

*Até breve,*

*Adolf*

Dinorá engoliu as últimas palavras em seco.

— O desgraçado daquele alemão sujo me encontrou. E agora? Nem que eu trabalhe até os cem anos de idade, não vou conseguir pagá-lo. Preciso arrumar um jeito de sumir o mais rápido possível.

Dinorá falou e se recompôs. Guardou a carta na bolsa. Imediatamente sua cabeça começou a gerar mil ideias de como se livrar do gringo. Matá-lo ela não podia. O seu passado não havia sido um mar de rosas, mas não se considerava assassina. E, ademais, ela tinha medo de se meter com a polícia.

Ela mordeu os lábios com tanta força que sentiu o gosto amargo de sangue.

— Depois penso melhor nisso.

Saiu de casa e estugou o passo. Consultou o relógio e balançou a cabeça negativamente, irritada. Estava atrasada para a "missa".

— Não gosto de me atrasar — falou para si.

Chegou à igreja e o padre estava no meio do culto. Naquele horário não havia muitas pessoas no interior da capela. Ela sentou-se num banco mais afastado e baixou o véu branco rendado sobre o rosto. Segurando o tercinho, abaixou a cabeça e fingiu que rezava.

Um homem aproximou-se e sentou-se próximo a ela. Dinorá assentiu com a cabeça, fingindo timidez.

Ele disse num sussurro:

— Desculpe pelo atraso. Cheguei muito tarde?

— Não. Eu também me atrasei.

— Ainda dá tempo para me atender?

— Pois é claro. Você é o meu melhor cliente.

— Como fazemos?

— Você sai primeiro e eu sairei em seguida. Encontramo-nos na sua casa.

O rapaz sorriu, fez uma mesura com a cabeça e saiu. Algum tempo depois, antes de receber a hóstia, Dinorá levantou-se, fez o sinal da cruz e saiu de mansinho. Andou alguns quarteirões até alcançar o Vaticano. Não, não se tratava da residência do Papa, chefe supremo da igreja católica, mas sim de um dos maiores cortiços da cidade. Uma cidade dentro da cidade, como afirmavam muitos, daí o apelido. Era um cortiço imenso, na Vila Saracura, nas proximidades da Bela Cintra.

Ela foi se esgueirando pelos corredores estreitos e malcheirosos. Chegou ao meio de um pátio enorme, onde havia um grande número de mulheres que lavavam roupas, em vários tanques, uns grudados aos outros. Elas a olharam com cara de poucos amigos. Dinorá fez ar de mofa. Ergueu o queixo e empinou o busto, seguindo até a casinha em que o rapaz a esperava.

Dinorá usou o seu livre-arbítrio, ou seja, as escolhas conscientes que fazemos ao longo de nossa existência. Ela escolheu manter-se nos velhos padrões de comportamento, os mesmos de muitas vidas anteriores. Era mais fácil cair em tentação do que mudar.

Sabemos que mudar padrões de pensamentos antigos nos custa um bocado. Somos obrigados a olhar para dentro de nós, checar nosso sistema de crenças, reavaliar o que é bom e o que não é. É um trabalho difícil, mas imprescindível para o amadurecimento e crescimento de nosso espírito rumo à escala evolutiva da qual nenhum ser neste planeta poderá escapar.

Contudo, Dinorá não queria mudar, não fazia força para deixar esses condicionamentos que só atravancavam seu crescimento espiritual. Não precisava se tornar mulher casta e banir o sexo de sua vida. Longe disso.

O fato é que ela não usava o sexo para lhe dar prazer, mas sim para seduzir, ganhar dinheiro, e, obviamente, deitava-se com pessoas com quem jamais se deitaria se fosse por conta de um sentimento mais nobre. Quer dizer, de forma indireta, castigava seu corpo físico pelo excesso e machucava a sua alma por deitar-se com pessoas por quem não sentia o mínimo de interesse. Sua escolha era essa.

E não queria se lembrar de Adolf e suas ameaças. Mergulhou nas estripulias sexuais. Passou a tarde com o cliente e, ao final, quando recebeu seu pagamento e conferia as notas de dinheiro, ouviu:

— Tem muito mais o que fazer hoje?

— Como assim?

— Sei lá, mais trabalho...

— Atender mais clientes? Você me paga mais. E paga bem. Hoje não pego mais nenhum — ela aproximou-se e o beijou longamente nos lábios. — Você me deixa exaurida, Bartolomeu. Quando eu me deito com você, não tenho forças para me deitar com mais ninguém.

Na verdade ela estava apreensiva. Queria ir para casa e pensar numa maneira de arrumar algum dinheiro para Adolf. Tinha uma semana corrida para fazer alguma coisa, oferecer uma contraproposta, argumentar...

Ele sorriu.

— Você é bem faceira. Eu gosto do seu jeito, do seu tipo.

— Você também muito me agrada. É um tipo bem interessante.

— De coração, eu gostaria que você fosse só minha.

Um brilho perpassou o olhar de Dinorá.

— Eu até gostaria, mas vai me oferecer o quê? Este casebre caindo aos pedaços? Neste cortiço horrível?

— Não. Eu...

— E, mesmo assim, até quando vai ficar aqui? Amanhã descobrem que você não é o dono e...

— Tem razão. Esta casinha era de um amigo meu que morreu na Revolução. Mas quero mudar.

— Como assim?

Bartolomeu achegou-se e a abraçou pelas costas. Encostou seus lábios no ouvido dela.

— No momento não tenho muita coisa. Tem um amigo meu no circo...

Dinorá abaixou e levantou a cabeça.

— Sei. Vai querer se apresentar no Largo do Paissandu? Você e aquele bando de artistas circenses? Acha que vai ser um Piolim?

— Não tenho esse dom de alegrar as pessoas.

— Bom, não estou entendendo...

— Um amigo meu que trabalha no circo me ofereceu um trabalho no Rio de Janeiro. Loja de quinquilharia. O irmão dele precisa voltar para o Nordeste, morre de saudades da família e quer passar o negócio adiante. Parece que é um bom trabalho, decente, pelo menos.

— Eu adoraria, mas...

— Mas o quê? Quer continuar nessa vida?

— Não é isso, mas eu queria uma vida de luxo.

— Podemos ter tudo isso. Com você ao meu lado, sinto forças para batalhar, crescer e vencer. Eu gosto de você, Dinorá. De verdade.

Ela sensibilizou-se. Bartolomeu gostava mesmo dela. Era um homem de bom coração, na casa dos trinta e poucos anos de idade, simpático, ar agradável, trabalhador e, acima de tudo, não a condenava. Não se importava com o tipo de vida que Dinorá levava. Ele gostava dela, do seu jeito. Sem mais nem menos.

Dinorá pensou e pensou. Mudar de ares, de cidade, outra vez era uma excelente alternativa. São Paulo estava muito triste, tentando se reconstruir depois de ser derrotada na Revolução. As meninas faziam bom dinheiro com as roupas, mas isso era muito pouco para ela.

De repente, sua mente foi assaltada por uma brilhante ideia.

— Mas é claro! Se eu for embora na surdina, largando as meninas e sem deixar rastro, ninguém vai me achar. Adolf nunca mais vai me encontrar.

A proposta de Bartolomeu era tentadora. Mas e as meninas? O que fazer com elas? Como se livrar das duas assim, num estalar de dedos, em uma semana? Dinorá precisava arrumar uma maneira inteligente de se livrar delas. Mas deixá-las em casa sozinhas e partir?

— Não — respondeu para si. — Adolf é má pessoa, sem coração. Ele é capaz de abusar das duas e ainda tentar matá-las. Não lhes desejo a morte. Contudo, preciso sumir e afastá-las, pelo menos por enquanto.

Bartolomeu perguntou:

— Por enquanto o quê? Não prestei atenção no que disse.

— Não foi nada, querido. Estava pensando alto.

— Vai aceitar a minha proposta?

— Sim. Claro!

— Podemos partir dentro de um mês.

— Um mês? É um tempo relativamente longo. Sou rápida e não levarei mais do que uma semana para ajeitar minhas coisas e partirmos.

— Tem certeza?

— Sim.

— É que vocês, mulheres, são complicadas, sempre querem mais tempo.

— Eu sou diferente. Se dependesse de mim, iríamos embora hoje mesmo.

— Eu sabia que iria aceitar, Dinorá — disse ele, contente. — Estou decidido a construir uma vida nova e decente ao seu lado.

— Eu consigo estar pronta para mudarmos. Uma semana?

— Uma semana.

— Está certo. Conte comigo.

— Mas tem uma condição.

— Qual é? — perguntou ela, receosa.

— Nada de homens.

— Como assim?

— A partir de agora você só se deitará comigo.

— Só com você. Desde que me sacie...

— E eu sou homem de negar fogo?

Dinorá riu alto.

— Você não é e nunca vai ser homem de negar fogo.

Abraçaram-se e recomeçaram com as carícias. Em seguida, estavam novamente na cama. Dinorá sentiu que um enorme fardo era arrancado de suas costas. A proposta de Bartolomeu caíra do céu. Ela estava agradecida. Iria fazer força para mudar seu comportamento e tornar-se outra mulher.

Era difícil largar o vício da prostituição, mas Bartolomeu a saciava completamente. Ele era homem viril e másculo, enchia-a de carinhos e afagos. Queria começar nova vida ao lado dele. Ainda bem que ele nem sabia das meninas, caso contrário, com tanta bondade no coração, seria capaz de levá-las todas para o Rio.

Mas começar uma vida nova com duas meninas que nem mesmo eram suas filhas? Que nem tinham seu sangue? Por que deveria cuidar delas? Havia instituições para menores, asilos para meninas... Dinorá pensou mais um pouco e logo esquecia dos problemas, deixando-se amar por aquele homem que tanto gostava dela.

Espíritos presentes naquele momento queriam se aproveitar dos fluidos emanados dos corpos do casal, que lhes serviam de alimento. Eram conhecidos como vampiros astrais, espíritos que vagueiam aqui na nossa dimensão e ficam à espreita para se alimentar do ectoplasma, ou seja, da energia vital de encarnados. Um deles protestou.

— Antes a gente conseguia aproveitar.

— Antes...

— Por que não podemos nos aproximar?

— Porque o idiota está apaixonado por ela. Ele gosta dela de verdade. Isso cria uma proteção ao redor deles.

— O corpo dela está cheio de buracos.

— E daí?

— Não tem como nos aproximarmos mais?

— Quando ele não estiver com ela, poderemos sim. Mas de que vai adiantar? Queremos as energias que seus corpos emanam quando estão se amando. Ela, sozinha, tem pouco para nos oferecer.

— Depois do ato sexual não dá para aproveitar nada.

— Podemos tentar sugar alguma coisa pelos buracos que existem em seu corpo astral.

— Esses buracos em sua aura não vão nos saciar. Essa dona aí carrega sentimentos dos mais negativos possíveis. Só quer saber de tirar vantagem dos outros.

— E com esse corpo cheio de buracos toda a energia vital dela vai se esvaindo...

— Daí que não aproveitamos nada quando ela está só.

— Não podemos nos alimentar da energia negativa?

— Podemos. Mas dessa energia negativa temos aos montes. Eu quero uma energia mais apetitosa, como essa que vem do sexo. É mais pura e revigorante.

— Vamos fazer o que, então?

— Não vamos esmorecer. Há outras pessoas fazendo o mesmo que eles, sem um mínimo de sentimento, somente por puro prazer. Vamos sugar a energia desses outros.

— Concordo. Vamos, porque desses dois aí não vai dar para a gente chupar nada.

— Você me acompanha?

— Com todo o prazer!

Os dois desvaneceram no ar e foram atrás de alimento para seus espíritos enfraquecidos e perturbados.

# Capítulo 5

Carmela terminou de servir a canja para Clara. Em seguida, a menina nem quis tomar banho. Adormeceu. Carmela beijou a sua testa, ainda quente, e foi ajudar Lilian a passar as roupas.

— Como está a Clara?

— Parece melhor. Tomou todo o prato de sopa e dormiu.

— Ela está trabalhando muito.

— Deixe-me ajudá-las.

— Não é justo.

— Eu tenho tempo livre. Não custa nada.

— Não estou falando de você, Carmela. Estou afirmando que isso não é justo.

— O que não é justo?

— A gente ter de fazer isso. Vou fazer treze anos e olhe a vida que levo.

— Muitas coisas boas podem acontecer, querida. Não desanime.

— Eu estou cansada.

— Calma. Confie nas forças inteligentes que regem a vida.

— Difícil entender você, Carmela.

— Por quê?

— É mais fácil falar. Você tem um pai e uma mãe que a amam. Está terminando o colégio. Logo vai ingressar num curso superior ou encontrar um homem bom e casar. O que eu posso esperar? Lavando e passando roupa dia após dia, com essa mulher no nosso pé?

— Livre-se de Dinorá.

— Como assim? Matando-a?

Carmela pendeu a cabeça para os lados.

— Não foi o que disse. Você precisa arrumar forças para se afastar, mudar de vida.

— Como?

— Dinorá não é sua mãe. Ela não é amorosa e carinhosa. Você não gosta dela. Por que então só reclama? Faça algo para mudar.

— Eu sou muito nova para mudar.

— Não é. Quantas na sua idade têm a mesma vida que você e Clara? Mamãe faz trabalho voluntário no Instituto de Menores do Tatuapé. Tem um monte assim (ela juntou os dedos) de meninos e meninas que estão órfãos, mas estão procurando estudar, trabalhar, ter uma profissão e seguir a vida felizes.

— Eu não sou feliz.

— Lilian, você é perfeita. Tem saúde.

— E daí?

— Se quiser mesmo ir embora desta casa, eu a ajudo. Falo com mamãe e papai.

— E vou depois ser encaminhada para o Instituto de Menores ou mesmo para o Asilo de Meninas da Santa Casa? Nunca.

— O que você quer, então?

Lilian desconversou.

— Não tem que ajudar sua mãe?

— Só logo mais à noite. Já disse que tenho a tarde todinha para ficar aqui com você. Vou ajudá-la a passar essas roupas.

— Essa encomenda segue amanhã cedo para o doutor Paulo Renato.

— Aquele advogado que mora no casarão na alameda Glete, perto do colégio?

— O próprio. A lavadeira foi embora e, enquanto outra não vem, vamos fazendo esse serviço. Ainda bem, ele e a irmã dão um bom dinheiro para lavarmos e passarmos suas roupas.

— Ele é bem bonito, esse doutor.

— Concordo com você. Ele se parece com aquele ator... como é mesmo o nome daquele ator que morreu jovem há alguns anos?

— Qual?

— Aquele do cartaz do cine Bijou-Palace, Carmela.

— Ah, o Rodolfo Valentino?

— Esse mesmo. Um belo tipo ele é.

— Mas o doutor Paulo Renato usa óculos.

— Por trás dos óculos lembra o Rodolfo Valentino. Eu o vi de relance duas vezes quando fui fazer entrega de roupas.

— Você tem razão, Lilian. Assisti aos filmes *O sheik* e *O filho do sheik* algumas vezes. Definitivamente ele é sósia do ator italiano. Se quer saber, eu também acho ele bem-apanhado. Já o vi na rua. É solteiro, mora com a irmã. Família paulistana tradicional e muito rica. Se não me engano, os pais morreram num acidente de trem lá no estrangeiro.

— Eu simpatizo com dona Valentina. Nunca conversamos, mas ela parece ser uma boa pessoa.

— Ela é um amor. Mamãe sempre fala bem dela. Dona Valentina organizou um batalhão de mulheres para trabalhar em prol dos soldados. É uma dama benquista na nossa sociedade. Eu a admiro bastante.

Lilian dobrou a camisa e pegou outra para passar.

— Dona Valentina sempre pede para a criada me dar gorjeta e barra de chocolate quando entrego as roupas.

— Tenho o hábito de saltar dois pontos antes de chegar à escola, só para passar em frente ao casarão, nos Campos Elíseos. O jardim é tão lindo. O perfume das rosas misturadas com jasmim é inebriante.

— Vou entregar essas roupas amanhã ou depois. Se quiser, pode me acompanhar.

— Você já entrou no casarão, Lilian?

— Só fui até os fundos entregar as roupas para uma das criadas.

— Uma casa daquelas deve ter alguns empregados.

— Pelo que percebi tem uma cozinheira, uma arrumadeira, uma copeira e um motorista! Eu adoraria morar num casarão daqueles e ser servida assim por tantos criados.

— Eu gostaria de morar por aqui mesmo.

— Aqui? Neste bairro?

— Qual o problema?

— Eu gostaria de sair da Lapa. Aqui é longe de tudo. Parece o fim do mundo.

Carmela riu do exagero da amiga.

— Tem bonde que nos leva até o centro da cidade, Lilian. Tem o parque aqui perto. Eu gosto muito da região. Se eu me casar um dia, gostaria de morar aqui mesmo. Nesta rua ou mesmo numa casa como a sua.

— Você sonha pobre.

— Não. As ruas aqui são arborizadas, nossas casas têm jardim na frente. A sua casa é até maior que a minha. Aqui são três quartos. A minha só tem dois.

— Outro dia falei para a Dinorá que a casa é grande, que poderíamos alugar uma menor, contudo, ela insiste em ficar porque o quintal é grande e podemos quarar as roupas no gramado.

— De fato, o quintal é bem grande. Depois de fazer o serviço, o que acha de pegar jabuticabas?

— Não gosto de jabuticaba — respondeu Lilian.

— Eu sei fazer um doce de jabuticaba que você vai amar!

Lilian riu. Foram alternando a conversa agradável com roupas e mais roupas para passar. Carmela tinha jeito rápido e próprio de passar as roupas. Aprendera com sua mãe. Quando o ferro começava a ficar morno, ela assoprava os buraquinhos laterais, de maneira que o carvão voltava a ficar todinho em brasa, facilitando o deslizamento da chapa quente sobre as roupas. Foram trocando ideias sobre vários assuntos, até que Carmela perguntou:

— Você gosta de alguém, Lilian?

— Como assim?

— Sente atração por alguém?

Lilian corou.

— Eu? Imagine. As regras vieram faz pouco tempo. Não penso muito nisso. Quer dizer, outro dia vi a foto do Richard Arlen na revista *A Scena Muda*. Senti um calor subir pelo corpo. Pensei estar doente. Até tomei uma colher de sopa de *Regulador Xavier*[3].

Carmela riu com gosto.

— Você já é uma mocinha. O calor foi a emoção que a foto despertou em seu corpo, nos seus hormônios. É normal acontecer. Dá-se o nome de atração.

— Mesmo?

— Sim. Daqui a pouco aparece um rapaz e você se apaixona. É assim que funciona. Você se apaixona, namora, casa e pronto, tem uma vida feliz.

— Quem lhe disse isso?

— Mamãe conversa determinados assuntos de meninas comigo.

— Não acha cedo para esses assuntos? É muito jovem.

— Jovem, mas quase mulher. Tive um ou outro flerte, mas nada sério. Acredito que a vida vai me trazer um companheiro que vai me amar, me respeitar e me dar um monte de filhos.

— Eu não quero marido tão cedo.

— Não pensa em se casar, Lilian?

— Pensar, assim... eu nunca parei para pensar. Como disse, é assunto que ainda não me despertou o interesse. Eu me preocupo muito com a Clarinha. Ela só tem a mim. Estou guardando o dinheiro das gorjetas e, assim que tiver o suficiente, vamos embora daqui. Eu e Clara. Você está certa, eu preciso mudar. Não posso esperar nada da Dinorá.

— Eu gostaria que fôssemos vizinhas para sempre.

---

[3]Regulador Xavier: famoso preparado à base de extratos vegetais, de plantas medicinais, desenvolvido em São Paulo pelo farmacêutico João Gomes Xavier, indicado para tratar dos distúrbios da menstruação. Registrado no órgão de saúde desde 1930.

— Mas o que esperar de Dinorá? Ela não se importa conosco. Você tem toda razão, Carmela. Não adianta reclamar, embora seja difícil de aceitar. Assim que aparecer um homem no mínimo interessante, ela vai embora.

— Você e Clara não têm rezado para que isso aconteça?

— Sim. Rezamos todas as noites para que Deus nos arrume uma vida melhor.

— Logo vocês vão conseguir. Eu sinto isso.

— Mas no fundo tenho medo.

— Medo de quê?

— Somos ainda muito novas. Eu gostaria muito que Dinorá sumisse de nossa vida, mas ainda dependemos dela. Não temos idade para sair e nos atirarmos no mundo. Quem sabe quando eu tiver a sua idade, uns quinze, dezesseis anos... vou procurar um bom emprego, depois voltarei a estudar. Vou ter uma boa vida, você vai ver.

— Claro que sim. Eu quero terminar o colégio no ano que vem, ingressar talvez na Escola de Sociologia ou encontrar um trabalho que me realize e arrumar um bom partido. Sonho ser mãe e dona de casa. Sinto que tenho facilidade para lidar com as prendas do lar e trabalho ao mesmo tempo.

— E quer ter um monte de filhos? Impossível.

— Gosto de crianças. Cuidar de casa e dos filhos e conciliar com o trabalho é algo tranquilo para mim. Só falta aparecer o amor da minha vida.

— Será que vamos realizar nossos sonhos?

— Vamos aguardar. Rezar para que possamos ter clareza na mente e realizar nossas vontades.

Clara chamou lá do quarto. Lilian e Carmela largaram os ferros de passar e subiram rápido. Chegaram, e Lilian abaixou-se e passou a mão sobre a testa dela. O estado de saúde de sua irmãzinha era grave. A menina ardia em febre e gritava:

— Paul, não... por quê? Oh, não atire... não...

— Ela está sonhando — disse Carmela.

— Sim, mas é estranho.

— O que é estranho?

— Porque é um sonho ruim que me persegue desde os sete anos de idade. Clara não poderia ter o mesmo pesadelo que eu.

— Ora, por quê?

— Porque o pesadelo é meu.

— Conte-me sobre ele.

Lilian contou em rápidas palavras. Carmela mordiscou os lábios, pensativa.

— Clara também estava neste sonho.

— Como?

— Vocês duas viveram isso.

— Impossível.

— Numa outra vida, quero dizer — ajuntou Carmela.

— Será?

— Sim.

Lilian não entendia do assunto e estava muito preocupada com o estado de saúde de sua irmã.

— Ela não está nada bem. Precisamos levá-la ao hospital.

— Eu sei como fazer. Vou procurar ajuda. Vou chamar mamãe. Fique aqui.

— Mas...

— Nada disso, Lilian. Fique ao lado de sua irmã. Eu vou atrás de ajuda.

Carmela falou, rodou nos calcanhares e saiu. Correu até sua casa e explicou à mãe o que estava acontecendo. Maria foi até a padaria perto de casa. Conversou com seu Manuel, e ele se ofereceu para levar a menina enferma ao hospital.

São Paulo — Largo da Sé

# Capítulo 6

Clara deu entrada na Santa Casa e foi prontamente atendida, embora o prédio estivesse lotado de pacientes.

— Você não pode atravessar esta porta — indicou a enfermeira, com gesto firme, porém simpático.

— É minha irmã. Ela não pode ficar sozinha.

— Não se preocupe. Vamos cuidar bem dela.

— É tudo o que peço, enfermeira.

— Trouxe algum documento?

— Saí correndo que nem me lembrei do documento.

— Preciso da certidão de nascimento.

— Posso trazer mais tarde?

— Pode trazer assim que puder. O hospital está lotado, porquanto ainda estamos tratando de enfermos da Revolução. Não estamos preenchendo as fichas como é de praxe. Agora volte para casa e avise sua mãe que sua irmãzinha vai ficar boa.

Carmela abraçou-se a Lilian.

— Ela vai ficar boa. Você verá. Vamos confiar.

Lilian estava pálida, cansada.

Ela disse para eu avisar nossa mãe...

— Foi maneira de se expressar.

— Eu só tenho a Clara. Se ela for embora... — e desatou a chorar.

— Chi! Calma, amiga — Carmela disse enquanto alisava seus cabelos. — Ela vai ficar boa. É uma questão de dias. Aqui Clarinha vai receber tratamento adequado. Não podia ficar em casa. Concorda que fizemos o melhor?

— Tem razão.

— E Dinorá? — perguntou Maria.

— Saiu cedo de casa e não voltou até agora.

— Não podemos deixá-la sozinha em casa.

— Eu me viro. Sempre me virei.

Maria meneou a cabeça.

— Não. Eu me responsabilizo por você até Dinorá aparecer. Quer dormir com Carmela?

— Na casa de vocês?

— Sim.

— Adoraria, dona Maria. Eu não quero ficar sozinha na minha casa.

— Por certo. Passamos na sua casa, pegamos uma muda de roupa e...

— Eu tenho de entregar as roupas. Os clientes... sabe como é. Eu preciso receber.

— Eles compreenderão o atraso. Um ou dois dias não vão atrapalhar a vida de seus clientes. Eu deixo Carmela continuar ajudando você, se for o caso.

— Obrigada, dona Maria.

— Vamos — disse Carmela. — O seu Manuel nos aguarda lá fora.

Lilian assentiu com a cabeça. Enlaçou o braço na cintura da amiga e saíram do hospital. Contornaram o jardim, e Manuel estava no outro lado da calçada. Entraram num carro Ford modelo T — conhecido popularmente como Ford bigode — e seguiram para casa em silêncio.

Chegando em casa, Lilian encontrou tudo às escuras. Dinorá ainda não havia chegado. Escreveu um bilhete explicando o ocorrido. Pegou uma muda de roupa.

— Ela vai ficar brava comigo, dona Maria.

— Não vai. Conversarei com ela amanhã cedo, explicando que era impossível deixá-la aqui sozinha.

— Obrigada.

— Agora vamos — tornou Carmela.

Elas apagaram as luzes, saíram do sobrado e atravessaram a rua. Lilian foi muito bem recebida na casa de Maria. Aproveitou que na casa da amiga havia chuveiro elétrico e tomou um banho quente e revigorante. Vestiu a camisola e, embora sem fome, procurou se alimentar. Ela não podia ficar doente. Precisava estar bem para cuidar de sua irmãzinha, assim que retornasse do hospital.

Lilian terminou o jantar e em seguida foi para o quarto. Demorou para conciliar o sono. Mas, quando ele veio, ela dormiu feito um anjinho.

No dia seguinte, ao chegar em casa na companhia das vizinhas, Lilian encontrou uma Dinorá mal-humorada e irritada, sentada na poltrona da sala e tamborilando nervosamente as compridas unhas vermelhas sobre a mesinha ao lado.

— Fiquei preocupada — falou enquanto balançava o bilhete.

Lilian percebeu o tom falso na boca dela, contudo não queria discutir.

— Estava cansada e precisava dormir. Você não sabe o quanto fiquei preocupada. Clara não estava nada bem. E dona Maria não quis que eu ficasse sozinha.

— Foi isso mesmo — tornou Maria. — Corremos até a Santa Casa. Ao voltarmos, eu não ia deixar sua enteada aqui sozinha. Depois da guerra, a cidade está cheia de bêbados e tarados.

— Fez bem, dona Maria — Dinorá percebeu o ar reprovador da vizinha. — Tenho certeza de que minha enteada passou agradável noite na companhia de Carmela, não é mesmo?

Lilian assentiu com a cabeça.

— Agora, voltemos ao trabalho. Os clientes não querem saber dos nossos problemas. Pagam e esperam por um serviço benfeito.

Maria protestou.

— Eu não concordo com isso. Faz dessas pobres meninas suas escravas.

Dinorá levantou-se de um salto e aproximou-se da mulher com olhar furioso.

— A vida é minha e as enteadas também.

— Acontece que isso não é justo.

— Quem decide o que é justo ou não nesta casa sou eu! — bramiu Dinorá. — Nunca me meti na sua vida.

— Sim, mas...

— Nem mas, nem meio mas. Quer fazer o favor de se retirar daqui, imediatamente?

Maria puxou Carmela pelo braço.

— Eu vou dar queixa na polícia.

— Faça isso e verá a confusão que vai arrumar.

Maria pendeu a cabeça para os lados.

— Vamos embora daqui. Que Deus tenha misericórdia dessas meninas.

Lilian fechou a porta e, quando se virou, foi surpreendida com um violento tapa no rosto.

— Ai! Como se atreve?

— Isso é para você aprender a não me desafiar na frente dos outros.

Lilian levou a mão até o rosto avermelhado. Ardia muito, mas ela não iria derrubar uma lágrima, não por *essa* mulher.

— Eu não a desafiei. Estava preocupada com Clara. Tive de tomar uma atitude. Se fosse esperar por você...

Dinorá levantou a mão e ameaçou dar novo tapa. Lilian saiu em disparada para o quintal.

Ah, essas meninas... Como vou me livrar das duas? Tenho menos de uma semana...

Dois dias depois, Manuel bateu à porta.

— Vim avisá-la que o hospital ligou lá na padaria. Como há muitos feridos por lá, as doenças estão se espalhando. Pediram para ir buscar a Clarinha, pois ela está melhor e tem condições de se recuperar em casa.

— Obrigada — respondeu Dinorá, esboçando sorriso sinistro.

Assim que o padeiro fechou o portãozinho de ferro e deu as costas, ela entrou na sala e sorriu feliz.

— Já sei o que vou fazer. Vou me livrar de uma... e hoje mesmo! A outra fica para amanhã, no mais tardar, depois de amanhã. Vou unir o útil ao agradável. Vou me livrar delas e de Adolf e não vou perder a chance de partir com Bartolomeu para a capital federal. Não vou!

Dinorá arrumou-se com elegância. Aproveitou que as roupas de Valentina, a cliente rica, ainda estavam em sua casa e procurou por um vestido bonito. Achou um conjunto importado de passeio, feito de crepe azul com parte superior em *georgette* branca. Foi até o armário do quarto e pegou um chapéu *cloche*. Colocou um pouco de pó no rosto, *rouge*, depois foi até a cozinha e apanhou uma garrafa de vinho. Retirou a rolha e acendeu um fósforo. Escureceu a rolha, esperou amornar e passou o pedaço de cortiça sobre os olhos, dando um ar glamoroso à sua figura altiva e bem-apanhada.

Lembrou-se da conversa que tivera com um cliente barra-pesada horas antes. Ele era repugnante, mas iria ajudá-la a se livrar das meninas. Dinorá fez um esgar de incredulidade. O homem era mesmo nojento, mas fazer o quê? Precisava se esforçar um pouquinho mais para livrar-se daqueles dois estorvos.

— Bartolomeu nem vai saber dessa escapadela. Eu prometi não me deitar mais com homem algum, porém é a minha felicidade que está em jogo.

Ela sorriu para sua imagem refletida no espelho da penteadeira. Em seguida, apanhou a bolsa e o documento de Clara.

— Hoje eu me livro de você — disse para si.

Abriu a porta de tela da cozinha e avisou Lilian:

— Vou ao hospital levar o documento de sua irmã.

— Quero ir junto.

— Hospital não é lugar para criança. A não ser que esteja doente.

— Não sou criança.

— Não vou me exasperar com você, sua mal-educada. Quer que eu deixe sua irmã jogada no hospital, como uma indigente? Se eu não levar este documento, como vão saber quem ela é? Estou aqui perdendo o meu tempo para fazer algo por alguém que nem é do meu sangue e ainda tenho de ouvir os seus impropérios?

— Desculpe-me, Dinorá. Estou nervosa e apreensiva. Clara é tudo o que tenho na vida. Sem ela, não sei o que fazer.

— Sem dramas. Nada vai acontecer à sua irmãzinha. Se ligaram do hospital para buscá-la, é porque está viva, oras!

— Isso é verdade...

— Adiante o serviço, porque amanhã quero entregar todas essas roupas.

— Por falar em roupa, eu acho que conheço este vestido...

Dinorá nem terminou de escutar. Virou o corpo esguio, atravessou a cozinha e a sala e saiu, batendo a porta com força.

Lilian fez sentida prece.

— Por favor, Senhor, afaste essa mulher de nossa vida.

# Capítulo 7

Paulo Renato estava sentado confortavelmente na poltrona. Numa mão, segurava seu cachimbo; na outra, lia o jornal. Uma das criadas aproximou-se com a bandeja de chá e biscoitos. Era um ritual que ele cumpria com rigor, todas as noites, antes de se deitar.

Ele levantou a cabeça e agradeceu. A empregada sorriu, assentiu com a cabeça e saiu. Logo Valentina apareceu na soleira da porta do escritório.

— Você se incomoda de tomarmos chá juntos?

— É um prazer tomar chá com você, minha irmã. Venha, junte-se a mim.

— Não queria atrapalhar a sua concentração. Sei que segue à risca os seus horários — ela consultou o relógio. — É hora do chá.

— Estava finalizando a leitura do jornal da noite. Os assuntos de sempre.

Valentina aproximou-se do irmão e sentou-se à sua frente. Apanhou uma xícara de chá e serviu-o. Depois, serviu a si mesma, de maneira elegante.

— Hoje trabalhamos bastante na oficina.

— Percebi. Chegou tarde.

— A produção está aumentando a olhos vistos.

— Tudo está bem.

— Tudo está bem — ela repetiu. — Pensei que jamais poderia ficar bem, após tantos acontecimentos desagradáveis. Mas hoje posso lhe dizer com toda a certeza do mundo: sou feliz!

— Se não fosse a morte de Auguste, sua vida seria completamente diferente.

— Seria, meu irmão. Contudo, se eu me casasse com Auguste, não voltaria mais para nosso país e jamais faria parte do comitê patrocinador da Semana de 22[4]. Sinto que a minha contribuição às artes valeu mais a pena do que um casamento convencional.

— Não se sente ofendida de ser chamada de modernista?

— Imagine! É uma honra para mim estar incluída no mesmo grupo que Eugênia Moreira, Elsie Lessa, Anita Malfatti, Patrícia Galvão...

— Cuidado, pois a sociedade é hipócrita e faz comentários jocosos pelas suas costas.

Ela deu de ombros.

— Estou pouco me importando com os comentários maledicentes das pessoas. Enquanto elas criticam, eu realizo. Sou uma incentivadora das artes. Quero contribuir nesta vida para que as pessoas, de todas as classes, apreciem e se sensibilizem diante de uma obra de arte. Quero que suas almas sejam tocadas pelo belo. Ainda sonho com um museu em

---

[4] Refere-se à famosa e polêmica Semana de Arte Moderna, realizada de 11 a 18 de fevereiro de 1922 no Teatro Municipal de São Paulo. Durante os sete dias do evento, foram expostos quadros e apresentadas poesias, músicas e palestras sobre a modernidade, o que deixou indignados alguns escritores e artistas de renome. Participaram da Semana nomes consagrados do modernismo brasileiro: Mário de Andrade, Oswald de Andrade, Víctor Brecheret, Anita Malfatti, Menotti Del Picchia, Sérgio Milliet, Heitor Villa-Lobos, entre outros.

nosso país. São pouquíssimos os que têm condições de viajar ao exterior para apreciar a beleza produzida pelos artistas.

— Continue, pois, comprando obras de arte e patrocinando seus *amiguinhos* artistas.

— Você acha que uso mal a minha parte da herança comprando obras de arte? É o seu ponto de vista. Não quero e não vou discutir.

— Desculpe-me. Não quero também me intrometer em sua vida. Sempre foi dona do seu nariz.

Paulo Renato levantou-se e se sentou ao lado de Valentina abraçando-a com ternura. Embora tivessem uma visão da vida completamente diferente, eles tinham sincera afeição um pelo outro.

Valentina ainda conservava os traços de uma mulher que fora muito bonita em sua juventude. Nascida em berço rico, fora educada na Europa, numa escola francesa — algo comum naquela época — e apaixonara-se por um lindo jovem, também de ótima família, chamado Auguste.

O romance de ambos fora interrompido por conta da Primeira Guerra Mundial que eclodiu no continente europeu em 1914. Eles ainda ficaram juntos por mais dois anos. Auguste foi chamado para lutar no *front*, e a família de Valentina, receosa de que algo grave acontecesse à filha, obrigou-a a tomar um vapor e regressar imediatamente ao Brasil.

Um ano depois de seu regresso, a jovem recebera uma carta dos pais de Auguste informando-a que seu amado havia sido morto em combate. Foi uma tristeza só. Valentina deixou de se alimentar e foi definhando. Paulo Renato, alguns anos mais novo que ela, um moçoilo naqueles tempos, sofria em silêncio e fez de tudo para alegrar a irmã que ele tanto amava.

Valentina travou amizade com uma famosa dama da sociedade da época. Essa dama enviuvara havia pouco tempo e superou a tristeza e saudade por meio do interesse em estudar e comprar obras de arte. Contratou um professor estrangeiro, e Valentina teve aulas de história da arte. Sua alma foi tocada por tanta beleza que ela voltou a sorrir para a vida.

Ela entrou em êxtase ao ver a vida por meio da arte, passando a compreendê-la melhor por meio da criação do homem unido a valores estéticos como beleza, harmonia e equilíbrio, produzindo como síntese as suas emoções, sua história, seus sentimentos e sua cultura.

A Grande Guerra trouxe sopro de renovação em todas as áreas. No Brasil, um grupo de artistas tencionava criar uma arte genuinamente brasileira.

Foi logo em seguida que surgiu a ideia de incentivar o movimento e de participar da Semana de Arte. Daí, ela não parou mais de mexer com arte. Incentivava artistas, viajava ao exterior para adquirir obras, telas, esculturas.

Ela patrocinou muita gente, criou uma rica rede de amigos influentes, entre eles intelectuais, políticos, artistas, e era mulher benquista na sociedade. Havia um pequeno grupo de damas da alta roda que faziam comentários maledicentes. Valentina não dava a mínima. Tinha personalidade forte.

Depois que os pais morreram num acidente de trem durante viagem a caminho do Oriente, Valentina resolveu ir mais além. Por meio de uma amiga, foi convidada a participar de um grupo de amigos que se reunia para trocar ideias acerca da vida. Levavam livros de filósofos, de pensadores, de espiritismo, e desde então sua vida nunca mais fora a mesma.

Tendo a crença na imortalidade da alma e na reencarnação, Valentina interessou-se pelos estudos da vida, em especial por temas mediúnicos, e, durante uma sessão, o espírito de Auguste deu comunicação e a informou que estava muito bem e que o real propósito de Valentina era o de colocar as classes menos favorecidas em contato com a arte.

Valentina chorou muito naquela noite. Chorou de alegria. Seu coração ficara aliviado ao saber que Auguste estava vivendo bem, numa outra dimensão. Ter conhecimento e, acima de tudo, ter a certeza da continuidade da vida após a morte do corpo físico foram fatores importantes para a sua mudança de comportamento e atitude.

Valentina não se preocupava com casamento. Ocupava seu tempo incentivando e patrocinando artistas, comprando obras de arte, cuidando da grande casa em que morava com o irmão e, na Revolução, coordenara um grupo de voluntárias para a confecção de joelheiras e outras peças de roupas para os soldados. Gostara tanto desse trabalho que, tão logo terminara a guerra, montou uma oficina de costura na rua Marconi, a meca dos ateliês de moda naquele tempo. As grandes costureiras e modistas trabalhavam nesta rua e nas imediações da Barão de Itapetininga.

Valentina comprou um sobradão e montou uma espécie de oficina-escola. Meninas pobres, e de preferência órfãs, eram convidadas a estudar e aprender os ofícios da costura. Aprendiam uma profissão digna e tinham reais condições de se sustentar. As menos favorecidas socialmente podiam sonhar com uma profissão digna e ajudar suas famílias. Outrossim, as órfãs tinham condições de arrumar empregos em fábricas de tecidos ou mesmo trabalhar num dos vários ateliês espalhados pela cidade.

Valentina era contra a mendicância e acreditava na promoção do ser humano como caminho para uma sociedade mais justa e menos desigual. A oficina cresceu e agora contava com doze meninas, três assistentes e uma secretária. Valentina estava feliz. Ela respirou fundo e sorriu para o irmão:

— Em vez de me casar, eu sensibilizei meu espírito pela arte, aprendi a trabalhar, ocupar meu tempo. Tornei-me pessoa realmente útil e de valor. Mudei muito com a morte de Auguste, com o contato com as artes e mudei mais ainda com essa guerra estúpida.

— Não foi estúpida. Lutamos por uma causa. Pela legitimidade da Constituição de 1891 — afirmou ele, voz irritada.

— Uma grande bobagem. Eu não sou a favor de guerras ou revoluções. Elas só trazem dor e sofrimento. Sei que ainda vivemos num estágio em que precisamos aprender — ainda — pela dor, daí a necessidade da guerra. O dia em que soubermos viver e nos relacionar tão somente pela inteligência e pelo sentimento puro de fraternidade, não mais precisaremos de lutas e vidas ceifadas em campos de batalha.

— Concordo com você, mas vivemos num mundo onde a guerra é necessária.

Valentina deu de ombros.

— Eu não compactuo com isso. Quero saber de viver bem, de crescer, construir, ajudar, melhorar. Quero fazer coisas boas para mim e para o próximo.

— Tenho orgulho de você.

Eles beijaram-se no rosto. Valentina tinha enorme carinho pelo irmão. Paulo Renato tinha muito medo de expressar seus sentimentos. Era demasiadamente comportado e educado. Jamais falara um "não" a uma mulher em toda a vida. Era difícil escorregar das garras das pretendentes. Valentina fazia o possível para alertá-lo quando o assunto era mulher.

De fato, ela tinha de tomar bastante cuidado. Paulo Renato tornara-se um homem muito bonito. De volumosos cabelos castanho-escuros penteados para trás, usava óculos que lhe conferiam um ar sério e sensual ao mesmo tempo. Os dentes eram perfeitamente enfileirados e seu sorriso, encantador. O queixo quadrado dava-lhe o ar viril. Ele praticava regatas no rio Tietê e tinha um corpo atlético e bem-apanhado. Mulheres solteiras e até mesmo as casadas suspiravam por ele.

Contudo, ele não sentia capacidade de amar. Nunca se apaixonara nesta vida e sentia que isso era algo que existia somente nas fitas americanas exibidas nos cinematógrafos. O amor era algo que fazia parte dos livros, dos romances de Machado de Assis, José de Alencar, Eça de Queirós... Não, o amor de verdade não existia. Ele acreditava que as mulheres eram suscetíveis a esse tipo de sentimento, mas os homens não.

Cá entre nós, Paulo Renato tinha a nítida impressão de que o amor machucava e doía. De acordo com sua visão de vida, sua irmã sofrera muito por amor. Também desejava não sofrer. Se esse sentimento fosse tão bom assim, então não sentiríamos dor, ele filosofava. Dessa forma, ele se atirou nos livros, estudou muito, formou-se brilhante advogado e tinha gosto em dar aulas na faculdade de Direito. Com a morte dos pais, deixou um pouco de lado as aulas e passou a gerenciar os negócios da família.

Valentina convidava o irmão para participar do grupo de estudos filosóficos na casa de uma amiga. Lá, todas as terças-feiras, um grupo de homens e mulheres da alta sociedade, na maioria políticos, artistas e intelectuais, reuniam-se após o jantar para discutir, compreender e aceitar as verdades da vida. Discutiam todos os tipos de assunto. Chamavam a terça-feira de "sarau filosófico".

Paulo Renato foi duas vezes, mas não quis prosseguir. Não se sentia estimulado a estudar, discutir ou compreender os mistérios da vida. Esses assuntos não lhe despertavam o menor interesse.

Valentina não queria forçar o irmão. Deixava-o à vontade. Quem sabe um dia ele despertaria por vontade própria? Isso seria uma questão de tempo e de livre escolha.

Havia uma prima que dava em cima dele de maneira atrevida. Valentina não gostava de Selma. Ela era um tipo nada agradável. Mulher perigosa e inescrupulosa, Valentina fazia de tudo para ficar longe dela. Havia uma fazenda que pertencera aos pais de ambos. O pai de Paulo Renato era irmão da mãe de Selma, já falecida. Ele e Valentina queriam vender a fazenda, pois esse era o único elo que os prendia à prima. Selma, por sua vez, criava todo e qualquer empecilho para não vender a sua parte. Era uma maneira de ficar próxima ao primo. Selma apaixonara-se por Paulo Renato desde sempre. Acreditava que um dia iriam se casar.

Mas voltando à Valentina...

A Revolução, no fim das contas, mudou para melhor a vida dela. Dizem que, às vezes, algo ruim ou desagradável muda nossa vida para melhor, mesmo que naquele momento triste a gente não consiga enxergar tal melhora.

As mulheres paulistas tiveram papel significativo na Revolução Constitucionalista. Fizeram campanhas para doação de ouro, formaram frente de trabalho em hospitais. Centenas de mulheres trabalharam na Cruz Vermelha e na Cruz Verde; criaram a Casa dos Soldados, que alimentava os combatentes. Formaram oficinas de costura, onde se fabricou mais de meio milhão de peças de roupas e artefatos aos soldados.

As mulheres paulistas foram notáveis nesses meses de guerra. Valentina foi destaque dentre as mais de oito mil que participaram dessas frentes de trabalho.

Animada com o resultado do trabalho feito, ela deu prosseguimento à manutenção da oficina de costura. Trabalhava de segunda a sexta. Na parte da manhã, as meninas tomavam café e estudavam. Depois almoçavam, descansavam meia hora e iam para as máquinas de costura. Era a parte prática. Às cinco da tarde voltavam para as instituições ou para suas casas.

Valentina desprendeu-se dos braços do irmão.

— Estou muito contente com esse novo trabalho. Penso até em ensinar um pouquinho de arte a elas. Descobri uma nova maneira de doar meu amor.

— As meninas!

— Esse é o meu jeito de fazer caridade.

— Estou de acordo. Ajudar o ser humano a progredir, dando-lhe condições para desenvolver seus potenciais, isso sim é oferecer dignidade ao indivíduo. Não compartilho a ideia de dar assim, de mão beijada, como uma mendigação sem fim. É uma forma de não despertar os verdadeiros valores do espírito.

— Falando em espírito? — ela perguntou e riu.

— Maneira de dizer. Falei dos potenciais, da essência de cada um de nós.

— Dá no mesmo, Paulo Renato.

Ele pigarreou e mudou de assunto.

— Tenho tanto trabalho no escritório que mal tenho tempo de ir até a oficina, ali pertinho. Como andam as coisas por lá?

Valentina suspirou contente.

— Estamos com doze meninas.

— Você e as meninas. Por acaso algum rostinho se parece com o do sonho?

Ela balançou a cabeça negativamente. Paulo Renato se referia ao sonho recorrente dela, desde adolescente. Ela sempre sonhava com um quarto de hotel, corpos ensanguentados caídos no chão. Ela olhava os corpos e entrava em pânico quando via um deles. Valentina acordava e gritava: "Minha pequena está morta!".

Quem era? Por que sonhava com aquela moça? Por anos Valentina tentou descobrir do que — e de quem — se tratava. Nas reuniões semanais, descobrira que se tratava de cenas de vidas passadas.

No entanto, ela não conhecia ninguém com aquela fisionomia. Ela moveu os pensamentos fazendo gesto vago com as mãos.

— Quem sabe agora, com tantas meninas sob meus cuidados, eu não a reencontre?

— Fantasioso demais. Acha que essa menina está... como é mesmo que você diz? Ah, reencarnada, é isso?

— É — ela sorriu. — Não vou discursar sobre reencarnação agora. Tenho muito trabalho — e mudando de assunto, prosseguiu: — Logo a casa vai ficar pequena. Elas aprendem o trabalho, têm uma profissão decente e podem ajudar as suas famílias ou seguir carreira e tornar-se mulheres independentes.

Ela passou os dedos sobre os cabelos lisos dele, alinhados e penteados para trás.

— Você um dia vai se apaixonar e casar. Eu torço para que isso aconteça.

— Não acredito no amor.

— Porque ainda não o conheceu.

— Seremos dois solteirões presos neste casarão — tornou ele, fazendo voz assustadora.

Valentina riu-se.

— Nada disso. A casa do Morumbi está quase pronta. Quero mudar-me para lá.

— Naquele fim de mundo? Que só tem chácaras?

— Sim. É como se eu estivesse morando no interior, mas dentro da cidade.

— Por que devemos nos separar?

— Chegou a hora de eu viver a minha vida, Paulo Renato. Arrumar a casa do meu jeito, enchê-la de obras de arte, cuidar das minhas coisas.

— Você faz isso tudo aqui. Eu não interfiro.

— Mas tem seu jeito próprio de ser. Tem seus horários, suas manias.

— Não fica bem uma mulher solteira morar sozinha.

— Quem disse isso?

— É feio. A sociedade não gosta.

Valentina sacudiu os ombros de maneira jovial.

— Não me interessa o que a sociedade diga. Assim que a casa do Morumbi estiver pronta, eu me mudarei para lá.

— Você é quem sabe.

Tomaram mais um pouco de chá, e Paulo Renato disse em voz baixa:

— Hoje cedo chegou carta de Selma.

— Outra? — ela perguntou admirada.

— Sim. Ela quer passar uns dias aqui conosco.

— Eu não a quero por aqui.

— Vou responder e informá-la de que estamos sobrecarregados de trabalho.

— Não precisa mentir.

— Não sei dizer "não".

— Diga a ela que pode nos visitar, mas não costumo hospedar ninguém. De que adianta mentir? Eu não devo nada à nossa priminha.

— Fico sem jeito. Um mínimo de educação e...

Valentina o cortou séria.

— Educação é uma coisa, desrespeitar-me é outra. Está vendo por que quero ter o meu próprio espaço?

— Mas amo você.

— Amamo-nos, contudo temos maneiras bem diferentes de encarar os fatos. Eu não tolero certas coisas. Selma não é bem-vinda. Você precisa ser mais dono de si, Paulo Renato.

— Eu sei, mas não fica bem.

— Ainda pode pagar caro por não se colocar em primeiro lugar. Selma é pessoa intrometida e vil. Não gosto dela. Não quero a energia perturbadora dela aqui nesta casa.

— Bom, também não quero confusão. Se ela ligar, você atende ou manda a Benta atender. Não quero ser rude.

— Não vou atrapalhar a vida de minha criada predileta. Benta não tem nada a ver com isso. Deixe comigo. Eu sei lidar com Selma.

— Você é muito dura com ela.

— É o seu ponto de vista. Estou me defendendo dos pensamentos tóxicos dela.

Paulo Renato não queria estender o assunto. Sabia que Valentina não mudaria de ideia.

— Agora vou me retirar e descansar — ele a beijou no rosto e sorriu: — Tenho muito trabalho pela frente. Amanhã tentarei chegar mais cedo em casa. Pode mandar preparar um jantar especial, só para nós dois.

— Vou pedir para preparar aquela carne assada que tanto gosta.

— Desse jeito vou virar um leitão, bem gordo!

— Qual nada! Depois você se atira nas águas do Tietê e dá as suas remadas.

Os dois se abraçaram e se despediram mais uma vez. Paulo Renato subiu para o quarto. Valentina pegou uma revista de moda e começou a folhear. O sono custava a chegar.

Um espírito em forma de mulher sorriu e, antes de partir, espalhou energias das mais positivas por todo o ambiente. Beijou o rosto de Valentina, que ela registrou como agradável sensação.

— Fiquem em paz, meus queridos. Amamos muito vocês.

São Paulo — Rua Barão de Itapetininga

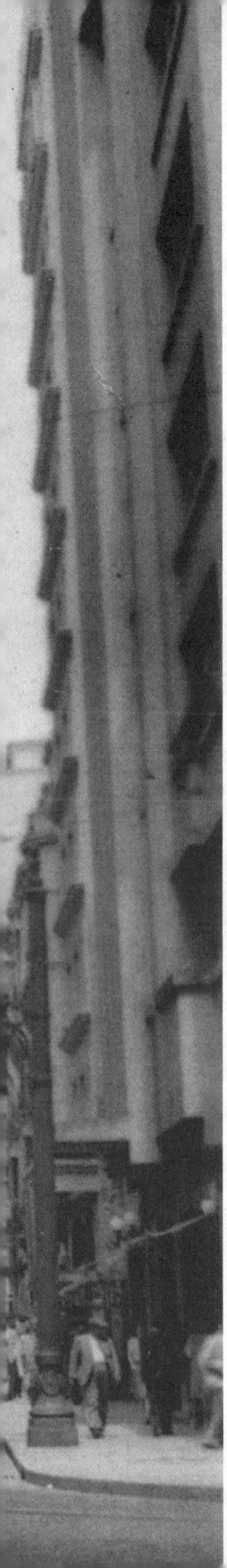

# Capítulo 8

A recepção do hospital estava uma confusão só. Dinorá aproximou-se e os homens, casados ou solteiros, foram abrindo caminho. Seu perfume inebriava os marmanjões. Ela sorriu para eles fazendo beicinho e mordiscando sensualmente os lábios, mantendo os fartos seios empinados. Aproximou-se de uma atendente.

— Uma priminha minha está internada aqui.

— Não temos como verificar pelo nome, senhora.

— Não?

— Essa é a razão da confusão. Alguns pacientes serão transferidos, outros já morreram. Ainda preciso organizar a fila de transfusão de sangue. Estamos procurando fazer tudo com cautela e tentando manter um mínimo de disciplina para não acontecerem mais erros.

— Erros? Como assim? — Dinorá se interessou sobremaneira.

— Trocas de nomes têm sido comuns aqui no hospital. Pedimos encarecidamente que as famílias apareçam e nos ajudem a identificar os doentes e os mortos. E, se aconteceram trocas de fato, pedimos as mais sinceras desculpas, mas depois da Revolução...

Dinorá teve vontade de mandá-la calar a boca. Não queria conversar ou escutar as lamúrias da enfermeira. Contudo, não podia ser indelicada. Ela precisava ser agradável o suficiente para ganhar a confiança e simpatia da enfermeira.

— Minha prima é uma garotinha de cinco anos.

A enfermeira a olhou dos pés à cabeça. Acreditou que Dinorá fosse mulher de sociedade. Estava tão bem vestida e tão perfumada... Não haveria problema em ela ir sozinha lá para dentro.

— A senhora siga por aquela porta — apontou. — Lá ficam as crianças. É uma ala infantil improvisada. Serão removidas desta ala em breve.

Dinorá fez que sim com a cabeça e saiu. Atravessou um largo corredor abarrotado de pacientes deitados em macas e, ao chegar no fim, avistou a ala infantil, repleta de crianças de várias idades. Havia cerca de vinte, e logo Dinorá avistou, dentre os vários rostinhos, o de Clara. A menina estava com os olhos semicerrados, adormecida.

Dinorá chegou de mansinho e passou levemente os dedos sobre seu bracinho.

— Clara. Clarinha.

A menina virou o rostinho e abriu e fechou os olhos.

— Hã...

— Como vai, querida?

Ela abriu novamente os olhinhos e espremeu. Sorriu ao avistar um rosto conhecido.

— Estou com medo. Não quero mais ficar aqui.

— Eu vim buscá-la.

— Mesmo?

— Vamos voltar para casa.

— Que bom. Eu me sinto tão melhor. Posso me arrumar agora mesmo?

— Pode.

O médico e a enfermeira caminharam ao seu encontro, e Dinorá sentiu um calafrio. Iriam estragar seus planos. De repente um grito foi ouvido mais à frente. Era uma garotinha que se contorcia de dor. O médico e a enfermeira desviaram-se imediatamente do caminho e Dinorá suspirou aliviada.

Pegou o vestidinho de Clara, postado numa cadeira ao lado da cama. Ajudou a menina a tirar o aventalzinho e colocar o vestido, cheio de botões. Enquanto Clara se arrumava, Dinorá olhou ao redor. Crianças de várias idades lotavam aquela ala. O médico e a enfermeira saíram. Ela perpassou o olhar pelo ambiente e avistou uma mulher, cujo semblante carregava ar de tristeza e perplexidade.

Dinorá não pensou duas vezes. Apressou o passo e aproximou-se. Percebeu que a mulher não estava nada bem. Ao contrário, estava extremamente abalada.

— É parenta?

— Não.

— Por que está assim? — perguntou, numa voz de fingida consternação.

— Eu trabalho no asilo de meninas. Essa garotinha era uma das internas.

— Pobrezinha.

— Não resistiu a essa onda de febre. Sempre foi muito fraquinha.

— Ela morreu?

A moça pendeu a cabeça para cima e para baixo.

— Há meia hora. Coitadinha. Não temos como lhe dar um enterro digno. O asilo para meninas enfrenta uma crise séria.

— Ela era do asilo de meninas?

— Sim. Seus pais morreram há alguns anos e a pobre criatura não tinha parentes. Uma pena. O pouco que temos vai para alimentar as crianças. Não temos condições de providenciar enterro e...

Dinorá sorriu. Aquela situação era-lhe bastante favorável. Tudo estava a seu favor.

— Eu posso fazer o enterro.

— Como?!

— Seria um enorme prazer para mim.

— Verdade?

— Claro. Eu tenho posses.

A moça a olhou de cima a baixo. Dinorá tinha jeito de ser rica.

— Sou irmã caçula do prefeito Teodoro Augusto Ramos — completou Dinorá, mentindo com enorme propriedade.

— Dá para notar que vem de família nobre.

— Sou amiga e voluntária deste hospital. É só me entregar o documento da menina que eu providencio o enterro da pobrezinha.

— Obrigada, dona...

— Laura — mentiu Dinorá. — Laura Ramos.

— Que as bênçãos do Senhor caiam sobre a senhora e sua família.

— Assim seja, minha querida. Assim seja.

A mulher apontou para uma carteirinha presa ao pé da cama.

— Ali está a certidão de Lenita.

Dinorá olhou o documento e sorriu feliz.

— Pode ir.

— Tenho receio que...

Dinorá procurou manter o sorriso e o mesmo tom de voz.

— Não se preocupe de maneira alguma. Vá cuidar de suas meninas. Deixe que eu trato de tudo. Vá e avise às freiras que está tudo bem, que uma alma caridosa da família do prefeito vai ajudá-las nas despesas de enterro.

— Conheço muitas damas da sociedade paulistana que ajudam e frequentam a instituição, mas não me recordo de seu rosto.

— Eu não gosto de aparecer.

— Bom, já que é irmã do prefeito, eu gostaria de pedir uma ajuda para a nossa instituição.

— Você não sabe?

— O quê? — indagou a moça, curiosa.

— O prefeito vai liberar recursos para a sua instituição. São contos e mais contos de réis[5]. Trata-se de muito, mas muito dinheiro.

— Jura mesmo?

— Palavra. Pode acreditar. Soube disso num jantar que mamãe fez no domingo.

— Mas, que eu saiba, a mãe do prefeito é falecida...

Dinorá nem esperou que a moça terminasse de falar. Antes de começar a desconfiar de si ou de ser desmascarada, ela abriu a bolsa e pegou umas notas de dinheiro. Sentiu uma dor no coração, porque o dinheiro era para comprar cremes. Mas era por uma excelente causa. Colocou-as na mão da moça.

— Vá com Deus, minha filha.

A moça sorriu feliz, olhou para a pobrezinha sobre o leito, fez o sinal da cruz e partiu. Dinorá esboçou leve sorriso. Ela pegou a certidão da menina morta e guardou em sua bolsa. Imediatamente, prendeu a certidão de Clara na prancheta presa à cama. Isso era fácil de fazer, pois o documento de certidão vinha colado dentro de um caderninho de capa dura. Voltou até Clara.

— Terminou de abotoar seu vestidinho?

— Hum, hum.

— Está pronta?

— Estou.

— Sua irmã a espera.

— Estou com saudades.

— Precisamos ir rápido.

Clara assentiu com a cabeça. Deu a mãozinha para Dinorá e, no meio da confusão do hospital, caminharam tranquilamente até a saída sem serem percebidas. Dinorá dobrou o quarteirão do hospital e caminhou até a parada do bonde. Logo apareceu um. Ela fez sinal e subiram.

Durante o trajeto, Clara indagou:

---

[5] Mil-réis: padrão monetário em vigor no Brasil desde o período colonial até 1942, quando foi substituído pelo cruzeiro. Conto de réis era expressão adotada para indicar um milhão de réis.

— Esse bonde vai nos levar para casa?

— Não, minha querida. Preciso comprar uns tecidos para fazer novas cortinas.

— Tecidos? Cortinas?

— É. Resolvi que vou redecorar seu quarto. Você e Lilian vão ter um novo e bonito quarto. O outro quarto vai ser meu e o terceiro vai virar quarto de bonecas.

— Jura? Quarto de bonecas?

— Palavra.

A menina sorriu.

— Obrigada, Dinorá. Você está sendo muito boa comigo.

— Não há de quê, querida.

Meia hora depois, elas saltaram num local bem deserto.

— Aqui não tem loja.

— É uma amiga minha que comprou fazendas, panos demais. Ela vai me vender por um preço bem mais baixo. Agora me dê a mão, por favor.

Clara estendeu-lhe a mão e caminharam cerca de quatro quadras. Chegaram diante de uma casa bem deteriorada, malconservada e com aspecto horrível. A menina sentiu um calafrio percorrer-lhe o corpo.

— É aqui — afirmou Dinorá.

Antes que Clara abrisse a boca, Dinorá bateu palmas. Uma mulher de aspecto tão horrível quanto a casa apareceu no corredor lateral.

— Ah, você aqui de novo. O que quer?

— O Edmundo ainda está aí?

— Você bem sabe que está, Dinorá. Por que essa pergunta besta?

— Nada. Queria me certificar.

— Entre. Lá no quarto.

Dinorá pegou no braço de Clara e a conduziu com delicadeza para o interior da casa. Entraram na sala. Dinorá abriu um sorriso e pediu para Clara se sentar numa cadeira.

— Vou lá dentro e já volto. Um minutinho.

Clara fez que sim com a cabeça. A mulher de aspecto horripilante trouxe-lhe umas balas.

— Gosta de doces?

— Gosto, mas acabei de sair do hospital.

— E daí?

— Não sei se devo...

— Imagine, pegue e bote na boca. São deliciosas.

Clara pegou um punhadinho e comeu uma jujuba. Depois comeu outra. Ao introduzir a terceira na boca, uma mão forte segurando um pano embebido em éter cobriu todo o rosto da menina. Não demorou muito para que o corpinho pendesse para a frente, depois para trás e caísse sobre si, completamente sem sentidos.

Dinorá entrou na sala e perguntou a Edmundo:

— Quanto tempo ela vai ficar desacordada?

— Um bom par de horas. Ela está fraca. Acho que só vai acordar amanhã. Se acordar antes, dou mais uma dose.

Edmundo era um homem de meia-idade, careca, bem gordo, estatura baixa. O seu aspecto era repugnante, sujo, pois não era amigo da higiene. Tinha a pele engordurada e amarelada. Os tufos de pelos se esparramavam desordenadamente pelas orelhas e narinas. Um horror. Mas Dinorá estava decidida a ir adiante. Não podia esmorecer naquele momento.

Mesmo querendo se livrar da menina, Dinorá sentiu aperto violento no peito. Disse de repente:

— Por favor, não quero que ela morra.

— Eu sei.

— Quero somente que ela seja levada bem longe daqui, mais nada.

— Ei, o que foi? Está com pena da pobrezinha?

— Não é isso — os sentimentos confundiam a cabeça de Dinorá. — É que... que... ela é muito novinha.

— Sei...

— E eu não sou uma assassina!

Dinorá disse a última frase em total descontrole. Sua voz saiu alteada, grave. Edmundo aproximou-se.

— Pode deixar a menina aqui em paz.

— Só isso que desejo, Edmundo. Leve-a para longe.

Ele pegou a menina no colo, de maneira desajeitada, e o corpinho escorregou e Clara bateu com a cabeça no chão. Dinorá deu um grito:

— Tome cuidado. Ela não é uma boneca! Não a maltrate! Por favor.

— Eu me desequilibrei. A pobrezinha nem sentiu a batida na cabeça.

Em seguida, Edmundo abriu a boca. Os dentes eram enegrecidos. Seu hálito não era nada agradável.

— Trouxe a identidade?

Dinorá abriu a bolsa e a entregou para ele.

— É essa daí. Creio que está tudo bem.

— Eu escrevi a cartinha.

— Deixe-me vê-la.

Edmundo rosnou algo indecifrável e saiu da sala. Voltou em seguida com um papel escrito à tinteiro.

— Confira. Essa carta vai presa na certidão.

Dinorá leu e fez sinal afirmativo com a cabeça.

— É um rascunho. Faça a carta com o nome que consta nesta certidão — apontou.

Edmundo coçou a cabeça. Saiu e voltou com um bloco e caneta nas mãos. Escreveu direitinho e mostrou a Dinorá.

— Satisfeita, agora?

— Sim. Bastante.

— Eu ainda não estou. Você veio antes do prazo...

— Foi a oportunidade que eu esperava. Não podia perdê-la. Sabia que você seria compreensivo.

— Tão compreensivo que agora vamos lá para o quarto.

— Mas...

— Nada de mas. Você prometeu me recompensar, certo?

— Sim, contudo eu posso voltar amanhã e lhe pagar.

Edmundo riu.

— Conheço rameiras feito você. Vai sumir e desaparecer. Eu quero meu pagamento — falou enquanto seus olhos cheios de volúpia miravam os fartos seios de Dinorá.

— Bom, podemos fazer mais tarde.

— Fiz a minha parte. Agora quero que cumpra com a sua.

— Mas aqui do lado? Eu me sinto sem graça.

— Não tem problema algum. Vamos para os fundos. Lá tem um quartinho. A menina não vai ouvir um pio. Poderá gritar e gemer à vontade, se quiser.

Dinorá assentiu com a cabeça. Mordiscou os lábios.

— O que fazer? Não tenho escapatória. Vou ter de me entregar a esse ser repugnante. Mas é por uma causa justa — disse para si, tentando conter a ojeriza que sentia pelo homem.

Ela olhou pela última vez para o rosto adormecido da menina. Aproximou-se e abaixou. Passou os dedos sobre os cabelos em desalinho e sobre o galo que se formara na testa da menina. Beijou-lhe a testa e sussurrou:

— Desculpe-me, Clara. No entanto, preciso despistar Adolf e seguir minha vida. Não posso ficar com você nem com Lilian.

Edmundo bramiu e ordenou:

— Chega de sentimentalismo! Vamos para o quarto. Agora.

Dinorá levantou-se e, antes de desaparecer no corredor, disse de maneira sentida:

— Que Deus a ajude.

Em seguida, acompanhou Edmundo até o quarto nos fundos da casa. Despiu-se mecanicamente, depois se deitou numa cama imunda, com lençóis engordurados e enegrecidos pela sujeira. Edmundo desceu os suspensórios e abaixou as calças. Dinorá deixou que o homem montasse sobre ela e a amasse quantas vezes quisesse, até se saciar e praticamente adormecer sobre seu corpo suado e cansado.

# Capítulo 9

Passava das seis da tarde e Paulo Renato continuava a trabalhar. Seu escritório, um andar inteiro num prédio recém-construído, próximo ao viaduto do Chá, tinha linda vista para o Vale do Anhangabaú. Um dos advogados que trabalhava com ele, aliás, o advogado por quem ele sentia enorme carinho e afeição, foi categórico:

— Não tem jeito, doutor Paulo Renato.

— Tem jeito sim, Marcos. Primeiro me chama pelo nome, Paulo Renato. Doutor somente no fórum ou em reuniões formais. Você atualmente é meu melhor funcionário. Está comigo desde que se formou na faculdade de Direito. E já se foram quatro anos.

— Doutor... perdão, você tem razão. Gosto muito de trabalhar em seu escritório. Sabe que é um sonho de criança?

— Você nunca havia me dito isso antes.

— Pois é. Eu passava pela rua e via a placa em bronze escrita *Bulhões e Carvalho — Advogados*. Daí eu dizia para mim mesmo: ainda vou trabalhar nesse escritório. Isso quando seu pai mantinha o escritório na praça da Sé.

— Faz tempo. Mas enquanto aquela catedral não fica pronta, é impossível trabalhar naquela área. A gente come poeira vinte e quatro horas por dia. Prefiro estar aqui de frente para esse vale lindo — apontou pela janela.

— Depois da Revolução, muitas famílias ainda têm medo de voltar à capital. Houve um grande abandono de casas. Muitos querem ficar no interior e outros estão preferindo mudar de Estado.

— Ainda vão voltar. Eu acredito na missão desta cidade: crescer e progredir. Você verá.

— Concordo plenamente, mas alugar casas não está sendo, no momento, um bom investimento. Seus pais lhe deixaram muitas casas para renda. Eu o aconselho a vendê-las, pelo menos a maioria delas.

— E fazer o que com o dinheiro? Colocar no City Bank, ali na frente? — apontou para uma janela lateral.

— Não. A nova lei de condomínios acabou de ser aprovada. Agora podemos construir prédios residenciais. Eu sou a favor de pegarmos esse dinheiro, quer dizer, o resultado da venda desses imóveis, e investir na construção de prédios residenciais. Você e Valentina vão lucrar muito mais e tenho certeza de que vão aumentar bastante o patrimônio.

— Tem certeza?

— Confio no meu instinto. Pode apostar.

— Contudo, vai dar muito trabalho administrar esses apartamentos.

— Eu me encarrego disso. O seu Mílton tem se revelado excelente assistente. Conte conosco.

— Confio em você, Marcos.

— Obrigado.

— Não quero me preocupar com essas coisas. Estou plenamente envolvido com as nossas causas e com a criação da universidade. Aos poucos quero me distanciar do escritório e voltar a me dedicar somente às aulas.

— Por isso vou tomando a dianteira e cuidando de tudo com a ajuda de Mílton. Deixe comigo.

A secretária apareceu na porta.

— Doutor Paulo Renato, passei do meu horário. Importa-se se eu for embora agora?

— Pode ir, Inês. Eu e Marcos estamos de saída — ele consultou o relógio. — Puxa, quase sete da noite. Perdi a noção das horas. Ainda não me acostumei ao horário de verão. Pensei que fosse mais cedo[6].

— O dia ainda está claro — tornou Marcos.

Inês sorriu e falou:

— O doutor Porchat ligou e avisou que a reunião de amanhã está confirmada para as oito em ponto. Se quiser eu posso chegar mais cedo e deixar a sala de reuniões em ordem, pois a faxineira já havia ido embora quando ele ligou.

— Está certo. Pode chegar mais cedo. Agradeço a colaboração e dedicação.

Inês deu boa-noite e um sorrisinho para Paulo Renato — que os dois notaram. — Eles se levantaram em seguida para ir embora.

— Inês o olha com certo interesse — redarguiu Marcos.

— Não misturo negócios com prazer. Inês é moça bonita, entretanto, não quero dor de cabeça. E ademais, ela é boa funcionária. Chega cedo, vai embora tarde...

Marcos não quis argumentar. Não simpatizava com Inês. Achava que havia algo de sinistro por trás de tanta dedicação. Ela era lenta para redigir as cartas e, se dependesse dele, estaria no olho da rua havia tempos. Perguntou:

— Não pensa em se casar?

— É algo que nunca passou pela minha cabeça.

---

[6] No Brasil, o horário de verão foi adotado pela primeira vez em 1º de outubro de 1931, com duração de cinco meses, abrangendo todo o território nacional. Até 1967, a mudança no horário ocorreu nove vezes. Desde 1985, no entanto, a medida vem sendo adotada sem interrupções, com diferenças apenas nos estados atingidos e no período de duração.

— Nunca? Nem uma única vez?

— Creio que uma vez, muitos anos atrás. Eu era muito jovem e depois vi o quanto minha irmã sofreu por amor. Não quero sofrer.

— Nem por uma linda mulher?

— Não. Preferi estudar, formar-me advogado, cuidar de minha irmã... mas casar, assim, constituir família, nunca pensei. Por que a pergunta? Não vai me dizer que está enrabichado por alguma mocinha?

Marcos sorriu.

— No momento não tenho namorada. Essas meninas andam muito oferecidas.

— São os novos tempos!

— Para mim, valores são valores. E ponto. Valores nobres não envelhecem, nunca ficam velhos. Penso assim e quero me casar e encher a casa de filhos. Uns quatro ou cinco, pelo menos.

Paulo Renato soltou um assobio.

— Uau! Isso é que é vontade de ser pai.

— Venho de uma família pequena, único filho. Fui criado pelos meus avós. Hoje moro com dois tios, velhinhos e sem filhos. É muito triste ficar velho e não ter filhos ou netos por perto. A vida inteira senti falta de uma família grande.

— Não sei o que seria de minha vida sem Valentina. Se eu fosse filho único talvez pensasse diferente.

— Pode ser.

— Tem compromisso para mais tarde?

— Não, por quê?

— Poderíamos jantar em casa. Valentina ficou de mandar preparar uma deliciosa carne assada.

— Não quero atrapalhar.

— Não vai. Minha irmã vai adorar conhecê-lo.

— Ótima ideia.

— Vou ligar e avisar Valentina para colocar mais um prato à mesa.

— Vou ajeitar esses papéis na minha sala e podemos descer — finalizou Marcos.

Paulo Renato gostava bastante de Marcos. Era um rapaz de vinte e cinco anos, muito simpático, competente, trabalhador. Vindo de uma família de classe média e sendo único filho, recebeu educação esmerada e, por conseguinte, fora admitido na faculdade de Direito do Largo São Francisco. Foi brilhante aluno, e Paulo Renato não tardou em convidá-lo para estagiar em seu escritório. Estava muito contente com o desempenho e dedicação do rapaz.

Marcos era bem atraente. Olhos claros, as pestanas espessas e escuras conferiam-lhe ar másculo. Tinha o porte atlético, adorava esportes e também acompanhava Paulo Renato em pescarias, nos fins de semana, ou atividades desportivas, porquanto naquela época o Tietê não era poluído, e eram famosas as disputas de esportes náuticos no rio.

O rapaz despertava a atenção das moças, mas não era do tipo namorador. Muito pelo contrário. Não se sentia à vontade quando recebia aquele olhar de mulher oferecida. Acreditava que as moças estavam ficando muito atrevidas e o jovem não gostava das *modernas*. Era conservador. Fazia suposições de que não demoraria a encontrar um grande amor e, assim, constituiria a sua tão sonhada família numerosa.

Eles saltaram do elevador, saíram do prédio e alcançaram a rua. Caminhavam em direção ao carro quando Paulo Renato foi apanhado por uma desagradável surpresa. A prima Selma o esperava na calçada. Vestia um *tailleur* bem cortado e um bonito chapéu combinando com a bolsa e os sapatos, o que era moda na época. Ela era bonita, elegante e... completamente repulsiva. O que tinha de bonita, tinha de desagradável, pedante. Resumindo, era uma mulher chata, cuja voz estridente irritava o interlocutor.

— Fui até um *coiffeur pour dames* aqui perto, na Barão de Itapetininga, e resolvi dar uma passada aqui.

Ele a cumprimentou sem vontade, mais por mesura e educação.

— Como vai, prima?

— *Bien*. E você?

Paulo Renato havia se esquecido de como a Selma era tão presunçosa. Ela fazia questão de se mostrar superior aos demais mortais. Adorava misturar francês com português. Achava isso muito *chic*, segundo ela.

— Esse é meu companheiro de trabalho, doutor Marcos.

Ela estendeu a mão.

— *Enchantée*.

Marcos beijou-lhe a mão.

— Também estou encantado em conhecê-la, senhora.

— Você está ocupado, primo?

— Eu... — ele ficou sem jeito.

Marcos percebeu o embaraço do patrão. Foi rápido.

— Oh! — bateu com a mão na testa. — Estou com um problema sério. Esqueci que tenho compromisso e estou atrasado. Amanhã nos falamos.

Paulo Renato sorriu satisfeito.

Antes de ir embora, Marcos disparou:

— Ah, antes que me esqueça — ele aproximou-se de Selma e falou baixinho: — faz um bom par de anos que não falamos mais *coiffeur pour dames*. É um termo antigo e arrogante, do século passado. O termo cabeleireiro fica bem mais moderno e jovial.

Selma mordeu os lábios com fúria e fuzilou-o com os olhos. Paulo Renato riu por dentro, mas conteve-se. Pigarreou.

— Jantaremos numa próxima oportunidade. Até amanhã.

Marcos deu boa-noite, retirou-se e Selma agarrou-se no braço do primo.

— Sujeitinho atrevido esse rapaz.

— Ótimo funcionário.

— Eu o demitiria. Achei-o *très*... quer dizer, bastante presunçoso, antipático.

— Eu gosto do Marcos.

Selma deu de ombros. Estava feliz. Ela era mancomunada com Inês. Sabia de todos os passos do primo por conta da *dedicada* secretária. Selma lhe pagava uma boa soma em dinheiro, regiamente, todo mês, a fim de monitorar o primo; saber, por exemplo, se Paulo Renato estava saindo com alguém, se ele tinha pretendentes, quais as mulheres que ligavam no escritório e coisas do tipo.

Inês a informava de absolutamente tudo, detalhe por detalhe. Não deixava escapar nada. Por essa razão chegava cedo e ia embora tarde, pretextando trabalhos inexistentes. Ela nem datilografava direito. Quando precisava redigir um contrato, entrava em desespero e levava horas. Inês datilografava como se estivesse "catando milho".

A secretária queria saber de ganhar dinheiro. Fazia tudo por um punhado a mais na sua conta bancária. Morava num bairro afastado, humilde. O bonde nem chegava ali. Inês pegava condução, saltava do bonde e andava ainda cerca de trinta minutos. Morava no fim do mundo, como era costume dizer. Estava aproveitando esse serviço extra que realizava para Selma a fim de ter condições de se mudar para um bairro mais próximo do centro da cidade. Inês era tão prestativa e dedicada à Selma que tinha a desagradável mania de encostar os ouvidos na porta para escutar as conversas do patrão.

Selma olhou para o primo. Como ele era bonito!

— Lembra tanto o Rodolfo Valentino! — suspirou.

Ela precisava descobrir uma maneira de fazê-lo se interessar por ela. Percebera, nos anos de convívio, que o primo tinha enorme dificuldade em dizer um "não". Selma se aproveitava disso.

— Paulo Renato, estou cheia de dúvidas — fez beicinho.

— O que a aflige?

— Não acha que o que querem pagar pela fazenda é muito pouco?

— Pouco?

— Não entendo muito de valores, isso é assunto de homem.

— Tantos contos de réis e você acha pouco? Se colocar o dinheiro no banco vai ter rendimento até a sua morte, mesmo que você viva mais de cem anos.

— Tem certeza?

— Selma, é muito dinheiro.

— Mas vamos ter de dividi-lo.

— Mesmo assim.

— Promete que vou mesmo ter muito dinheiro nas mãos?

— A metade que você vai receber, caso assine os documentos, é bastante alta. Uma soma vultosa.

— Tenho medo de me desfazer das terras, sair de vez lá de Leme e vir para cá. Esta cidade é muito agitada e perigosa.

— Você está sempre em Paris. Qual a diferença?

Ela fez força para não soltar um gritinho de indignação. Selma odiava o Brasil. Onde já se viu, comparar Paris com a província que era São Paulo? Ela engoliu a resposta na ponta da língua. Não queria discutir com o primo. Fingiu um sorriso amarelo.

O rapaz sabia que Selma estava atrapalhando a venda da fazenda para ficar perto dele. Sentia isso. Estava prestes a doar a sua metade para ela, a fim de se livrar da prima.

— Temos de voltar ao escritório.

— Por quê?

— Preciso avisar Valentina e cancelar o jantar.

— Eu gostaria de jantar com vocês, mas sua irmã não vai gostar de me ver por lá.

Paulo Renato nada disse. Foram até o escritório, ele ligou para casa e pediu para Benta avisar a irmã para suspender o jantar, que chegaria mais tarde.

Ganharam a rua e foram caminhando, braços dados. Selma sugeriu que fossem comer num restaurante bem frequentado ali perto. Paulo Renato preferia estar na companhia de Marcos, apresentá-lo à irmã, conversar, falar dos planos do escritório, mas achava deselegante dizer "não" à prima.

Não ficava bem...

São Paulo — Panorama visto do Viaduto do Chá

# Capítulo 10

Marcos meteu as mãos nos bolsos da calça e foi caminhando distraidamente pela rua, assobiando uma canção popular muito em voga na época. Olhava as vitrines das lojas, as pessoas andando apressadas de um lado para o outro.

De repente ficou extasiado com uma figura feminina. Marcos sorriu para si e ficou observando a certa distância a garota, cujos olhos estavam hipnotizados por um vestido verde-noite. Suas mãos pareciam querer atravessar a vitrine. Marcos a fitou por longo instante. Depois de alguns minutos, aproximou-se.

— Gosta de vestidos?

Ela nem virou o rosto para trás. Falou, porém seus olhos não se desprendiam do manequim.

— Adoro. Esse, em particular, é um amor. Muito bem costurado. O caimento é perfeito!

— Quanto você acha que custa uma roupa dessas?

— Sei lá, creio que cerca de quinhentos mil-réis[7].

Marcos assobiou em alto tom.

— Tudo isso?!

— Por um vestido desses? Claro que não!

Ela por fim virou-se e sorriu.

— Vista-se mal e vão reparar no vestido. Vista-se bem e vão reparar na mulher.

— Nunca havia pensado nisso. Boa resposta.

— Resposta de Coco Chanel; essa sim, uma mulher de extremo bom gosto!

— Você tem um nome?

— Pois claro. Carmela. Prazer — ela estendeu a mão, num gesto jovial e simpático.

Ele a cumprimentou.

— Prazer, meu nome é Marcos.

— Oi, Marcos. Também gosta de vitrines?

— Sim. O centro da cidade tem muitas lojas bonitas e luxuosas.

— Concordo. Onde moro não temos lojas assim tão bonitas.

— Desculpe a intromissão, mas quantos anos tem, Carmela?

— Dezesseis.

— Não é tarde para uma moça da sua idade estar andando sozinha?

— Eu sei me virar. E, de mais a mais, ainda é dia. Vai demorar para escurecer. Estamos no horário de verão.

— Tem razão. Mesmo assim...

— Estou ajudando uma amiga a entregar roupas para as clientes.

— Lavadeira?

— Ela é. E a irmã também. São tão novinhas e fazem esse trabalho pesado.

— Você também trabalha?

---

[7] A quantia atualizada equivale a cerca de quatro mil reais.

— Não. Estou terminando a escola clássica.

— E depois vai continuar a estudar?

— Penso que sim, talvez. Gosto de estudar, de ter conhecimento, de trabalhar. Sinto-me uma pessoa ativa. Não gosto de ficar parada.

— E o que mais?

Carmela respondeu com um sorriso cativante e apaixonante.

— Eu quero me casar.

— Casar?!

— É. Embora as moças de minha idade queiram somente namorar e aproveitar a vida, e outras tantas queiram fazer curso superior, eu quero me casar.

— E por que pensa também em estudar, se o seu desejo é se casar?

— Porque adoro o conhecimento, mas tenha certeza de que, apesar do curso superior, quero um casamento duradouro e feliz.

— Não diga! — Marcos estava estupefato.

— Digo sim. Sabe, eu acredito na vida, nesta força pulsante que rege o planeta. Não percebe essa força inteligente que nos acompanha e que nos sustenta?

— Sim...

Carmela pegou em sua mão e quase foi arrastando o rapaz pela calçada.

— Venha comigo.

Marcos assentiu com a cabeça e deixou-se conduzir. Ela o levou até o viaduto do Chá, na direção do vale do Anhangabaú, e debruçou-se sobre a murada. Ele a imitou.

— Olhe esse parque, essa vista toda, o sol se pondo. Isso só pode ser fruto de uma inteligência superior. Olhe para tanta beleza. Veja lá embaixo as hortênsias, os jacarandazinhos, os ipês... Feche os olhos e sinta o cheiro do jasmim.

O rapaz fechou os olhos e respirou fundo. Um odor agradável de jasmim penetrou suas narinas. Ele sorriu.

— Você tem razão. A vida é bela.

— É linda! Por tudo isso agradeço todos os dias, por esta vida. Sou feliz.

— Difícil encontrar alguma pequena que tenha assunto consistente, interessante. Pelo jeito, você é boa de conversa.

— Sou, sim. Adoro conversar, estudar, conhecer pessoas, trocar informações. Minha mãe recebeu educação espírita quando pequena. Ela me ensinou muitas coisas acerca dos valores do espírito e da continuidade da vida.

— Interessante ouvir isso. Meu avô era espírita.

— Mesmo?

— Sim. Tenho uns livros que ele me deu antes de morrer.

— Antes de desencarnar, você quis dizer?

— É — Marcos riu. — Você tem razão.

Carmela consultou o relógio.

— Está tarde. Preciso ir.

— Posso acompanhá-la até sua casa?

— De maneira alguma.

— Por que não?

— Eu pego o bonde logo ali — apontou. — Não precisa.

— Gostei de conhecê-la. Quando poderemos nos ver de novo?

Carmela deu de ombros.

— Amanhã eu devo entregar mais roupas por essa área da cidade.

— Queria conversar mais com você. Aceita ir a uma confeitaria?

— Podemos tomar um chá no salão do Mappin[8], o que acha?

— Combinado. Até amanhã nesta mesma hora.

— Tchau.

[8] Mappin: tradicional loja de departamentos, foi ponto de encontro da elite paulistana na primeira metade do século passado. Fundada em fins do século dezoito na cidade de Sheffield, na Inglaterra, foi trazida para o Brasil pelos irmãos Walter e Hebert Mappin, em 1913. Atuou em São Paulo durante 86 anos e foi uma das pioneiras do comércio varejista. Encerrou suas atividades em 1999.

Carmela fez um gesto gracioso com as mãos e apressou o passo. Subiu no bonde, deu umas moedas ao cobrador e sentou-se num dos bancos. Voltou-se para trás e fez novo aceno para Marcos. Ele repetiu o gesto até o bonde contornar o Teatro Municipal e desaparecer na curva.

— Meu Deus, essa menina é um sonho! — exclamou para si.

# Capítulo 11

Lilian consultou o relógio pendurado na parede da sala. Dinorá estava demorando demais da conta. Será que havia acontecido algo à sua irmã? Será que o estado de saúde de Clara havia piorado?

— Será, meu Deus? Torço para que minha irmã esteja melhor.

Ela sentiu um calafrio percorrer-lhe o corpo. Aliás, desde que Dinorá saíra horas atrás, tivera nítida sensação esquisita na região do peito. Não sabia precisar, mas passara a tarde sentindo enjoos e calafrios.

Ela procurou rezar, mas não adiantou. E as orações de Lilian eram mecânicas e sem entusiasmo. A sensação esquisita a acompanhou por toda a tarde.

Passava das oito quando Dinorá virou a maçaneta e abriu a porta.

— Boa noite, querida.

— Por que demorou tanto?

— Tive um dia agitado, oras.

— Cadê minha irmã?

Dinorá virou para trancar a porta. Disfarçou na voz.

— Está bem. Os médicos dizem que ela vai receber alta amanhã.

— Amanhã?

— É.

— Posso ir com você buscar a Clara?

— Pode, sim.

Lilian desconfiou.

— Não se importa de eu deixar de quarar roupa para ir ao hospital?

— Já disse que não me importo.

Lilian franziu o cenho. Dinorá estava sendo muito boazinha.

— Por que está usando a roupa de dona Valentina?

— Eu...

— Bem que eu desconfiei quando você saiu. Eu tinha a certeza de que conhecia esse vestido. Você não tem gosto suficiente para ter um.

Dinorá engoliu em seco. Não queria discutir. Mais algumas horas e ela iria se livrar também desse estorvo. Precisava ser paciente. Sentou-se perto da menina.

— Eu precisei pedir dinheiro no banco — mentiu. — Não tenho roupas bonitas. Eu queria impressionar o gerente, só isso. Eu mesma vou lavar esse vestido e passar. Não é justo que você faça esse serviço.

A garota acreditou que estivesse sonhando. Beliscou o próprio braço. Dinorá estava tão diferente...

— O que os médicos disseram?

— Sua irmã estava debilitada. Tomou soro e agora está bem. Acho que tem trabalhado muito. Não é justo que ela faça esse tipo de serviço.

— Eu também acho.

— A partir de amanhã vocês não vão mais pegar no pesado.

— Está falando sério?

— E por que não falaria? Ao ver sua irmãzinha no leito do hospital, senti que estava na hora de parar de abusar de vocês. Eu quero o melhor para as duas — disse, numa voz em que tentava imprimir sentimento fraternal.

Lilian arregalou os olhos. Aquela à sua frente não era Dinorá. Não podia ser. Será que Deus havia escutado as suas preces? Ela sorriu e tornou:

— Estou com fome.

— Vou esquentar o resto de ontem.

— Carmela foi entregar umas roupas lá na cidade.

— Sua amiga nos tem ajudado bastante. Boa moça.

— Ela me convidou para dormir lá.

— Como assim?

— Você se importa se eu for dormir lá na casa dela?

— Esta noite?

— Hum, hum.

Claro que Dinorá se importava, e como! Lilian precisava ficar em casa. Fazia parte do plano. Se ela fosse dormir na casa de Carmela, teria de adiar em mais um dia a sua partida.

Dinorá desejava entorpecer Lilian, e Edmundo se encarregaria de pegá-la na madrugada e levá-la para a cidade de Santos. Deixaria a menina sob os cuidados de uns conhecidos lá pelo cais. Levaria dias até que Lilian retornasse a São Paulo. Dessa forma, Dinorá poderia arrumar as suas coisas e sumir com Bartolomeu, sem deixar vestígios. O aluguel da casa estava atrasado e ela não se importava com isso, pois o contrato estava no nome de Aureliano e ela não corria o risco de ser cobrada. Mas o cobrador de aluguel poderia aparecer e ela queria evitar esse encontro.

Era vital que ela sumisse antes dos sete dias. Adolf era cumpridor de sua palavra. Se ela não sumisse, ele apareceria e cumpriria com o que escrevera no bilhete. A imagem de seu próprio corpo boiando na praia lhe causou calafrios. Portanto, era imprescindível que Lilian estivesse dentro de casa naquela noite. Dinorá teve de pensar rápido.

— Eu vou comprar tecidos amanhã. Quero reformar o quarto de vocês. Trocar as cortinas, fazer uma colcha nova para cada cama. O que me diz?

— Boa ideia. As nossas colchas estão tão puídas.

— Agora que somos três mulheres, precisamos dar um toque bem feminino na casa.

— Tem razão. Esta casa está muito feia. Malcuidada, precisando de reparos.

— Vou conversar com o responsável. Vou pedir abatimento no aluguel e faremos as reformas. Decidi que teremos chuveiro elétrico novamente. Ah, amanhã vou contratar uma lavadeira para passar as roupas. Não é justo que você faça tudo sozinha e não quero mais que importune a pobre da Carmela. Ela tem feito muito por todas nós.

Dinorá levantou-se e passou delicadamente a mão pelo rosto de Lilian.

— Vou esquentar a água para um refrescante banho e depois vamos esquentar o jantar.

Lilian deu de ombros. O comportamento de Dinorá era exemplar. Parecia outra mulher. Doce, compreensiva, voz pausada. O que será que a teria mudado?

— Será que ao ver minha irmãzinha no hospital ela se sensibilizou? — perguntou para si.

Ela foi até o quarto apanhar sua tina e preparar-se para tomar banho. Procurou não pensar em nada, embora aquela sensação opressiva no peito tivesse aumentado sobremaneira.

— Amanhã eu vou rever minha irmã. Tudo vai mudar. Tudo vai melhorar.

Carmela chegou em casa. Beijou o pai e a mãe.

— Chegou tarde. Até agora na rua, filha?

— Desculpe, pai, mas fui fazer uma entrega no ateliê de madame Souza, na rua Marconi. O trânsito estava pesado. O bonde ficou parado bastante tempo na avenida São João. E tem mais: não moramos no centro da cidade. Moramos na Lapa.

— Tem razão. Eu fiquei meia hora parado na avenida Água Branca. Um movimento muito intenso de veículos.

— Está vendo, mãe? — ela a abraçou por trás. — Foi o trânsito, mais nada.

Maria a olhou de soslaio.

— Não gosto quando você vai sozinha para a cidade. A Revolução mal acabou e tem muito mendigo nas ruas. Tenho medo de algum tarado querer se aproveitar.

— Sei me defender.

— Mas...

— Nada de mas, mãe. Eu sou protegida por Deus. Acredito piamente nessa verdade. Nada de mal me acontece, porque estou sempre ligada às fontes superiores de inteligência.

— Essa menina está estudando os livros de seu pai, Maria?

— Está, Cornélio. Sim, ela pegou no sótão toda a coleção de livros espíritas considerados *proibidos*.

— Livros que falam sobre o crescimento do ser humano não deveriam ser proibidos, mas distribuídos, mãe.

— Minha menina está entendendo tudo? — perguntou Cornélio.

— Estou, pai. Tenho compreendido muita coisa. E creio que tenho tanto interesse em aprender que os amigos espirituais vêm me buscar quando me deito para ir a palestras e cursos no mundo astral. Eu acordo tão bem, tão disposta e tão mais bem informada...

— Eu estava sem tempo para estudar, quer dizer, estava deixando minha mente afastar-me dos estudos — afirmou ele, ar desolado.

— Sinto falta de nossas leituras, papai.

— Quando nos sentávamos uma vez por semana para discutir e refletir sobre as questões da vida, não éramos influenciados pelas energias negativas que nos rondam — tornou Maria, ar sério.

— Você tem razão, meu bem — concordou Cornélio. — Eu tenho me deixado levar pelas ideias do mundo, pela negatividade que ainda paira sobre esta cidade.

— Depois da Revolução, muitas pessoas ficaram tristes e desiludidas.

— Eu sei, mãe — respondeu Carmela. — Contudo, muitas pessoas arregaçaram as mangas e estão trabalhando e desejando de verdade uma vida melhor. Vejamos e sintamos somente as belezas que a vida nos oferta. Vamos olhar somente para o lado bom das coisas.

Cornélio interveio:

— O paulista percebeu que de nada adianta pegar em armas. O trabalho, a compreensão, o amor, tudo é ferramenta para melhorar sem sofrer. Temos de pensar na unicidade deste país, unidos por laços de amor, e jamais de ódio. Assim é que iremos caminhar em direção à nossa verdadeira identidade, num país mais justo e próspero.

— Não consigo enxergar a maldade porque só acredito no bem. E por acreditar tão somente no bem, as portas do meu coração estão terminantemente fechadas para o mal — completou Carmela.

— Estava aqui pensando com meus botões... Podemos voltar a estudar e refletir, nós três, como fazíamos antes da Revolução.

— Creio ser perfeito, Cornélio. Eu adoraria — disse Maria, num jeito animado.

— Eu também, papai.

— Que tal começarmos hoje? — sugeriu ele.

— Mais tarde eu gostaria de dar um pulinho na casa de Lilian para ver se ela virá dormir aqui. Também quero informações sobre Clara, se ela vai receber alta do hospital...

— Creio que você vai fazer um trabalho melhor se enviar vibrações de amor às meninas e à madrasta delas. Não podemos interferir em suas vidas. Não somos salvadores de ninguém. O nosso papel é querer bem a todas as três.

— Filha — tornou Maria, com delicadeza na voz —, eu me exasperei com Dinorá ontem e não me senti nada bem depois. Ela tem razão, eu não tenho de me meter na educação que ela dá às meninas ou na maneira como as educa. Afinal, quando não concordamos com algo, isso não tem valor para a vida.

Somente vai nos trazer aborrecimentos e preocupações desnecessárias.

— É que, olhando por esse ângulo, parece que não nos importamos com a vida que Lilian e Clara levam.

— Cada um é um, minha filha. O nosso papel é estender a mão, caso precisem, bem como enviar-lhes, como disse, energias de amor.

— Não podemos nos meter no que faz parte do programa evolutivo delas — afirmou Cornélio. — Sinto que você não deve ir até lá. Aquela casa está com energias perturbadoras ao redor. Por mais que você tente se proteger, por que vai se meter onde não é chamada? Ore e vibre por suas amigas. Isso sim é uma maneira saudável e positiva de ajudá-las.

— Certamente sim, paizinho. Sinto que devemos ficar em casa e estudar — e perguntou, encarando a mãe: — O que acha de fazermos nossas leituras edificantes depois do jantar? Vamos escolher um dia da semana para nossos estudos?

— Perfeito.

— Eu também concordo — respondeu Maria.

Carmela abraçou e beijou os pais.

— Vocês são os melhores pais do mundo!

São Paulo — Praça do Patriarca

# Capítulo 12

Depois de servir o jantar, Dinorá colocou duas revistas femininas no colo de Lilian.

— Neste exemplar de *A Cigarra* você vai encontrar duas fotos e uma ótima matéria sobre decoração de quartos de meninas.

— Puxa, quanta coisa bonita... Gostaria de encher as paredes de quadros.

— Gosta de pintura, não é mesmo? Seu pai me disse que desde pequena você tem inclinação para as artes.

— Gosto mesmo.

— Vou arrumar uma maneira de vocês duas voltarem a estudar. Você lê tão bem, acho mesmo um desperdício ficarem sem escola.

— Estamos no início do ano. Dá tempo de nos matricular.

— Vou providenciar isso o mais rápido possível.

— Obrigada, Dinorá.

Lilian falou e voltou sua atenção às revistas, esquecendo--se de que havia combinado de dormir na casa de Carmela. Meia hora depois, começou a bocejar. Não percebera que Dinorá misturara sonífero à comida.

— Estou com muito sono. Vou me deitar.

Dinorá assentiu com a cabeça.

— Boa noite, querida, durma bem.

Lilian levantou-se e foi para o banheiro. Escovou os dentes, fez bochecho e entrou no quarto. Deitou-se, apagou o abajur e, em seguida, adormeceu profundamente.

Dinorá sentiu o peito oprimido.

— Eu não gosto delas, mas também não desgosto. Não gostaria que nada de ruim lhes acontecesse, mas o que fazer? Eu não posso levá-las na porta de uma instituição para menores... eu sou responsável por elas. Preciso seguir minha vida, quero ter nova chance ao lado de Bartolomeu. Infelizmente, as duas são um estorvo. E essa minha atitude vai evitar que elas caiam nas garras de Adolf. Eu prefiro que elas sejam separadas a sofrerem nas mãos daquele homem sem escrúpulos.

Um espírito em forma de mulher, jovem, aparentando cerca de vinte e cinco anos, cabelos compridos e dourados, aproximou-se e sussurrou em seu ouvido:

— Dinorá, você pode fazer diferente. Tem livre-arbítrio. Escolha pelo coração. Deixe sua mente negativa e perniciosa longe disso. Não escolha por meio dela. Não coloque deliberadamente pedras em seu caminho. Assuma as meninas e leve-as com você. Antes de reencarnar você decidiu por livre e espontânea vontade reencontrá-las e ampará-las. Não desperdice mais uma vida...

Ela acusou o recebimento de tais pensamentos. Seus olhos marejaram. Disse para si:

— Eu não lhes desejo mal, todavia, preciso cuidar de mim. Elas não são minhas filhas, não fui eu quem as tive. Se Aureliano estivesse vivo...

Dinorá falava na tentativa de aquietar sua mente perturbada. Tão logo o espírito amigo se afastara, entidades que se alimentavam de seus pensamentos tóxicos começaram a bombardeá-la com ideias das mais disparatadas:

— Elas vão arruinar a sua vida!

— Você precisa deixá-las e seguir sua vida. Pensa que nessa idade vai ser fácil encontrar outro Bartolomeu?

— Adolf vai matá-la!

— Não desperdice a chance de ir para o Rio. Lá você vai encontrar a vida de luxo que sempre sonhou. Se ficar com essas meninas, vai se transformar numa mulher pobre, e pior, sem brilho e sem atrativos.

— Elas não são suas filhas! — gritou uma entidade completamente em fúria. Na verdade, esse espírito, em particular, acompanhava Dinorá havia um bom tempo. Alimentava-se de seus pensamentos negativos e, mais ainda, da energia que dela emanava quando se deixava seduzir por qualquer homem.

Dinorá tentou não sucumbir, mas estava difícil. Por um lado, seu coração se enternecia pelas meninas. E se elas fossem maltratadas? E se não aguentassem viver sozinhas?

Por outro, sua mente registrava toda a perturbação e influência desses espíritos zombeteiros. Ela afastou os pensamentos com as mãos, mas os espíritos continuaram rondando-a e falando, falando, falando...

Nuri, o espírito vindo das esferas superiores, nada mais pôde fazer. Deu a volta, atravessou a parede do quarto e encontrou Lilian dormindo placidamente. Aproximou-se.

— Minha pequena, seu espírito vai passar por situações nada agradáveis. Mas por pouco tempo. Confie e pense em mim, nas borboletas de Carmela, em Deus... Estaremos sempre ao seu lado. Fique com o meu amor.

Nuri a beijou e partiu.

O relógio da sala apontava quatro da manhã. Dinorá parecia um zumbi. Andava de um lado para o outro do cômodo, em penumbra, e de vez em quando ia até a cozinha, abria a torneira e passava água fria no rosto para espantar o sono.

Um barulhinho de pedrinhas jogadas no vidro da janela a fez correr até a porta.

— Edmundo?

— Sim — respondeu ele, baixinho.

Dinorá virou a chave e puxou o trinco.

— Tire os sapatos.

— Por que diabos devo tirar os sapatos?

— Fale baixo!

— Oras, não deu para a menina o sonífero que lhe arrumei?

— Claro que sim, mas não quero correr nenhum risco. Nada de barulho — disse ela, num sussurro. — Não podemos falhar.

Edmundo tirou os sapatos e os deixou no degrauzinho da entrada. Fez um muxoxo e entrou. Carregava uma sacola na mão.

— O que tem aí?

— Éter e pano.

— Onde está o carro?

— Logo ali na frente. Aluguei-o e vou pagar com o dinheiro da venda dos móveis desta casa.

— Já disse que os móveis são seus. Pode vendê-los e ficar com o dinheiro.

— Sim e...

Dinorá estava apreensiva. Cortou-o:

— Não podemos perder tempo. Logo o leiteiro vai aparecer. Outros infelizes vão sair para trabalhar.

— Não me apresse. É coisa rápida. Conte comigo.

Edmundo entrou e perguntou pelo quarto. Ela apontou para a escada e ele foi tateando os móveis. Subiu e chegou ao quarto de Lilian. A porta estava entreaberta. Ele a empurrou levemente, fez um pequeno rangido. A menina dormia profundamente na cama, estava com o rosto para cima.

— Excelente! — pensou Edmundo.

Ele aproximou-se e tirou o pano da sacola, embebeu no líquido e botou sobre as narinas e a boca de Lilian. A menina nem mesmo se debateu. Lilian não saberia distinguir entre o sono profundo causado pelo sonífero e a absorção do éter. Inconsciente, em poucos minutos estava deitada no banco de trás do carro.

— Depressa.

— O meu pagamento...

— Quando terminarmos tudo.

— Não vai me deixar para trás.

— De maneira alguma, mas precisamos seguir o plano.

— Sim, mas...

— E tudo o que tem na casa também é seu.

— Mesmo?

— Repito: pode vender todos os móveis.

— Fala como se tivesse muita coisa de valor.

— O suficiente para você ganhar um bom dinheiro, pagar pelo aluguel deste carro e passar o mês. Não está bom assim?

— Você está certa. Amanhã encosto a caminhonete aqui. Vou levar tudo.

— Pegue o que quiser. Tudo o que preciso está nesta mala. Agora vamos. Pegue a estrada do Caminho do Mar. Bartolomeu me espera em Santos.

— Vai voltar à vida antiga? — perguntou ele, num riso malicioso.

— Não. Conseguimos duas passagens com um amigo dele que trabalha num vapor que segue para a Europa. Antes vai atracar no Rio. Vamos descer lá.

— Deixo você e depois largo a menina.

— Não é para largá-la em qualquer lugar.

— Não se preocupe. Ela vai ficar num armazém lá no cais. Você não disse alguns dias?

— Vamos deixar nos fundos do Parque Balneário Hotel.

— Está louca? É um hotel muito chique.

— Sim, e daí, Edmundo?

— Como vou jogar essa menina lá? Não, prefiro o armazém. O Zezão é meu velho conhecido e vai tomar conta dela direitinho.

— Não gosto desse tom. Não quero que nada de mal aconteça a Lilian.

— Ei, escute aqui! — Edmundo freou o carro e a encarou com rancor: — Ou você me deixa fazer as coisas do meu jeito, ou então eu conto para o seu namoradinho sobre a existência dessa pequena — apontou para o banco de trás.

Dinorá empalideceu.

— Não faria isso! E o nosso trato?

— Cale a boca. Pare de se preocupar. Não gosto de mulher chata.

— Desculpe.

— Vou fazer o que me pede e fica aí me amolando?

— Calma. Você tem razão. Não sei por que fui tomada por tanto sentimentalismo idiota.

— Melhor assim.

Dinorá olhou para o banco de trás e uma raiva surda brotou de seu peito. O ódio era tanto que, ao olhar para Lilian, ela via outro rosto, de outra mulher, de outros tempos... Ela espantou a imagem com os dedos das mãos. Respirou fundo, virou o rosto para frente, ergueu o queixo e ordenou:

— Agora toca essa geringonça. O tempo urge.

# Capítulo 13

Paulo Renato estava lendo as notícias do jornal enquanto terminava seu desjejum. Valentina entrou na copa.

— Bom dia. Desculpe-me o atraso, mas fiquei folheando revistas de moda e depois emendei com a leitura agradável de um livro. Fui até tarde da noite.

Ele sorriu.

— Mais um livro de mistério?

— Os Crespi, ao retornarem de viagem à Inglaterra, trouxeram-me dois livros de Agatha Christie. Uma pena seus livros não serem traduzidos para o nosso idioma, muito embora soube por intermédio de uma amiga que em breve serão traduzidos para o português[9].

[9] O primeiro livro da escritora inglesa Agatha Christie (1890-1976) publicado no Brasil foi *O trem azul*, em 1933, constando do volume 27 da Coleção Amarela, edição da Livraria do Globo de Porto Alegre (Barcellos, Bertaso & Cia). Criada no início daquela década pela dupla de jovens editores Érico Veríssimo e Henrique Bertaso, a Coleção Amarela foi uma das primeiras e seguramente a mais bem-acabada coleção de livros policiais publicada no Brasil.

— São tão bons assim?

— Gosto de romance policial. Ela escreve muito bem e, por mais que eu tente, não consigo descobrir o assassino.

Paulo Renato abriu largo sorriso.

— Desse jeito vai se tornar uma detetive de primeira.

— Longe disso — respondeu ela enquanto servia-se de café e uma generosa fatia de bolo. — Creio que li todos os clássicos e também reli toda a minha coleção de Machado de Assis. Foi numa festa lá no Clube Harmonia que soube dessa escritora. Ela faz muito sucesso na Europa e nos Estados Unidos.

— Você deveria fazer uma viagem.

— Nós dois poderíamos...

Um brilho emotivo formou-se nos olhos de Valentina.

— Sente-se preparada para voltar?

— Para a Europa? Não sinto vontade. As boas ideias têm se formado nos Estados Unidos.

— Deseja conhecer a América? Prefiro a velha e glamorosa Europa.

— Prefiro o novo. Mais à frente quero viajar até Los Angeles, na Califórnia. Tenho trocado cartas com Ester. Ela mudou-se há pouco para lá. Diz que o lugar é magnífico, além de ficar próximo aos estúdios de Hollywood.

— Sou mais conservador. Prefiro a Europa.

Valentina fez uma mesura com os ombros. Tomou um gole de café e, ao colocar delicadamente a xícara sobre o pires, tornou:

— Você fica com a Europa e eu fico com a América. Estamos combinados?

Paulo Renato sorriu.

— Gostaria de ser assim como você.

— Assim como?

— Determinada, decidida, forte. Você não se deixa levar na conversa. É franca e tem opinião. Não liga para o que as pessoas dizem a seu respeito. E ainda diz "não" com desenvoltura!

Valentina riu-se.

— Adoro dizer "não". O contrário de você.

— Fui criado assim. Não fica bem.

— Sabe o que não fica bem? Esse seu jeito demasiadamente polido com os outros. Por que tem de tratar os outros melhor do que trata a si mesmo?

— Por uma questão de educação. Os outros em primeiro lugar.

Valentina balançou a cabeça negativamente.

— De forma alguma. Discutimos esse assunto semana passada no nosso sarau filosófico. Fomos educados, condicionados a fazer primeiro para os outros e depois para nós mesmos. É um erro. Precisamos nos colocar em primeiro lugar.

— É egoísmo.

— Engana-se, meu irmão. Colocar-se em primeiro lugar é posicionar-se a favor de si próprio, é tomar posse de si, ficar do seu lado. Egoísmo é querer que os outros façam as coisas para nós, do nosso jeito. Percebe a diferença?

— Se eu faço para os outros, é natural que exija que os outros façam as coisas para mim.

— Mais um engano. Temos de acabar com essa mania de agradar o mundo para sermos recompensados. Dê um pouco mais de atenção ao que sente e não precisará mais que o mundo se curve para fazer e preencher suas necessidades.

Paulo Renato coçou o queixo. Valentina estava cada vez mais radiante, mais dona de si, mais exuberante e bonita, ao passo que ele sentia enorme dificuldade em reformular seu padrão de crenças e posturas.

— Esses encontros têm feito muito bem a você.

— A porta está aberta. Quando quiser ir, é só me avisar.

Ele mudou rapidamente de assunto.

— Percebo que o ateliê de costura também tem-lhe feito muito bem.

Valentina esboçou sorriso encantador.

— Essas meninas são as filhas que não tive.

— Não teve porque não quis. Ainda há tempo.

— Eu?!

— Sim.

— Adoraria ter uma filha. Mas... — ela fez uma negativa com a cabeça — já passou. Estou com trinta e cinco anos. Não penso no matrimônio ou em filhos. Entretanto, você pode me dar sobrinhos!

— Do jeito que ando envolvido com trabalho... meu coração está fechado. Eu me apaixonei por uma moça anos atrás, você bem sabe. Depois que ela se foi com outro, não quis mais investir nesse barco furado.

— Nem por Selma? — provocou ela, num tom de brincadeira.

Paulo Renato dobrou o jornal e o pousou ao lado da mesa. Bebericou seu café.

— Recorda-se que na outra semana não trouxe o Marcos para jantar? Deixou recado com Benta e...

Ele a interrompeu.

— Sim, iria trazer o Marcos para jantar, contudo, a nossa querida prima apareceu assim — ele fez um estalo com os dedos.

Valentina balançou a cabeça para cima e para baixo.

— Agora entendo por que de uma hora para outra você abriu mão de sua carne assada.

Ele a olhou de soslaio.

— Não consegui falar "não" para ela.

— Pior para você. Diga-me, a Selma foi até o escritório? Eu não sabia que ela estava na cidade.

— Nem eu. Pensei que estivesse fazendo alguma viagem. Ela odeia tanto este país. Diz que somos todos índios vestidos de terno e gravata.

Valentina riu-se.

— Selma tem maneira peculiar de ver a vida. Ela é bonita, atraente, mesmo com aquela voz estridente, mas poderia estar bem casada, feliz. Lembra-se quando o sobrinho do conde Penteado a pediu em casamento?

— Pois é. E ela não aceitou.

— Sabe que ela tem verdadeira paixão por você, não?

— Ora, o que é isso? Ela não nutre sentimentos de amor por mim.

— De amor, não. De paixão, sim.

— Impossível.

— Vocês, homens, são todos iguais.

— Por que diz isso?

— Porque não percebe o quanto são facilmente manipulados. Selma sempre tentou aproximar-se de você com segundas intenções.

— Embora às vezes ela passe dos limites, acaba se tornando boa companhia.

— Boa companhia? A Selma?

— Naquela noite jantamos e ela foi educada, esforçou-se em ser simpática, procurou não usar muito seus termos franceses.

— Ela ainda insiste nesse tom pedante de falar coisas como *jeunesse dorée*?

Ambos riram. Ele continuou:

— Eu a apresentei ao Marcos e ele lhe disse que não era de bom-tom usar esses termos. Sei que não é bonito, mas ri por dentro.

— Na cara dela, sem rodeios?

— Sem rodeios.

— Gosto desse menino. Pena ele não ter vindo para jantar. Vou mandar fazer um belo almoço num domingo qualquer.

— Marcos vai adorar.

— Então nossa priminha não mudou nada. Os ares do campo nada de bem lhe fizeram.

— Não. Continua a mesma Selma, contudo eu a notei mais simpática.

— Você está cego, meu irmão.

— Sei me defender.

Valentina deu de ombros. De nada adiantava discutir e querer abrir os olhos do irmão. Paulo Renato não pensava como ela, não enxergava a vida como ela. De que adiantava forçar o irmão a ver o mundo com outros olhos? Isso era lição de cada um, e ela, pelo carinho que nutria por ele, rogava para que ele não precisasse passar por maus bocados para perceber a verdade e romper com os véus da ilusão que teimavam em atrapalhar a sua visão.

Ela aprendera um exercício fantástico no último encontro de estudos. Consistia em escutar o outro e não tomar partido, não dar opinião, não tornar o assunto pessoal e particular. Estava adquirindo habilidade prática para ser impessoal, aprendendo a não misturar suas emoções, ideias e sentimentos com os dos outros. Enquanto escutava o problema do outro, calmamente repetia para si, inúmeras vezes: "*Não tenho nada com isso. Fico somente com a minha energia*".

Naquele momento, Paulo Renato tornou-se somente uma boca falante. Nada do que ele dizia era registrado. Valentina não queria se meter na vida do irmão. Eram adultos e cada um era dono de si. Ela perguntou polidamente:

— Falaram sobre a venda da fazenda?

— Por certo. Ela veio me procurar por achar que estamos pedindo um valor muito baixo.

— Baixo? Ela é louca?

— Foi o que achei. Sinto que Selma não quer, em hipótese alguma, vender a sua parte da fazenda.

— É uma maneira de estar próxima de você.

— Será?

— Eu repito. E vou repetir sempre. Eu não gosto dessa prima. Minha intuição feminina diz que ela aparenta ser algo que não é.

— Ela nos trata bem.

— Mas por dentro tem pensamentos mesquinhos e negativos. Selma é uma pessoa que se deixou levar pelas ilusões do mundo. Ela vê maldade em tudo.

— Disse-me que está hospedada na casa de uma conhecida, já que você a impede de ficar aqui em casa.

— Aqui ela não fica, de jeito nenhum.

— Coitada, Valentina. Somos a única família dela. Não acho justo Selma ficar hospedada na casa de estranhos. O que nossos amigos vão dizer a respeito? Essa conhecida exerce influência sobre a elite paulistana. Imagine falar mal de nós?

— Pois que falem! Não sei e não me interessa a opinião dos outros. Sigo meu instinto. Na nossa casa Selma não põe os pés. Está vendo por que quero minha própria casa?

— Isso não é motivo para nos separarmos!

— Para mim é. Um lar é local sagrado, onde ficamos em paz e reciclamos nossas energias. Eu preciso viver num ambiente harmonioso.

— Assim você me ofende. Parece que odeia morar comigo.

— Não odeio, mas não quero mais. Mudei meu jeito, meus pensamentos. Quero nova vida.

— Vai deixar essa casa toda para mim? E os móveis importados, os quadros, os objetos que papai e mamãe trouxeram das viagens ao exterior?

— Não me importo. Vou levar apenas as obras de arte. Sabe o quanto aprecio a arte.

— Eu não quero ficar aqui sozinho. Mas também não quero me desfazer desta casa. Eu nasci aqui e passei toda a minha vida neste casarão.

— Você é resistente a mudanças.

— Não sou.

— É metódico e não aprecia o novo.

— Uma vida planejada torna tudo mais fácil.

— Uma vida planejada pode ser útil para nos manter na ordem e disciplina, jamais para nos prender e obrigar a caminhar por uma estrada reta. Não sabemos o que vai nos acontecer daqui a uma hora, como pode ter a vida tão esquematizada assim?

— É o meu jeito.

— Assim a vida perde o gosto de aventura. Tudo fica monótono e sem graça. E, se algo não acontece como imaginamos, a frustração nos paralisa. Prefiro viver mais solta.

Paulo Renato não queria estender o assunto. Valentina pensava de maneira bem diferente da sua. Ele não queria dar mais ouvidos a ela. Procurou mudar radicalmente o rumo da conversa.

— Selma quer jantar conosco qualquer noite dessas.

— Nada de jantar. Um chazinho até pode ser. Mas hospedar-se aqui, não.

— Ela vai enviar um mensageiro mais tarde convidando-a para um chá no salão do Mappin.

— Terei de recusar. Estou com muito trabalho. Daqui a pouco vou pedir para o motorista tirar o carro e me levar até a oficina de costura. Fui convidada para organizar uma exposição para a Tarsila[10]. Ela acabou de pintar a tela *Operários*, que, de certa forma, dá início à pintura social no Brasil.

— Como assim, pintura social?

— O quadro pintado recentemente por ela representa o grande número, bem como a variedade racial das pessoas vindas de todas as partes do Brasil para trabalhar nas fábricas, que começam a proliferar no nosso país.

Paulo Renato sorriu. Os olhos de Valentina brilhavam quando o assunto era ligado às artes. Eles se levantaram e caminharam ao vestíbulo. Paulo ajeitou o colete, a gravata e pegou o paletó.

— Marcos me disse que precisamos vender algumas propriedades e investir em apartamentos residenciais.

— Ideia interessante.

— Quero depois conversar mais sobre isso. Vou marcar um dia desses para ele vir aqui.

— Ele sim, você pode convidar quantas vezes quiser. A Selma, não.

— Estamos para vencer uma ação contra a Companhia City. Vamos ganhar um terreno no Jardim Europa.

— Ótima localização. Excelente bairro. Se o terreno vier de mão beijada, creio que o melhor será construir um palacete.

— Não gostaria de me desfazer desta casa. Afinal, nascemos e fomos criados aqui nos Campos Elíseos.

---

[10] Tarsila do Amaral (1886-1973): uma das pintoras mais representativas da primeira fase do movimento modernista brasileiro. Seu quadro mais famoso, *Abaporu*, de 1928, inaugura o movimento antropofágico nas artes plásticas. Apesar de integrar-se ao movimento modernista brasileiro, não participou da Semana de Arte de 1922 porque não se encontrava no Brasil.

— Bom, em breve vou mudar para o Morumbi. Você fica aqui ou então se muda para os Jardins. Quem sabe casado?

— Nem morto.

— Com a Selma!

— Nem duas vezes morto!

Os dois riram a valer. Ele levantou-se e beijou a irmã na testa.

— Adoro você. Agora preciso ir. O trabalho me espera.

Paulo Renato falou, apanhou seu chapéu de feltro e foi à garagem. Logo o ronco do motor de seu carro foi sumindo pela rua.

Valentina esboçou um sorriso e dirigiu-se à cozinha. Deu ordem às criadas. Depois chamou Benta, sua criada de confiança.

— Se um mensageiro aparecer, devolva a missiva dizendo que eu não poderei comparecer.

— Por certo.

— Se Selma ligar, anote o recado.

— Mas se ela aparecer...

— Não quero que entre.

— E se insistir?

— Não vai insistir, Benta. Ela me conhece. Não vai se atrever a entrar se eu não estiver.

— Sim, senhora.

Benta era uma mulata alta, forte e muito simpática. Trabalhava para Valentina havia mais de dez anos. Embora houvesse pequena distância por conta da relação patrão-empregado, Valentina tratava Benta com carinho e respeito.

Ela nutria pela patroa um carinho sem igual. Afeiçoara-se mais a ela do que a Paulo Renato. Ele era metódico e chato. Valentina era firme, porém doce e amiga. Benta tivera problemas no passado: fora mãe solteira e ninguém queria lhe dar serviço. Valentina foi a única que a acolheu em sua casa. Deu-lhe serviço e garantiu que, quando a criança nascesse, Benta poderia cuidar de seu rebento e continuar trabalhando na mansão.

A gravidez correu de mal a pior, e Benta perdeu o bebê no sexto mês de gestação. Ela chorou muito nos braços de Valentina, mas foi aí que a amizade entre ambas transcendeu a relação entre patroa e empregada.

Benta recuperou-se da perda do bebê e também gostava de escutar Valentina e suas ideias "diferentes" acerca da vida. Além de cuidar da casa e gerenciar a atividade dos outros criados, tinha carinho muito grande pela patroa.

Ela olhou para Valentina e sorriu.

— Gosto muito dela e farei o possível para Selma não entrar nesta casa.

Enquanto Benta falava para si mesma, Valentina atravessava o corredor. Subiu e arrumou-se. Desceu, apanhou seu chapéu com arranjos delicados na lateral, a sua bolsa e chamou o motorista.

São Paulo — Largo da Sé

# Capítulo 14

Fazia alguns dias que as meninas tinham desaparecido, embora os vizinhos começassem a desconfiar de algo estranho já no dia seguinte ao sumiço de Lilian. Um homem de aspecto nada simpático encostou uma caminhonete na porta da casa de Dinorá e, com a ajuda de dois rapazes, em pouco mais de uma hora todos os móveis estavam no interior da caçamba.

Uma vizinha aproximou-se e perguntou:

— Onde estão as meninas?

— Que meninas?

— E Dinorá? — perguntou uma outra.

Edmundo coçou a cabeça.

— Sei lá, dona. Eu sou o homem da mudança.

— Para onde está levando os móveis?

— Não é da sua conta.

Ele falou, cuspiu no chão. Entrou na caminhonete e sumiu na curva.

— Sujeitinho mais desaforado — disse uma.

— Quase cuspiu nos meus sapatos — disse a outra, fazendo cara de nojo.

Maria achegou-se a elas.

— O que foi?

Todas começaram a falar ao mesmo tempo. Maria sentiu até uma tontura, mas se conteve e fez sinal com as mãos.

— Uma de cada vez, por favor.

— Esse fulano quase cuspiu nos meus pés. Mal-educado e porco. Sem modos.

— Disse que veio buscar a mudança — ajuntou a outra.

— Mudança? Não estou sabendo de nada...

Um rapaz dobrou a esquina e foi bater no portão. Maria o informou:

— Não tem ninguém aí.

— Como assim?

— Parece que se mudaram.

— Eu vim do hospital.

Maria pensou imediatamente em Clara.

— A menina recebeu alta?

— Alta? Não sei. Não trabalho no hospital, mas presto serviços para a instituição. Trouxe a nota para cobrar o sepultamento.

As duas mulheres levaram a mão ao peito. Seguraram-se nos braços de Maria.

— Sepultamento?!

— É o que diz aqui.

— De quem?

O rapazote olhou para o papel.

— Clara Lobato.

As mulheres começaram a gritar, histéricas. O rapaz finalizou:

— Pelo que consta, morava aqui.

Maria chegou até ele e pegou o papel. Levou a mão à boca.

— Santo Deus! Clarinha morreu!

As vizinhas torciam as mãos nervosamente no próprio avental. Começou um alvoroço, uma gritaria sem fim.

Logo juntou um bando de vizinhas no meio da rua, gritando e gesticulando todas ao mesmo tempo.

O moço assustou-se com tanta mulher em cima dele. Eram perguntas e mais perguntas.

— Eu sou funcionário da funerária. Não sei de nada — tirou o chapéu e coçou a cabeça.

Uma vizinha entrou na casa. Voltou pálida.

— Levaram tudo. A casa está vazia. Nem um sinal, nem um bilhete. Nada.

— Vão comer meu couro. Eu não posso levar calote.

— Quanto custou o sepultamento?

— Cem mil.

Maria e mais outra vizinha menos perturbada entreolharam-se.

— Nós vamos juntar o dinheiro e pagar.

— Fico no aguardo.

— Pode nos dar uma semana?

— Bom, é que...

— Meu filho, a causa está perdida. A família sumiu. Ou espera até a semana que vem ou então nada de receber.

Ele deu de ombros.

— Está certo. Vou tentar convencer meu chefe.

O rapaz afastou-se e logo depois Carmela chegou.

— Que confusão é essa na rua, mãe?

Maria abraçou-a aflita.

— Minha filha, a Clarinha morreu.

— Não pode ser, mãe! — exclamou a menina.

Carmela abriu o portãozinho do sobrado e entrou. Percorreu todos os cômodos da casa. Era difícil acreditar que tudo estava vazio de um dia para o outro. Balançando a cabeça negativamente, ela saiu, encostou a porta.

— Não pode ser. Ontem eu fiz uma prece para as duas. Eu não senti que Clara estivesse morta.

— Vamos orar pela sua alma, filha.

— Mas cadê a Lilian?

— Não sei. Um homem saiu há pouco daqui com toda a mudança. Disse que a família se mudou.

— Para onde?

— Não faço ideia.

— E Dinorá?

— Não a vi hoje. Nada.

Carmela abraçou-se à mãe novamente e deixou que as lágrimas dessem livre curso sobre suas faces. Estava triste, mas algo dentro dela dizia que as meninas precisavam de oração, de vibração positiva.

A bem da verdade, Carmela deixava-se influenciar pela presença positiva de Nuri. Como a jovem era dotada de extremo equilíbrio emocional, o espírito amigo podia aproximar-se e inspirar-lhe bons pensamentos. Assim que captou os pensamentos de Nuri, ela disse, com firmeza:

— Vivas ou não, eu vou me ligar positivamente com o espírito de ambas.

— O que foi que disse?

— Vamos, mãe, voltemos para casa e vibremos por elas. Não vamos entrar no medo, na dúvida e na maldade do mundo.

— Tem razão, filha. Já tem gente demais pensando em ruindade. Vamos nos afastar disso e vibrar no bem.

As duas foram se afastando enquanto as vizinhas falavam e deduziam as coisas mais sórdidas em relação às meninas e Dinorá. Uma vizinha jurou ter visto Meneghetti, famoso assaltante daqueles tempos, andando pelo telhado da casa delas.

— Eu juro que o vi.

— Mas ele foi preso, mulher — dizia outra.

— Era ele. Fugiu da prisão...

Depois que entraram em casa, Maria foi para a cozinha e preparou um chá de cidreira. Colocou o bule e duas xícaras numa bandeja e levou para a sala. Carmela estava de olhos fechados. Sentiu o aroma do chá e abriu os olhos.

— Mãe, uma voz me diz que Clara está bem.

— Eu vi o nome dela no papel. Foi sepultada hoje cedo.

— Muito estranho tudo isso.

— Mais estranho é a casa estar vazia.

— Dinorá foi embora, mãe. Tenho certeza.

— E por que não trouxe Lilian para se despedir?

— Não sinto que Lilian esteja bem. Algo aqui no meu peito diz que ela corre algum perigo.

— Impressão sua. Ela deve estar triste porque a irmãzinha morreu. Você deve ter captado esse sentimento.

— Pode ser.

Carmela pegou o chá. Entregou uma xícara para a mãe e depois serviu-se. Bebericou um pouco do líquido fumegante.

— Vamos nos dar as mãos e fazer uma prece para as duas.

— Tem razão, mãe. Vamos enviar vibrações positivas para as meninas, não importa onde estejam.

Maria levantou-se e cerrou as cortinas da sala. Colocou um disco de música clássica na vitrola. Em seguida, sentou-se próximo da filha. Ela e Carmela deram-se as mãos. Fecharam os olhos e fizeram sentida prece.

Bem acima das nuvens, Nuri sorriu e lhes enviou um beijo afetuoso, que se transformou em flocos dourados de luz. Os floquinhos eram despejados do Alto sobre as duas, serenando suas mentes e tranquilizando seus corações.

# Capítulo 15

O trem sacolejava bastante. O caminho era bem sinuoso e o vento forte ajudava na instabilidade. Entrou no túnel e, como a locomotiva era ainda movida a carvão, a fumaceira invadiu o interior do carro, fazendo muita gente tossir e passar mal.

Clara começou a tossir e, assim que o trem passou o túnel, aos poucos o ar tornou-se novamente respirável. Ela demorou a acordar. Olhou ao redor e viu-se entre um punhado de malas.

— Onde estou? — balbuciou.

— Num trem.

— Trem? Como... como vim parar aqui?

— Não sei. Mas nós dois viemos de graça — sorriu-lhe o homem.

Clara não escutou. A quantidade de éter que a menina havia inalado era demasiada. Ela ainda estava sob os efeitos do entorpecente. Passou a mãozinha sobre o galo na testa. Estava dolorido ainda. Virou o rostinho de lado e novamente adormeceu.

O homem ao seu lado ajeitou seu corpinho. Pegou seu casaco e a cobriu. Virou para o outro lado e, mesmo com tanto chacoalho, também dormiu.

Duas horas depois o trem apitava e anunciava sua chegada em Poços de Caldas, cidade localizada no sopé da Serra de São Domingos, no Sul de Minas Gerais. Parentes corriam na plataforma aguardando a chegada dos entes queridos. A estação estava em festa.

Um político conhecido viera neste trem e fora aclamado e saudado tão logo descera na plataforma. Era como se fosse feriado. Quase toda a cidade estava ali para homenagear o político.

Dorival, o maquinista do trem, pendeu a cabeça para os lados.

— Hoje ninguém faz mais nada nesta cidade.

— O senhor tem razão — concordou Luisinho, filho de Dorival, uma espécie de faz-tudo na estação. O garoto trabalhava como carregador, bilheteiro, ajudante de operador; aproveitava as férias escolares para ficar mais tempo na estação e fazer outros serviços gerais. Ganhava alguns trocados e colocava todas as gorjetas num cofrinho.

Luisinho não precisava trabalhar. Seu pai ganhava salário razoável e seus irmãos enviavam dinheiro para cobrir o orçamento doméstico. Contudo, Luisinho era muito ativo e cheio de energia. Não era do seu feitio ficar parado; ele gostava de prestar os serviços na estação de trem.

— Filho — prosseguiu Dorival —, todos já desceram e preciso que me ajude a soltar os vagões do fundo.

— Vou correndo, num pulo.

O garoto, como um serelepe menino de onze anos, correu a toda brida. Foi até o fundo da estação, abriu a portinha do último vagão e tomou um susto. Arregalou os olhos quando viu a menina ali, deitada.

Luisinho chegou perto e sentiu a respiração. Tomou-lhe o pulso e a menina se virou para o outro lado. Ele saiu em disparada e foi até o pai.

— Tem uma menina no vagão.

— Hã?

— Tem uma menina, pai — Luisinho falava e puxava Dorival pelo bolso do macacão. — Venha comigo.

— Outra que se escondeu para viajar de graça.

— Sei não. Acho essa menina muito nova.

Dorival deixou-se levar. Ao entrar no vagão e avistar a menina ali deitada, sentiu um aperto no peito. Era comum crianças serem colocadas nos vagões de carga. Algumas vezes as famílias faziam isso, pois os pais eram pobres e não tinham como sustentá-las. Outras vezes, as próprias crianças fugiam de casa.

Dorival tirou o boné.

— Será que essa garotinha fugiu de casa?

— Ela é muito pequena para fugir, não acha, pai?

Dorival aproximou-se e abaixou. Pôs a mão na testa da pequena. Ela estava febril. O maquinista percebeu uma pequena sacola ao lado dela. Virou-a de ponta cabeça e seu conteúdo veio ao chão. Havia uma muda de roupas, um envelope fechado e a certidão de nascimento.

— Será que ela foi largada pelos pais?

— Não sei — respondeu Dorival. — Mas aqui ela não pode ficar.

— Vai levá-la para casa?

— Vou. Ajude-me, filho.

Luisinho assentiu com a cabeça e ajudou a levantar o corpinho frágil de Clara. Dorival a colocou nos braços e foram caminhando até a casa dele, não muito distante da estação.

Andaram alguns minutos e logo Luisinho avistou sua casa.

— Estamos chegando, pai.

Era uma casinha bem graciosa, cuidada com capricho e muito esmero. Tratava-se de uma construção de tijolos, parecida com um chalé suíço. Em todas as janelas havia jardineiras com flores diversas, coloridas e perfumadas. A cerquinha branca de madeira, que ladeava a casa, e o lago com marrecos lembravam aquelas gravuras de casas de campo europeias que encontramos em calendários.

Ao se aproximarem da casinha, uma mulher madura, porém vistosa e com sorriso encantador, correu ao encontro deles. Beijou Dorival nos lábios e perguntou preocupada:

— Uai, bem. Quem é?

— Encontrei-a sozinha no vagão de cargas.

— Foi esquecida?

— Não, foi abandonada.

Arlete instintivamente colocou a mão sobre a testa da menina adormecida.

— Ela está ardendo em febre. Não está bem.

— Precisamos chamar um médico.

— A cidade toda está em festa com a chegada do político. Ninguém vai nos atender agora. Vamos, eu coloquei cinco filhos no mundo. Tenho larga experiência maternal.

Dorival sorriu para a esposa. Arlete era mulher formidável. Nascida numa família rica, fora criada nas melhores escolas para meninas que Belo Horizonte podia oferecer. Na adolescência, os pais perderam tudo e ela não hesitou, tampouco cruzou os braços. Pelo contrário, arregaçou as mangas e foi trabalhar. Arrumou um emprego de dama de companhia para uma senhora de família nobre e, quando a senhora morreu, deixou-lhe um lote de terras mais o chalé espaçoso que a família usava para as férias de inverno.

Arlete mudou-se para lá com os pais. Em seguida, seus pais morreram e ela apaixonou-se por Dorival. Casaram-se e tiveram cinco filhos. Com esforço e dedicação, criaram-nos muito bem. Anos depois, os três mais velhos, já adultos e bem instruídos, casaram-se e foram morar espalhados pelo país, sendo que os dois mais velhos tinham filhos próximos à idade de Luisinho. A menina tinha morrido de gripe espanhola e, mesmo com duas netas, Arlete sentia muita saudade de sua filhinha. Somente Antônio não tinha filhos, pois sua esposa tinha problemas para engravidar.

Arlete e Dorival contavam no momento com seis netos. Reuniam-se nas festas de fim de ano e trocavam correspondências todos os meses.

Luisinho viera ao mundo quando as crianças já estavam crescidas. Era o xodó da casa.

Dorival entrou na casa e subiu as escadas. Entrou no quarto que antes fora de sua filha e delicadamente deitou a menina sobre a caminha. Clara abriu e fechou os olhos. Arlete aproximou-se e a cobriu com uma manta.

— Vou fazer uma canja bem quentinha.

— Perto dela havia essa sacola e dentro o documento de identidade.

Arlete o pegou e leu em voz alta.

— Lenita Chiarelli. Descendência italiana.

— Pode ser. Quando virei a sacola de cabeça para baixo, vieram o documento, essas roupinhas — Dorival apontou — e também esse envelope.

Arlete o pegou, abriu e sentou-se numa cadeira próxima à cama.

*Eu me chamo Lenita Chiarelli e tenho cinco anos de idade. Minha mãe morreu quando eu era um bebezinho e meu pai morreu meses atrás na Revolução Constitucionalista. Eu não tenho parentes vivos e não quero ser deixada numa instituição para menores. Por favor, quem ler este bilhete, que tenha piedade e cuide bem de mim.*

Arlete não conteve a emoção. Levou a cartinha ao peito.

— Meu querido, essa garotinha é órfã!

— O que faremos?

— Bom...

— Vamos conversar com o vigário e ver se alguma família...

Dorival não terminou de falar. O semblante de sua esposa dizia tudo. Arlete deu largo suspiro e sentou-se na beirada da cama, tamanha emoção. Ele abaixou-se e pegou em suas mãos trêmulas.

— Eu também senti o mesmo, querida.

— Sentiu?

— Sim. No caminho para cá, fiquei pensando que esta poderia ser... — a sua voz embargou. — Vamos cuidar de Lenita como se fosse nossa filhinha.

Arlete enlaçou os braços no pescoço do marido.

— Obrigada, querido — ela limpou os olhos marejados com as costas das mãos. — Nunca esmoreci, nem mesmo quando nossa Ana partiu. Eu entendi que ela precisava passar um período curto aqui neste planeta. Não senti nem remorso, tampouco raiva. A vida nos presenteou e tivemos a felicidade de tê-la conosco por sete anos. Tocamos nossa vida, contudo eu adoraria criar essa menina. Entende?

— Sim.

— É como se a vida estivesse nos presenteando de novo.

Dorival também estava emocionado.

— Por certo, minha querida. Vamos cuidar dela com o mesmo amor que demos aos nossos cinco filhos.

Luisinho enxugou a lágrima que escorria pelo canto do olho.

— Vou ser um ótimo irmão. Sempre senti falta de um irmãozinho ou irmãzinha. Vou adorar poder brincar com Lenita.

Arlete abraçou o filho com ternura.

— Tenho muito orgulho de você, Luisinho. Em vez de ficar com ciúmes, está feliz.

— Mas é claro, mãe. Estou feliz porque você e papai estão felizes!

Os três abraçaram-se comovidos enquanto Clara dormia placidamente sobre a caminha que outrora fora de Ana. O espírito de Nuri espalhou energias em forma de pétalas de rosas coloridas, que se esparramaram por toda a casa, mantendo-a iluminada, protegida e cheia de amor e paz.

Nuri aproximou-se e beijou a fronte da menina.

— Estou feliz, Clara. Sei que vai sentir falta de Lilian, mas a vida neste planeta é muito curta. Lá na frente voltarão a se reencontrar no mundo astral, que é, de fato, o nosso verdadeiro mundo. Em breve você vai se esquecer de Lilian e Dinorá, porquanto esta família vai enchê-la de amor e carinho e o passado vai desaparecer por completo de sua mente.

Agradeça a Deus por esta nova chance.

São Paulo — Rua Barão de Itapetininga

# Capítulo 16

Lilian despertou no meio de um armazém, entre um monte de palha e sacas de café. Estava num depósito, num pequeno galpão afastado no cais do porto. Ela acordou assustada, tentou se levantar, mas não conseguiu. Sua cabeça latejava vertiginosamente. Ela deitou-se novamente. Permanecendo deitada, a cabeça doía menos.

Em instantes, lembrou-se de tudo. Mas de tudo o quê? Em sua memória vinham cenas desconexas. O pai aparecia e dizia que tudo ficaria bem. O pai?

— Mas meu pai morreu! — disse para si, numa voz fraca e cansada.

Depois veio a cena em que ela folheava uma revista. Ia para a cama. Um sono profundo. Um cheiro forte penetrando-lhe as narinas. Barulho de automóvel. Risadas. E mais nada.

A boca estava seca e a alguns metros a jovem avistou uma jarra d'água. Seu corpo foi engatinhando e deslizando até o local. Ela apanhou e cheirou. Não sentiu nada. Era água. Lilian sorveu todo o conteúdo da jarra. Limpou os beiços com as costas das mãos e sentiu fome.

— Onde estou?

Ela tateou o chão, observou melhor o local. Mordiscou os lábios e ficou a pensar.

— Como vim parar aqui? Que lugar é este?

Enquanto ela tentava concatenar os pensamentos, um homem de ceroulas encardidas entrou no armazém. Olhou para ela e sorriu. Um sorriso ordinário.

— Acordou, pequena?

— Quem é você?

— Um presente...

Embora tivesse cerca de trinta anos de idade, era bem alto e corpulento. Na verdade era um estivador que trabalhava no cais do porto. Edmundo lhe pedira para deixar Lilian ali por alguns dias até que a ex-madrasta desse o aviso de que a menina pudesse ser liberada.

Edmundo não quis saber das advertências de Dinorá, achava-a meio sentimentaloide. Ele não tinha nada a ver com a menina e estava pouco se importando com o que poderia lhe acontecer.

Ele bem sabia que Zezão, o estivador, era um homem sem escrúpulos, sem moral e, acima de tudo, pervertido.

— Dane-se o que ele vai fazer com ela. Cumpri com o prometido — disse para si, dando de ombros, enquanto voltava para a cidade.

Lilian sentiu o medo tomar conta de seu corpo. Estava muito cansada e ainda atordoada para escapar daquele brutamontes. Ela foi acuando o corpo num canto, atrás de uma saca de café.

— Não adianta se esconder.

— Hã?

— Eu vou pegá-la.

— Por favor — ela implorou. — Não me faça mal.

— Eu não vou lhe fazer mal.

— Por que está se aproximando?

— Você faz perguntas demais!

— Por que está tirando a roupa...?

— Preciso responder?

Não demorou um minuto e o homem tampou a sua boca e num piscar de olhos estava em cima dela. Arrancou-lhe as vestes com fúria, abriu-lhe as pernas e deitou-se sobre ela, sem dó nem piedade. Lilian soltou um grito desesperador.

— Calma, pequena. Na primeira vez é assim, depois você vai se acostumar e pedir mais.

As lágrimas escorriam aos borbotões e inundavam seu rostinho contraído e assustado. A dor era imensa e, enquanto aquele ser abominável cavalgava sobre seu corpo com fúria e volúpia, ela não teve muito o que pensar. Lilian chorava baixinho e era inútil tentar livrar-se daquele ser repugnante.

Num dado momento, ela lembrou-se de Carmela e das borboletas. Pensou em borboletas. Encheu a cabeça de borboletas. Tentou levar sua mente para um lugar distante daquele local imundo, desviando-a daquela cena sórdida. Contudo, a dor era tamanha e Lilian não resistiu. Enquanto o estivador aproveitava-se daquele corpinho frágil, ela perdeu os sentidos. Desmaiou.

Carmela havia terminado de lavar a louça do café. Estava se sentindo bem, embora uma onda de preocupação teimasse em pairar sobre sua cabeça e perturbar-lhe a ordem.

Imediatamente, a imagem de Lilian surgiu em sua tela mental. A sensação não foi das mais agradáveis. Carmela ligou o rádio e sintonizou num programa de músicas. Deixou-se entreter por uma canção muito em voga naquele tempo. Tentou cantarolar a música de Carmen Miranda, mas a inquietude persistia. Aquela sensação estranha continuou oprimindo o seu peito.

Ela desligou o rádio e foi para a sala. Cerrou as cortinas e sentou-se confortavelmente numa poltrona. Respirou e soltou o ar lentamente. Nuri aproximou-se e a tranquilizou.

— Está tudo bem.

Carmela sentiu a presença amiga e sorriu. Repetiu:

— Está tudo bem.

Em seguida, fez o exercício que aprendera nos livros.

— *Eu só fico comigo, com a minha energia.*

Carmela repetiu algumas vezes a mesma frase. Depois prosseguiu, mais calma e serena:

— *O que é bom é meu; o que não é bom não me pertence. Quero que o que não me faz bem se apresente, tome forma.*

Num instante, a imagem de Lilian apareceu em sua frente.

— *Por que você está ligada em mim?*

Em alguns instantes, veio a resposta. A imagem de Lilian lhe aparecia em franco desespero:

— *Não estou bem. Ajude-me. Ajude-me.*

Mesmo não sabendo onde Lilian se encontrava, Carmela podia fazer suas vibrações chegarem até a amiga. Fechou os olhos, pediu ajuda aos amigos espirituais e, com a ajuda de Nuri, produziu na mente um elo poderoso de luz violeta que saía de seu peito e chegava até a sua amiga. Foi nesse momento que Lilian perdeu os sentidos e desmaiou.

Nuri sorriu satisfeita.

— Obrigada por enviar suas energias até Lilian. Nós agradecemos pela sua ajuda tão necessária.

Em seguida, Carmela sentiu um brando calor invadir-lhe o peito. A sensação desagradável desaparecera e ela sentiu-se melhor. Embora ainda uma tênue sensação de desconforto tentasse apoderar-se de seu espírito, Carmela recusava ter contato com essa sensação.

— Estou bem e essa sensação desagradável não me pertence. Estou aqui para ajudar e não para tomar as dores de ninguém. Cada um é responsável por si. Eu desejo o melhor para mim e para todos ao meu redor. Em especial a você, Lilian. Eu a amo. Sinta meu amor chegar até você e tranquilizá-la. Tudo está bem.

Nuri agradeceu e desapareceu no ar. Carmela abriu os olhos. Levantou-se e, quando abria novamente as cortinas da sala, Maria entrou correndo, ar desesperado:

— Filha, o rapaz da funerária me trouxe a certidão de óbito.

Carmela limpou as mãos no pano de prato e foi até a soleira. Olhou o documento.

— Estranho.

— O que é estranho?

— Estava havia pouco com uma sensação esquisita e senti que Lilian não está bem. Mandei-lhe energias positivas. Não senti que Clara esteja mal.

— Você é mais apegada à Lilian. Faz sentido pensar mais nela.

— Não. Tenho certeza de que há algo de estranho aqui. Eu não sinto dor, não sinto nada. Meu coração diz que Clara está bem.

— Deve ter sido levada para um bom lugar. Os amigos espirituais devem tê-la ajudado a fazer a passagem para o outro lado.

— Pode ser. Eu enviei minhas vibrações de amor para Clara ontem à noite, em minhas orações. Não importa se está viva ou morta. O importante é que seu espírito receba as minhas bênçãos benfazejas.

— Por que diz isso, filha?

— Não sei. Essa "morte" de Clara é algo que não se encaixa aqui na minha cabeça e, quando penso no assunto, o meu peito não aperta. Contudo, sei que a vida está fazendo o melhor por ela. Disso eu sei. Quanto a Lilian...

— Ela deve ter ido embora com Dinorá.

— Lilian está sozinha. Não está bem.

— Como sabe?

— Eu sinto, mãe.

— Ela vai morrer?

— Um dia ela vai morrer, com certeza — Carmela sorriu e prosseguiu: — Sem dramas, dona Maria.

— Por certo, filha.

— Creio que ela não esteja bem, mais nada. Sinto que em breve vamos nos reencontrar.

— É, pode ser...

— Mãe, não acha estranho que Clara tenha morrido e Dinorá não tenha nos comunicado?

— Não tinha pensado nisso.

— Pois eu pensei, oras. Onde ela está?

— Bom...

— Cadê Lilian? E por que aquele homem levou todos os móveis?

— Não sei. Tudo muito esquisito. Acha que a Dinorá...

— Nem pense nisso, mãe. Eu não acho nada. Só estou desconfiada de que há algo por trás dessa morte da Clara e desse sumiço de Lilian.

— Tem um senhor lá na frente da casa delas.

— Tem? O que deseja?

— Disse que veio receber os aluguéis atrasados. Não se conforma que Dinorá tenha ido embora sem dar satisfações. As vizinhas vão matar o pobre homem com tanta pergunta. Coitado.

Carmela sorriu. Voltou à cozinha a fim de ajeitar as louças no armário. Tirou o avental, dobrou-o e o entregou para a mãe.

— Vou ver o que está acontecendo.

Ela saiu de casa, atravessou a rua e foi até o outro lado, em frente à casa das meninas. As vizinhas estavam quase matando-o com tantas perguntas. Ele tentava desvencilhar-se. Foi acudido por Carmela. Ela empurrou a mulherada e foi puxando-o até a outra esquina. Trouxe-o para dentro de seu jardim. Fechou o portão com o trinco.

— Pronto, aqui o senhor está seguro — tornou Maria.

— Obrigado. Pensei que fosse ser devorado por aquele bando de histéricas.

— Aqui neste bairro nem sempre temos casos tão interessantes — ajuntou Carmela.

— Puxa, eu só vim cobrar o aluguel.

— Mesmo?

— Os aluguéis, aliás. Nem sabia que o dono havia morrido. A família podia ter me avisado.

— O senhor não percebeu nada de errado?

— Tivemos muitos problemas por conta da Revolução. Muitos partiram, quiseram acertar os valores. Eu corri aqui e ali. Deixei os inquilinos que pagam em dia por último. Seu Aureliano era homem correto, pagava-me sempre em dia.

— A mulher dele não procurou o senhor?

— Não. As vizinhas me falaram dela, mas o que fazer? Achei muito estranho o atraso dos pagamentos, pois o inquilino pagava sempre em dia. Depois veio a Revolução, confusão... — ele coçou a cabeça e prosseguiu: — O aluguel estava no nome de Aureliano Lobato. Não tenho como procurar essa tal Dinorá.

O senhor mostrou-lhe os recibos. Carmela balançou a cabeça negativamente.

— Dinorá não tinha cara de quem pudesse arcar com todo esse atraso.

— Acho que é um caso perdido.

— Eu também sinto o mesmo.

— Uma pena.

— O senhor é o proprietário?

— Não. Antes fosse. Gosto deste bairro. Os sobrados são bem ajeitados, ajardinados. Tem duas linhas de bondes, um luxo!

— E um parque aqui perto — ajuntou Carmela.

— Infelizmente não posso pagar um aluguel desses. Eu trabalho para o escritório *Bulhões e Carvalho — Advogados*.

— No famoso escritório de advogados? Na esquina da Praça do Patriarca com a rua Líbero Badaró?

— Esse mesmo. Sou auxiliar de um dos advogados, cobro os aluguéis. Eu conheço o doutor Paulo Renato desde que ele era assim pequeno — ele fez um gesto com a mão, colocando-a abaixo do quadril.

— Seu patrão vai ter de engolir o prejuízo.

— Pelo que ouvi das vizinhas, a mulher sumiu e uma das enteadas morreu. É muita tristeza.

Maria e Carmela se entreolharam e nada disseram. Ele continuou:

— Não tenho como cobrar. Nem uma pista.

— É, parece que Dinorá desapareceu do mapa.

— Tem alguma pista?

— Não tenho.

— Que maçada! — ele suspirou.

— Calma. O senhor não vai ter como cobrar. Façamos o seguinte: entre e tome um café.

— Adoro café.

— Eu sou ótima em preparar um café bem gostoso. Senhor...

— Mílton.

Maria convidou-o a entrar na casa. Ele a acompanhou e sentou-se à mesa da cozinha. Enquanto isso, Carmela pegava os apetrechos para fazer o café. Apresentou-se:

— O meu nome é Carmela.

— Carmela, que bela!

— Obrigada.

— Não é um nome usual.

— Mas gosto dele. É diferente.

Mílton sentou-se na cadeira, tirou o chapéu. Depois, pegou um lenço e passou pela testa suada.

— Não sei o que vou dizer ao doutor Marcos.

— Por quê? — perguntou Carmela enquanto esquentava a água e dispunha as xícaras sobre a mesa.

— Eu nunca recebi um calote sequer. Nem depois da Revolução. Esse é o primeiro.

— Sempre existe uma primeira vez — respondeu ela, largo sorriso.

— Você conhecia o vizinho que morava na casa? Ou sua família?

— Eu era amiga das filhas. Lilian e Clara, que tinha um lindo sorriso.

— Por que tinha? Ah, essa foi a que morreu...

Carmela deixou suas suspeitas de lado. Não convinha falar de suas dúvidas àquele senhor. Ela o encarou nos olhos e disse:

— Clarinha ficou doente na semana passada e nós a levamos ao hospital. Ela morreu dois dias depois.

— Que triste.

— Também acho.

— O pai foi morto na Revolução?

— Sim. Aureliano morreu no fim de setembro, pouco antes de a Revolução acabar.

— E a mulher dele? Por que sumiu assim?

Maria começou a coar o café. O cheiro apetitoso invadiu as narinas de todos. Mílton fechou os olhos e sorriu.

— Como é bom esse cheiro de café feitinho na hora!

Elas sorriram. Maria pegou o bule e o levou à mesa. Serviu Mílton, depois a filha e por fim serviu-se. Carmela sentou-se ao lado do homem.

— Aureliano não era casado com Dinorá.

— Que disparate! Uma vergonha.

— Ele era viúvo. Tinha duas filhas pequenas para criar.

— Ah, bom...

— Dinorá pode ser ótima pessoa, mas como mãe não passou no teste. Deixou muito a desejar. Creio que, depois que Clara morreu, ela partiu com Lilian. É o que parece.

— Eu nem sei como vou fazer para contar essa mirabolante história ao meu chefe.

— É fácil.

— Você não conhece meu patrão.

— Eu ajudo o senhor.

— Como?

— Eu me arrumo e o acompanho até o escritório. Conto tudo o que sei. E o senhor não passa por incompetente ou mentiroso.

— Jura? Faria isso por mim?

— Acha que perderia a chance de dar uma voltinha na cidade, acompanhada de um homem com aparência de ator de cinema?

— Ora, o que é isso. Deixe de bobagens — ele disse, envaidecido.

Mílton era bonitão. Tinha cerca de cinquenta anos e estava bem conservado. Carmela continuou:

— Vai ser um prazer.

— Não tenho como agradecer. Você é um brinco de menina.

Maria riu.

— Hoje em dia usamos a expressão "um amor". Essa menina é um amor.

— Feliz a senhora.

— Carmela é ótima filha.

A jovem sorriu.

— Obrigada. Diga-me, seu Mílton, o que vai fazer com a casa?

— Vou fechá-la e passar o cadeado no portão. Talvez a alugaremos novamente. Muito embora eu ache que a casa está meio velha. Precisa de uma boa reforma.

— Mas é uma boa casa — disse Carmela. — Eu gosto muito dela.

— É bem espaçosa.

— Algumas reformas, um chuveiro elétrico, uma tinta nova nas paredes. Eu adoraria morar lá.

— Já tem compromisso sério?

— Não. Mas o dia que tiver, vou querer morar ali — apontou na direção da casa.

— Essa menina sempre gostou daquela casa — ajuntou Maria.

— E por que não gostaria, mãe? É maior que esta em que moramos. Tem três quartos, duas salas. O quintal é enorme e há a possibilidade de construir uma edícula nos fundos. O jardim grande na frente da casa e as árvores frutíferas do quintal são apaixonantes.

— Essa garota tem razão — ponderou Mílton. — Uma casa desse tamanho é muito cara em bairros mais próximos do centro da cidade.

— Eu adoro morar aqui. Onde o senhor mora?

— Eu moro no bairro do Cambuci.

— No outro extremo da cidade — disse Carmela.

— Mas fica pertinho do centro da cidade.

— O senhor é bom de conversa, mas eu preciso me arrumar.

— Pelo jeito vou passar o dia aqui. Meninas demoram a se arrumar.

— Eu sou rápida. Alguns minutos e estarei pronta.

# Capítulo 17

Clara acordou no finzinho da tarde daquele dia cansativo. Desmemoriada... Tudo acontecera tão rápido que sua cabecinha não conseguia concatenar os pensamentos. Lembrou-se vagamente de Lilian, muito vagamente. Às vezes chorava pela irmã.

Arlete e Dorival fizeram de tudo para que a menina aceitasse a nova família. Clara choramingou por dois dias. No terceiro, contando com a paciência, carinho e amor com que Arlete a tratava, Clarinha foi melhorando e aceitando essa nova realidade[11]. Como os últimos acontecimentos foram marcados por episódios tristes, o subconsciente da menina foi apagando o passado.

---

[11] Uma pancada ou o estresse psicológico na infância podem levar à perda significativa de memória, de acordo com uma investigação publicada no *Journal of Neuroscience*. Uma forte pancada, a perda dos pais, a negligência e os abusos nas crianças são fatores que contribuem para o desenvolvimento deste tipo de transtorno.

Ela recuperou-se totalmente depois de alguns dias, mas sua testa ainda carregava uma pequenina cicatriz. Luisinho apareceu com uma linda boneca de louça. Clara exultou de felicidade.

Um mês depois, ela estava atendendo pelo novo nome: Lenita. E daqui em diante, na nossa história, Clara assume seu novo nome: Lenita.

Arlete redecorou o quarto que antes pertencera à sua filha Ana. Comprou tecidos novos, com motivos florais. Dorival e Luisinho pintaram o quarto em tons de rosa-bebê. Os móveis foram trocados. Dorival soube de uma família que iria se mudar e estava vendendo os móveis de sala e quarto. Ele e Arlete foram dar uma espiadinha e ficaram fascinados com o jogo de quarto de solteiro que estava à venda.

Tratava-se de duas camas de solteiro, duas mesinhas de cabeceira, um armário de duas portas, uma penteadeira com banqueta, uma escrivaninha com cadeira e estante. A família praticamente deu o conjunto, pois tinham apreço por Dorival e Arlete.

— Espero que esses móveis lhes sirvam tão bem como nos serviram até agora. Que Deus os abençoe — disse a dona, quando Dorival foi com uma caminhonete emprestada de um vizinho pegar os móveis.

O quarto de Lenita ficou lindo. Os móveis eram de madeira escura e contrastavam com a delicadeza da cor das paredes e das cortinas. Ainda Dorival comprou-lhe mais duas bonecas.

— Tudo isso é para mim? — perguntou a menina, extasiada.

— Sim, querida. É para você.

— E o quarto é só meu?

— Este é o seu quarto. Seu e de suas bonecas.

— Obrigada, mãe.

Arlete paralisou. Teria escutado direito?

— O que foi que disse, Lenita?

— Obrigada, mãe. Não é assim que se agradece quando ganhamos um presente?

— Sim...

Arlete não conteve as lágrimas de pura emoção. Abaixou-se e abraçou Lenita com ternura e amor próprios de uma mãe. Beijou-a várias vezes no rosto.

— Amo você, minha filha.

— Promete que nunca vai me abandonar?

— Claro! Aqui é seu lar. Somos a sua família. Eu, papai Dorival, seu irmão Luisinho. Em breve vai conhecer António, Francisco e José.

— Quem são eles?

— Seus irmãos mais velhos. Eles moram longe daqui. Francisco e José são casados e têm filhos. Alguns da sua idade. Você vai adorar seus primos e primas.

— Oba! Eu vou ter um monte de amiguinhos?

— Claro que vai.

— Estou feliz.

— Nós também, querida. Nós também.

Luisinho chegou em casa e trazia um pacotinho sobre o braço.

— O que é isso? — perguntou Arlete.

— Juntei uns trocados e comprei uns metros de tecido. Quero que Lenita fique linda.

— Meu filho, você estava juntando dinheiro para comprar mais um peão...

— Sei, mãe. Mas agora que tenho mais uma irmãzinha, preciso tomar conta dela.

— Eu gosto de você — disse a menina.

— Eu também, Lenita.

Luisinho mostrou o tecido para a irmãzinha e ela exultou de felicidade. Era um tecido estampado, bem colorido, com flores miúdas.

— Mamãe vai fazer-lhe um lindo vestido. Quero que esteja bem bonita para quando formos à cidade tomar sorvete.

— Adoro sorvete!

— Agora é hora de preparar o seu banho, pois em seguida o papai vai chegar e quero todos limpos e asseados para o jantar.

— Está bem — respondeu Lenita.

— Eu vou primeiro porque sou mais rápido. Vocês mulheres demoram demais.

Luisinho pousou delicado beijo na bochecha da irmãzinha e foi tomar seu banho.

Arlete abraçou-se à menina mais uma vez. Estava se sentindo a mulher mais feliz do mundo. Fechou os olhos emocionada.

— Obrigada, meu Deus! Eu vou cuidar dela como se tivesse saído de mim. Vou amá-la com todas as minhas forças. Obrigada, obrigada...

O jantar correu agradável. Dorival contava pequenos casos engraçados que aconteciam aos montes no trajeto de suas viagens. Luisinho ria à beça e Lenita deixava-se contagiar por toda aquela alegria esfuziante.

A menina havia inclusive mudado sua aparência naquele pouco tempo em contato com sua nova família. Os cabelos estavam mais compridos e bem tratados. Lenita engordara um pouquinho e sua tez tornara-se rosada e saudável. Carregava sempre um sorriso nos lábios.

Foi pouco antes de a família preparar-se para dormir que escutaram as batidas no portãozinho e em seguida a batida forte na porta da sala.

Dorival desceu e, ao abrir, foi tomado de grande surpresa.

— António?

— Oi, pai, posso entrar?

Dorival percebeu os olhos inchados de tanto chorar. Algo grave havia acontecido ao seu filho. Ele o abraçou e Arlete estava logo atrás.

— Filho! O que faz aqui?

António abraçou a mãe e começou a chorar.

— A Isabel me deixou, mãe... — balbuciou, entre lágrimas e soluços.

— Como assim?

— Fez as malas e partiu. Disse-me que não suportava mais viver ao meu lado. Não sabia o que fazer, mãe.

Peguei o último trem que saiu de Belo Horizonte na madrugada e decidi vir para cá. Preciso do amor de vocês. Estou sem chão.

Arlete o abraçou forte e em seguida todos entraram. António jogou o corpo sobre uma poltrona.

Estava cansado e emocionalmente bem fragilizado.

São Paulo — Panorama visto do Viaduto do Chá

# Capítulo 18

Era quase noite e o armazém tomava ares de lugar mal-assombrado. Lilian teve pesadelos os mais diversos possíveis nos dias que se seguiram. Tateou o chão e uma luz se formou à sua frente, iluminando o pequeno galpão. Pensou ter acordado e, ao olhar para o lado, viu a figura de seu falecido pai.

— Pai?

— Oi, filha.

Aureliano, em espírito, apresentou-se à filha de maneira que ela pudesse reconhecê-lo de imediato. Plasmou em seu perispírito a farda que utilizava na Força Pública para que Lilian não tivesse dúvidas.

Num segundo ele apresentava-se à filha uniformizado com quepe azul, túnica com duas ordens de botões, cinto preto, cassetete, luvas e polainas brancas. Não se esqueceu do distintivo no peito. Estava muito elegante.

Lilian sorriu. Esquecera-se de que o pai fora alto, porquanto naqueles tempos um oficial tinha de ter, pelo menos, 1,80 m de altura. Aureliano tinha um pouquinho mais.

— Agora acredita que sou eu?

— Mas como? Você morreu!

— Meu corpo físico morreu. Meu espírito continua vivo.

— Por que foi para a Revolução? Por que nos deixou órfãs?

— Fazia parte do nosso plano reencarnatório. Obviamente contamos com o livre-arbítrio para fazer nossas próprias escolhas, contudo, o seu espírito e o de Clara queriam passar por essas experiências.

— Eu nunca pedi para ser órfã, tampouco para ser estuprada — disse ela, numa voz furiosa e sentida.

Aureliano achegou-se à filha e sorriu.

— Você não tem consciência de suas vidas passadas, minha querida.

— Vidas passadas?

— Sim.

— Pensei que tivesse só essa.

— *"Nascer, morrer, renascer ainda e progredir sem cessar. Tal é a lei."*

— Que lindo, pai!

— Essa frase está escrita numa pedra, sobre o túmulo do Codificador do Espiritismo, Allan Kardec. Tal inscrição sintetiza a concepção evolucionista da Doutrina Espírita.

— É muito sofrimento.

— Experienciamos o que nosso espírito necessita para se desprender das garras da ilusão e caminhar em direção à sua verdadeira evolução.

— Eu não precisava passar por isso...

Lilian sentiu uma lágrima quente escorrer pelo canto do olho. Aureliano abraçou-a com carinho.

— Eu não posso lhe contar sobre sua última vida passada. Mas entenda que tudo está certo. Somos polos de pura energia; por essa razão, atraímos situações em nossa vida de acordo com nossos padrões de pensamentos. Você traz muita tristeza em seu coraçãozinho por conta do passado. É hora de se libertar dele.

— Como? Sendo violentada? — inquiriu, voz indignada.

— Filha, você foi muito irresponsável no passado. Chegou a vender o corpo de sua própria filha para dar-se bem na vida. Você só está colhendo o que plantou, não importando se as sementes foram plantadas agora, dez, cem ou mil anos atrás.

Lilian sentiu um aperto no peito. Num instante, sua mente a levou a esta vida a que Aureliano se referia, e ela se viu com outro rosto, outro corpo, roupas usadas nos tempos medievais. Ela tinha sido mulher muito bonita e queria subir na vida a qualquer preço. Deu a filha de dez anos como presente a um fidalgo, caso conseguisse contrair matrimônio com um nobre.

— Eu fiz isso, pai? Fiz?

Aureliano assentiu com a cabeça.

— Todos neste planeta já fizemos coisas terríveis. Faz parte do nosso processo de evolução. Quanto mais conscientes de nossas escolhas, quanto mais inteligência e lucidez alcançarmos, melhor para o nosso crescimento espiritual.

— Mas tenho medo.

— De quê?

— Aquele homem vai voltar a qualquer momento.

— Eu não posso defendê-la. Só posso vibrar amor.

— O que faço, paizinho?

— Eu e outros amigos espirituais estamos tentando demover o homem de atacá-la novamente. É o que podemos fazer.

— Ele vai obedecer-lhes?

— Fizemos o possível...

Lilian abraçou o pai.

— Não quero mais voltar para casa. Tenho medo de Dinorá.

— Você vai voltar para casa, mas sem a presença dela. Dependendo da maneira como você for viver daqui para a frente, ela não vai mais atrapalhar o seu caminho.

— Onde está Clara?

— Está bem. Muito bem.

O coração de Lilian alegrou-se.

— Eu a amo muito.

— Ela sabe, filha. Quer dizer, o espírito dela sabe disso. Você e Clara não tinham ligações de vidas passadas. Em última existência terrena, você tentou matá-la.

— Jamais faria isso à minha própria irmã! — respondeu ela, voz entrecortada pela indignação.

— Não faria isso hoje porque está esquecida desse fato e porque entre vocês brotou o genuíno sentimento de amor. Não há mais necessidade de vocês estarem juntas. Você tem uma programação nesta encarnação. Clara tem outro caminho a seguir.

— Se você me diz que ela está bem, meu coração fica mais sereno.

— Acredite em mim. Ela está muito bem.

— Papai, quero mudar para melhor.

— Então pare de ver-se como vítima do mundo.

— Eu?! Vítima?

— Sim. Acredita que é uma pobre coitada. Reclama do mundo, das pessoas, de sua condição de órfã. Isso é muito desagradável. As pessoas não gostam de quem vive reclamando. Só atrai para si experiências desagradáveis, pois pensamentos ruins atraem situações ruins. Simples assim.

— Às vezes quero mudar, mas eu mesma sinto pena de mim.

— Pois não sinta mais!

— Como?

— Lute para mudar e melhorar. Você pode. Aceite que é feliz e segura. Tudo está bem em seu mundo.

Lilian repetiu para si:

— "*Sou feliz e segura. Tudo está bem no meu mundo.*"

— Gostei. É assim que se deve proceder. Viu como até seu corpo está melhor?

Ela olhou para si e notou que seu perispírito estava com uma coloração mais luminosa, mais brilhante.

— É só mudar o pensamento que tudo muda?

— Sim. Nada tão complexo. Disciplinar a mente na direção do bem é a nossa única tarefa nesta vida. Não acreditar na maldade do mundo, pois dessa forma as portas de seu espírito estarão fechadas para ela. Ligue-se no bem. Só no bem.

A garota respirou fundo.

— Só no bem.

— Agora tenho de ir. Preciso seguir meu caminho e não poderei vê-la por um bom tempo.

— Nunca mais vamos nos ver?

Aureliano sorriu.

— Nunca mais é tempo demais. Digamos que vamos nos reencontrar quando essa sua viagem pelo planeta chegar ao fim. Lembre-se que eu a amo muito e sempre estarei lhe enviando o meu amor, não importa onde eu esteja.

— Eu o amo, papai.

— Também a amo muito, filha querida.

Aureliano falou e beijou-a no rosto.

— Fique em paz!

Em seguida, seu espírito sumiu e o armazém voltou a ficar escuro. Já era noite. Lilian mexeu o corpo, virou para o lado e sentiu o corpo alquebrado. Abriu e fechou os olhos algumas vezes. Estava tão cansada e debilitada que mal conseguia manter-se sentada. Tentou lembrar-se dos últimos dias. Dias de tormenta. Dias de ira, de ódio, de dor e de revolta. Imediatamente lembrou-se do sonho, do pai, das palavras de estímulo. Disse para si:

— Tudo está bem no meu mundo.

Uma lágrima escapou pelo canto do olho. Seu coraçãozinho tão apertado nos últimos dias recebeu um sopro de ternura e amor. Mas logo voltava à realidade. Havia quanto tempo estava naquele galpão sujo? Havia quanto tempo aquele homem nojento deitava-se sobre seu corpo fraco e dorido machucando-a sem dó nem piedade?

Ela não sabia precisar. Sentiu sede e fome. Seu estômago parecia não receber alimento havia um bom tempo. Remexeu-se e, com grande esforço, conseguiu sentar-se. Estava coberta com um lençol puído e encardido. Lilian coçou os olhos com as costas das mãos. Olhou mais uma vez ao redor.

Entre o monte de palha e sacas de café, havia uma mesinha com uma jarra de água e um copo. Ela engatinhou e chegou até o pequeno móvel. Sorveu o líquido com vontade e logo seu estômago roncou.

Não demorou muito e uma moça entrou no armazém. Lilian atirou-se num canto, feito um bicho acuado. Estava tão abalada com o que lhe ocorrera nos últimos dias que qualquer barulho a amedrontava. Ouvir passos fazia seu coração querer saltar pela boca.

A moça aproximou-se, passos lentos e sorriu para ela.

— Oi.

— Quem é você?

— Eu sou a Marilda.

Lilian não respondeu.

— Trouxe um pouco de comida para você.

— Quem mandou? Como sabe de mim? Como...

Ela a interrompeu com amabilidade na voz.

— Minha querida, não precisa ficar desconfiada de mim. Eu sou uma boa pessoa.

— Não existem pessoas boas. Se existisse...

Lilian não terminou a frase. O pranto sentido era entrecortado por soluços.

Marilda aproximou-se e passou a mão em seu braço. Delicadamente puxou-a e a fez se sentar.

— Sinto muito pelo que lhe aconteceu. No entanto, estou aqui para ajudá-la. Eu trabalho no hotel lá na cidade e, para engrossar o orçamento, faço limpeza em alguns galpões aqui no cais.

— Onde estou?

— Num armazém, no porto de Santos.

— Santos?!

— É.

— Como vim parar aqui?

— Não faço a mínima ideia.

— Por que está aqui?

— Está desconfiada...

— Estou.

— Imagino o que tenham feito com você. Sinto muito. Eu estava limpando um galpão aqui próximo e escutei uma conversa entre estivadores. Falavam de uma menina que estava abandonada num dos galpões.

Lilian abaixou a cabeça e voltou a chorar. Logo abriu o maior berreiro, um choro descontrolado e muito sentido.

Marilda entristeceu-se. Se ao menos tivesse chegado alguns dias antes, mas como saberia? Aquela região era infestada de prostitutas. Até ela mesma já havia sido confundida com uma profissional do sexo. Prometera ao companheiro que deixaria esse serviço no cais. Mas o que fazer? Ela precisava de dinheiro, e essas horas extras de trabalho eram maneira digna de conseguir melhorar o orçamento, afinal, seu "marido" torrava tudo o que ganhava nas roletas dos cassinos.

— Custo a crer no que lhe aconteceu. Quanta barbaridade...

Ela não terminou de falar. Lilian fez gesto afirmativo com a cabeça e disse:

— Ele me estuprou, aquele desgraçado.

— Você é uma criança! Não posso crer.

— Ele me machucou...

Lilian voltou a chorar. Marilda sensibilizou-se e a abraçou.

— Sinto muito pelo que lhe aconteceu.

— Olhe o que aconteceu comigo.

Marilda viu o estrago. Lilian estava bastante machucada.

— Eu vou levá-la daqui. Vamos imediatamente para o hospital.

— Quero ir para casa.

— Não pode ir nessas condições. Você foi muito maltratada.

— Mas preciso voltar.

— Onde você mora?

— Em São Paulo. No bairro da Lapa.

— Quando você receber alta do hospital, poderá ficar em minha casa. É um lar humilde, mas vai gostar.

— Leve-me daqui, por favor. Estou com medo.

Marilda tirou seu casaco e o colocou sobre o corpo molestado e cheio de hematomas da menina.

— Quer ir agora?

— Estou com fome. Muita fome.

— Sempre trago comigo alguns restos do hotel. Mas é coisa boa.

— Não está com fome? Você me arruma um prato de comida?

— Estou bem. Você é quem precisa se alimentar.

Lilian nem terminou de ouvir. Eram dois pratos virados um sobre o outro, amarrados com pano. Ela desfez o nó, tirou o prato que se encontrava em cima. Marilda entregou-lhe garfo e faca. Lilian comeu com gosto.

— Calma, garota. Coma devagar...

Em poucos minutos havia limpado o prato.

— Se tivesse mais, eu comeria tudo de novo.

— Depois que sair do hospital vou lhe preparar mais comida. Tenho mão boa para a cozinha.

— Obrigada, Marilda.

— Não há de quê.

— Podemos ir agora?

— Sim. É tarde, mas você não pode ficar neste lugar. Tenho medo de que o tarado apareça.

Uma voz grave se fez ouvir na porta do armazém.

— Medo de quem?

As duas viraram os rostos numa sincronia perfeita. Ficaram pálidas. Lilian sentiu leve enjoo e quase regurgitou. Marilda levantou-se e ficou na frente da menina.

— Não tem vergonha, não?

— Vergonha de quê?

— Como pôde fazer uma coisa dessas, seu monstro?

— Não fiz nada.

— Abusou de mim! Covarde! — gritou Lilian, atrás de Marilda.

A risada forte ecoou pelo armazém.

— Ha, ha, ha! Eu só me diverti. E agora tenho duas para me saciar. Uma mais velha e uma mais nova!

— Se tocar um dedo na menina eu pulo no seu pescoço.

Zezão meneou a cabeça, sorriu e avançou. Por mais que Marilda quisesse, ele era bem maior. Deu um tabefe na cara dela tão forte que a moça rodou sobre o próprio corpo e caiu desfalecida no chão. Ele aproximou-se de Lilian. Seus olhos brilhavam e ele passava a língua entre os lábios.

— Agora é a sua vez, pequena. Vem aqui brincar com o papai, vem.

Lilian sentiu novamente o terror apoderar-se de seu corpo. Ela não tinha como fugir. E também não queria se entregar àquele monstro disfarçado de gente.

Tudo foi rápido demais. Marilda tentava recobrar-se da bordoada. Enquanto Zezão se aproximava, Lilian olhou para os lados. Fixou o olhar no brilho reluzente da faca ali do lado. Foi um gesto puramente instintivo. Ela pegou a faca e pulou sobre Zezão. Cravou a lâmina na barriga dele.

— Morra, desgraçado! Morra e queime no inferno, seu porco sujo!

Lilian sentiu uma força sem igual. Zezão tombou ali na frente. Logo uma poça de sangue espalhou-se em volta daquele corpo grandalhão. Lilian puxou Marilda pelo braço.

— Vamos, acorde!

— Hã...

— Marilda, pelo amor de Deus, acorde.

— O que foi?

— Eu o matei.

— O que disse? — Marilda arregalou os olhos e acordou de vez. Olhou para o lado e, quando viu a poça de sangue chegando próximo de seus pés, soltou um grito abafado.

— O que aconteceu?

— Ele a esbofeteou e depois ameaçou me estuprar de novo. Eu tive de me defender. Cravei a faca em sua barriga.

Marilda fez um esgar de incredulidade.

— Nossa Senhora! É, acho que está morto.

— Leve-me para a polícia. Quero contar tudo tim-tim por tim-tim.

— Você tem razão. Não tem nada a temer.

— O que faremos?

— Fique aqui.

— Não! Eu não quero ficar ao lado desse porco imundo.

— Querida, ele não vai mais fazer mal algum — Marilda disse e bateu no braço de Zezão. Nada. Ela o beliscou e também o corpo permaneceu inerte. — Aguarde que vou atrás da polícia.

Lilian fez que sim com a cabeça. Marilda saiu e a menina sentou-se e abraçou as pernas. Não queria ver aquele homem, aquela poça de sangue. Ela jamais tivera a intenção de matar alguém. Foi defesa. Ela não tinha escapatória.

A garota chorou. Sentiu saudades de sua mãe, de seu pai, de sua irmãzinha querida...

O espírito de Aureliano aproximou-se e afagou-lhe os cabelos em desalinho.

— Não se torture, minha filha. Você fez o melhor que pôde. Defendeu-se da melhor maneira.

A menina sentiu uma leve brisa tocar-lhe a face. Esboçou sorriso tímido e escutou um gemido. Imediatamente, lembrou-se de Aureliano.

— Pai, é você?

Ela levantou-se de um salto e sentiu uma mão pesada agarrada ao seu calcanhar. Olhou para trás e custou a acreditar no que via.

Zezão a olhava com olhos injetados de fúria.

— Maldita fedelha! — vociferou. — Pensa que vai se livrar de mim?

# Capítulo 19

Carmela vestiu-se com esmero. Fez rapidamente o toucador e apanhou no armário um vestido em lã avermelhada, guarnecido de pespontos. Os botões de madrepérola conferiam charme especial ao conjunto.

Ela olhou-se no espelho e gostou do que viu. Jogou pó de arroz, um pouquinho de *rouge* e passou batom. Parecia mais mulher que menina. Ela espargiu suave perfume sobre si e depois apanhou as luvas brancas, o chapéu e a bolsinha. Apareceu na cozinha e Mílton assobiou.

— Como está bonita! Parece que vamos a uma festa.

Maria balançou a cabeça para os lados.

— Essa menina adora vestir-se bem. Tem bom gosto.

— Eu gosto de me vestir bem — tornou ela, ajeitando o chapéu e inclinando-o levemente para o lado. — Sou uma mulher que gosta de estar sempre bem-arrumada.

— Não sei como não tem namorado — falou Mílton, coçando o queixo.

— Sinceramente não me importo com isso. Tudo tem hora certa para acontecer.

Ele consultou o relógio no bolso do colete.

— Está mais do que na hora. Vamos, pequena?

Carmela afirmou com a cabeça. Beijou a mãe e logo estavam no estribo do bonde.

A garota era naturalmente simpática e não foi difícil para que Mílton começasse a falar de si e de sua vida. Era viúvo, tivera uma filha. Conhecia a família dos Bulhões e Carvalho havia anos. Trabalhara como funcionário da Câmara e aposentara-se com renda razoável. Ativo e bem-disposto, fora contratado por Marcos para realizar a cobrança dos aluguéis.

Era um bom trabalho. Mílton acordava cedo, metia o paletó, o chapéu e era adepto do *pince-nez*, espécie de óculos sem haste que se fixa ao nariz por meio de uma mola. Mílton não era fã das coisas modernas. Achava óculos algo estranho de se usar.

Saía de casa bem cedinho, no Cambuci. Pegava o bonde no largo e fazia a cobrança dos inquilinos espalhados pela cidade. A quantidade de imóveis alugados que Paulo Renato possuía era muito grande. Deveria se reportar a Marcos, advogado responsável pelo departamento de aluguéis. Mílton e Marcos se davam muito bem.

— Conte-me mais sobre sua vida, seu Mílton.

Ele sorriu. Era um homem solitário e sentiu grande prazer em abrir-se com Carmela. Sentiu-se à vontade para falar de si próprio.

Mílton casara-se cedo e tivera uma filha. Era uma família feliz, contudo a esposa contraíra gripe espanhola e falecera em decorrência da doença. A filha conhecera um rapaz, apaixonara-se e engravidara. O escândalo fora algo muito difícil de Mílton assimilar. Perdera a mulher e, logo em seguida, a única filha engravidava de um malandro. Eram coisas demais para sua mente tão arraigada a velhos conceitos sociais.

Carmela escutava com atenção.

Imagino que lhe foi difícil tanta mudança em tão pouco tempo.

— E como! Eu briguei com minha filha. Expulsei-a de casa.

— Por quê?

— Precisa perguntar isso? É evidente. Ela foi deflorada por um marginal. O desgraçado foi embora, sumiu.

— O que aconteceu depois?

— Recebi uma carta alguns anos atrás. Ela foi viver em Santos. Teve algumas complicações e perdeu a criança. Arrumou emprego de arrumadeira no hotel Parque Balneário.

— Imagino o quanto ela deve ter sofrido. Contava com a sua ajuda e apoio.

— Mas ela...

Carmela o cortou.

— Mas ela o quê? Apaixonou-se da mesma maneira como o senhor se apaixonou por sua esposa.

— É diferente.

— Não é.

— Minha mulher era pura quando se casou comigo.

— E que importância isso tem?

— Como?! Toda a importância do mundo! Uma mulher deve se casar virgem. Essa é a lei.

— Que lei?

Mílton coçou a cabeça.

— Ora, a lei dos homens. É assim que é.

— Estamos conseguindo grandes avanços. Viu como foi importante o papel da mulher paulista na Revolução?

— É verdade. Mas você é uma feminista. Por acaso é fã de Berta Lutz[12]?

Carmela sorriu.

---

[12] Berta Maria Julia Lutz (1894-1976) foi uma das figuras pioneiras do feminismo no Brasil. Dentre muitos de seus feitos, Berta lutou pela mudança de legislação trabalhista referente à mulher e ao menor, propôs igualdade salarial, licença de três meses à gestante e redução da jornada de trabalho — que era de 13 horas diárias.

— Gosto muito dela. Tem feito muito pela igualdade entre os sexos. E luta pelo voto feminino. Não acha que, se somos boas mães e esposas, poderíamos participar da vida política do país?

— É que política sempre foi assunto de homem.

— E o que me diz da rainha Vitória da Inglaterra? Foram mais de sessenta anos de governo. Durante seu reinado, a Inglaterra cresceu vertiginosamente em vários aspectos. Hoje é uma potência.

— Falando assim, você me confunde. É muito nova e muito esperta.

Ela sorriu.

— O senhor nunca parou para se perguntar por que sempre houve diferenças entre homens e mulheres? Nunca se perguntou quem criou esse duro fardo que a mulher carrega até hoje?

— É que, bem...

— Por que razão o homem pode relacionar-se antes de se casar e a mulher não pode?

— Você faz muitas perguntas e está me deixando confuso.

— Não podemos julgar as pessoas pelos seus desejos. Uma pessoa é medida pelo seu caráter, pelo seu coração puro. Creio que o senhor é um homem assim, de bom coração.

Ele enterneceu-se. Abaixou a cabeça e agradeceu. Carmela prosseguiu:

— Seu Mílton, o senhor ama a sua filha. Eu não tenho dúvidas quanto a isso. O perdão é algo divino.

— Eu já a perdoei. Aqui no coração.

— Mas não perdoou a si mesmo. Isso sim é o verdadeiro perdão. O senhor errou, deixou-se levar pelas convenções sociais e abandonou sua filha no momento em que ela mais precisava de seu suporte, de seu amor.

Ele sentiu o peito fechar-se.

— Sua filha se casou?

— Como? Depois do que aconteceu? Que homem iria querer se casar com ela?

— Olhe o preconceito! Acaso acredita que no mundo todos os homens são iguais?

— Não, mas...

— Diga-me, o senhor amava sua esposa de verdade?

— Com todas as minhas forças.

— Estou supondo, imaginando... Vamos supor que sua esposa tivesse passado pelo mesmo "problema" que sua filha. O senhor deixaria de amá-la por conta desse detalhe?

Mílton mordeu o lábio inferior. Exalou profundo suspiro.

— Por mais que tenha uma cabeça machista, eu era louco por Jandira. Confesso que meu amor era maior que tudo.

— Por que a sua filha também não pode encontrar alguém que a ame sem levar em conta se ela é ou não é mais virgem?

— Bom, pode ser...

— Quantos anos ela tem hoje?

Ele contou nos dedos.

— Minha filha engravidou quando tinha dezoito anos. Faz uns doze ou treze anos que tudo aconteceu... hoje ela deve estar com trinta, trinta e um anos.

— Ela é uma mulher jovem. Pode encontrar alguém e ser feliz.

— Amo a minha filha. Ela é a única pessoa que tenho no mundo.

— Escreva para ela.

— Não faço ideia de onde mora.

— Ela trabalha no Parque Balneário, certo?

— Sim.

— Escreva para ela e mande a carta para o hotel. Tenho certeza de que ela vai ler e gostar muito.

— Tenho medo de que ela não me aceite de volta.

— Bobagem. Não se deixe levar pela maldade de nossa mente condicionada pelos padrões do mundo. A mente se alimenta de coisas negativas. O amor que sente por sua filha é mais forte que tudo, mais forte que a maldade. Dê força ao bem, aos bons sentimentos e logo terá uma grata surpresa.

— Acredita?

— Eu acredito, sim. E o senhor? — ela perguntou num gracejo.

Continuaram conversando sobre outros assuntos interessantes até chegarem à Praça do Patriarca. Desceram do bonde e dirigiram-se ao elegante edifício recém-construído. Era menor que o prédio Martinelli, logo ali ao lado, e que era, até então, considerado o maior arranha-céu da cidade. Contudo, esse prédio onde ficava o escritório de Paulo Renato era menor, porém bem mais imponente.

Entraram no prédio, tomaram o elevador. Ao chegarem ao andar, Mílton cumprimentou Inês. Carmela lhe estendeu a mão e não gostou do que sentiu. Os pelos de seu braço se eriçaram. Ela respirou fundo e não se perturbou com a energia esquisita.

Em seguida, foram para a pequena copa. Mílton estava ávido por um copo d'água. Inês a olhou de cima a baixo. Carmela fixou seus olhos nos dela.

— Algum problema?

Inês estava acostumada a encarar as pessoas e fazer com que elas se sentissem envergonhadas e acanhadas. Carmela sustentou o olhar. Isso nunca havia lhe acontecido antes. Inês sentiu um baque no peito. Ficou sem graça.

— Não, problema nenhum. É que estava aqui observando seu vestido. Por acaso os botões são de madrepérola?

— São sim.

— Ah, muito bonitos. Veio procurar pelo doutor Paulo Renato?

— Não, vim acompanhar o seu Mílton. Com licença.

Enquanto Carmela afastava-se e se dirigia à copa, Inês pegou o telefone e discou. Ela precisava informar Selma de que uma "nova" mulher aparecera por lá. E era uma muito bonita e muito chique, portanto, uma grande ameaça.

Mílton olhou Carmela de esguelha.

— Não gostou de Inês?

— Tsc tsc. Não simpatizei com ela. Senti ser uma pessoa falsa e mesquinha.

— Tem bola de cristal ou algo do gênero? Você nunca a viu e sente o mesmo que eu! Só que eu sou cobra criada e a conheço há anos.

— Questão de sensibilidade. Eu percebo a energia das pessoas.

— Como assim?

— Eu sinto se as pessoas estão bem ou não, se são verdadeiras ou falsas.

— Uma bruxa!

— Uma estudiosa da vida. Se vivo entre humanos, preciso aprender como lidar com eles.

— Carmela, confesso que você é uma menina muito diferente do convencional.

Ela riu-se.

— Eu também me acho diferente.

Ele serviu-se de água e lhe ofereceu um café, que ela aceitou com um gracejo.

— É uma garota que tem cabeça positiva. Eu queria ter essa cabeça, mas depois da Revolução tem muita casa para alugar. Fico com medo de não ter trabalho.

— Tenho uma cabeça positiva mesmo. Não tenho medo de nada.

— Estranho ouvir isso. Sempre temos medo de alguma coisa.

— Eu não me deixo levar pela maldade do mundo. Estou sempre do meu lado, assumo e sou feliz comigo mesma. Amo-me incondicionalmente. Por que motivo deveria ter medo? Eu vim ao mundo para ser feliz, não para ter medo.

Mílton ia falar, mas Carmela continuou:

— Esta cidade é uma locomotiva que não para de crescer. A Revolução acabou, passou. Não acredito que vamos ter outra por muito tempo. Em breve, as pessoas vão retornar para a cidade, sem medo, com vontade de trabalhar, de crescer, de evoluir. Os imigrantes não param de chegar. Prédios começam a ser erguidos. Na verdade, creio que o senhor vai ter muito mais trabalho do que imagina!

Eles riram. A jovem virou-se contra a porta para colocar sua xícara na pia. Marcos entrou e foi logo perguntando para Mílton:

— Resolveu o problema do imóvel na Lapa?

— Não resolvi nada, Marcos.

— Como não?

— Posso lhe explicar. Trouxe até uma testemunha, pois não quero passar por incompetente.

Carmela virou-se e Marcos arregalou os olhos amendoados e vivos.

— Você?!

Ela abriu sorriso encantador.

— Oi! Como vai, moço?

— Eu... eu... vou bem. Mas o que faz aqui?

— Eu sou a testemunha ocular. Vim aqui para declarar que a inquilina fugiu na calada da noite e deixou a casa à deriva. Seu Mílton não pôde fazer nada, e você também não poderá fazer. O contrato estava no nome de Aureliano. Ele morreu. Dinorá foi enrolando, enrolando e sumiu.

— Como vou receber o dinheiro atrasado?

— Vá a um centro espírita e cobre do espírito de Aureliano.

Mílton não conteve o riso. Marcos abriu e fechou a boca.

— Essa pequena é uma parada!

— Vocês se conhecem?

— Encontramo-nos outro dia aqui perto — disse Marcos, voz entristecida. — Você ficou de aparecer no dia seguinte para tomar um refresco comigo e nem deu sinal. Deu-me um bolo.

— Eu não compareci porque aconteceram muitas coisas.

— Um pedido de desculpas viria a calhar.

— Desculpar-me de quê? Não pude comparecer e pronto. Águas passadas, meu rapaz. Agora que expliquei o ocorrido, está na hora de ir embora.

Marcos empalideceu.

— Não! Não vá.

— Quero dar uma volta ao redor da cidade. Não é todo dia que venho até aqui. Sabe que adoro passear.

— Vai olhar vitrines?

— Pode apostar!

— Gostaria de almoçar comigo?

— Adoraria, mas trouxe somente o dinheiro da condução.

— Imagine! Estou convidando-a. Eu pago.

Ela mexeu os ombros de maneira graciosa e sorriu.

— Sendo assim, aceito. Podemos fazer um lanche na Casa Alemã. Pode ser?

— Pode.

Carmela despediu-se de Mílton.

— Foi um prazer conhecê-lo. Quando quiser, apareça para tomar um café conosco. É bem-vindo em nossa casa.

— Obrigado, pequena.

Ele a beijou no rosto e Carmela sussurrou em seu ouvido:

— Não deixe de escrever para sua filha. Sinto que vocês têm muita coisa boa para viverem juntos.

Mílton assentiu com um sorriso encabulado.

— Obrigado mais uma vez. Que Deus a acompanhe.

Marcos pegou o chapéu e o paletó. Arrumou-se e deu o braço para Carmela.

— Por favor, senhorita.

— Obrigada.

Na saída do escritório, deram de cara com Selma.

— Paulo Renato não está no escritório.

— Eu sei. Vim trazer alguns papéis para ele assinar — mentiu. — É sua namorada?

— Uma amiga.

— Hã...

Selma afastou-se sem dizer mais nada. Ficou intrigada. Carmela era uma mulher muito bonita. Vestia-se com graça e seu perfume tinha odor delicado. Chegou na mesa de Inês.

— Era essa daí?

— Sim, senhora. Liguei para o número que a senhora me deu tão logo ela chegou.

— Não vai me dar trabalho.

— Não sei, ela é tão bonita.

— Aquele almofadinha do Marcos está com as garras prontas para atacá-la. Ela é linda, mas não é uma ameaça para mim. Mesmo assim, bom trabalho — Selma abriu a bolsa e tirou algumas notas de dinheiro. — Tome.

— Obrigada.

— Fique de olho. Qualquer mulher que pisar neste escritório, avise-me imediatamente.

— Sim, senhora.

Selma falou e saiu, batendo o salto. Mílton aproximou-se de Inês.

— Não sabia que era tão dedicada à Selma.

Inês nada disse. Sua face ruborizou-se imediatamente.

Ela abaixou os olhos e voltou a executar seu serviço, fingindo datilografar um documento.

São Paulo — Praça do Patriarca

# Capítulo 20

Marcos e Carmela entraram no salão de chá da Casa Alemã. Escolheram uma mesa e fizeram seus pedidos. Enquanto Carmela tirava as luvas, falou contente:

— Adoro o centro da cidade. Tão civilizado. Lojas elegantes como a Casa Sloper e a Tecelagem Francesa... Tanta coisa bonita.

— Gosta mesmo de passear, não?

— Adoro.

— Fiquei surpreso ao vê-la no escritório.

— Eu precisava fazer essa gentileza ao seu Mílton.

— Ele é esforçado e sempre recebeu todos os atrasados. Isso nunca aconteceu antes.

— É uma pena. Eu era amiga das meninas. Mas veja que situação mais triste: Clara morreu e Lilian desapareceu.

— A mulher que morava na casa perdeu o marido na Revolução e a filha também morreu... e mudou-se na surdina... É compreensível.

— Dinorá não era casada com Aureliano, que era comissário da polícia. E também não nutria amores pelas meninas. Clara morreu, entretanto, Lilian não deve ter partido com Dinorá. Ela teria me avisado.

— Como eu poderia ajudar você? Quer ir à polícia?

— Eu não tenho nada, nem mesmo uma foto da minha amiga.

— Tenho amigos na polícia. Se o pai dela era da polícia, tudo fica mais fácil. Você ao menos sabe o nome completo dela?

— Sim. Lilian Lobato. O pai se chamava Aureliano Lobato.

— Vou ver o que posso fazer. Crê mesmo que ela está desaparecida? Não foi embora com essa mulher?

— Duvido. Lilian não gostava de Dinorá. E vice-versa. A única coisa que me intriga é ter sumido assim, sem se despedir de mim.

— Eu farei essa gentileza para você.

Os olhos de Carmela brilharam emocionados.

— Obrigada. Gosto muito de Lilian. E sinto que ela não está bem.

— Como pode afirmar uma coisa dessas?

— Somos muito ligadas.

— Vou conversar com meus amigos da polícia hoje mesmo. Vamos encontrar sua amiga. Tenho certeza.

— Você é muito gentil.

Marcos sentiu um brando calor invadir-lhe o peito. Procurou disfarçar.

— Está tão bonita!

— Gosto de me vestir bem.

— Imagino que o homem que se casar com você precisará de muito dinheiro para satisfazer seus desejos.

O garçom aproximou-se e trouxe dois copos de suco e alguns petiscos. Eles agradeceram e em seguida Carmela bebericou e estalou a língua no céu da boca.

— Hum, refrescante — pousou o copo na mesa e disse: — Vestir-se bem não significa gastar tanto dinheiro. Bom gosto e dinheiro são excelentes, mas não necessariamente precisam caminhar juntos. E, além do mais, eu sei costurar. Um vestido como este que estou usando sai bem mais barato que aquele de quinhentos mil que lhe mostrei na vitrine, quando nos conhecemos.

Marcos estava encantado.

— Você tem irmãos?

— Não. Sou filha única. E você?

— Também sou. Sinto falta de um irmão.

— Temos algo em comum.

Ele sorriu.

— Temos mesmo. Fale-me um pouco mais de você.

— Falar o quê?

— Oras, dizer sobre seu temperamento, coisas de que gosta...

— Hum, pois bem. Sou uma pessoa feliz.

— Só isso?

— Quer mais? Sou feliz, tenho uma vida ótima, pais excelentes, sou saudável, moro num lugar que adoro, leio os livros que gosto. Quer dizer, faço tudo o que gosto. Sou uma pessoa simples na essência.

— Parece ter inúmeras qualidades.

— Como todo mundo. Não listo as minhas, pois sei que as tenho. As pessoas em geral têm qualidades fantásticas.

— Não é bem assim — ele deu um suspiro. — Existem muitas pessoas ruins no mundo.

— Eu prefiro enxergar de outra forma. No mundo existem pessoas de vários tamanhos, formas, idades, cores... Elas não são nem boas, tampouco más. São o que são. Cabe a nós, com a mente saudável e livre de julgamentos, atrair pessoas agradáveis à nossa volta. Eu só me relaciono com pessoas com as quais sinto afinidade.

— E quanto às pessoas ruins?

— Passam sem me machucar. Eu não dou a mínima. E o meu sexto sentido sempre afiado me faz ficar longe delas.

— Mas...

— O mal só pode entrar em você — apontou para o peito de Marcos — se você acreditar que ele existe ou carregar mágoas no coração. Alguém de bem com a vida nunca vai atrair essas pessoas.

— Você fala como se nós fôssemos responsáveis pelas nossas relações com as pessoas.

— E somos! Somos responsáveis por tudo o que nos cerca e tudo o que nos acontece. É dessa forma que vamos nos tornando cada vez mais lúcidos rumo à evolução de nosso espírito.

Marcos estava estupefato.

— De onde tirou essas ideias tão diferentes?

— Eu adoro estudar o comportamento humano. Eu, papai e mamãe nos debruçamos sobre alguns livros e estudamos em família. É divertido, produtivo e nos esclarece muitas dúvidas que temos acerca dos mistérios da vida — ela fez uma voz engraçada.

— Você é muito diferente das meninas que conheço.

— Gosto muito de mim mesma.

— Convencida!

— Não. Se eu fosse convencida, diria: sou melhor que você. Mas não sou melhor nem pior que ninguém. Sou um pedaço do milagre da vida. Meu amor por mim mesma me fortalece e me mantém protegida.

— Como faço para gostar de mim?

— Amor-próprio e autoaceitação são excelentes para começar a olhar a si mesmo com olhos mais carinhosos.

O garçom os serviu e, enquanto lanchavam, Marcos perguntou:

— Você não pensa em namorar?

— Penso.

— Tem algum pretendente?

— Até o momento, não.

— Gostaria de ser minha namorada?

Carmela riu-se.

— Namorada? Está louco?

— Por quê? — perguntou ele, voz sumida.

— Mal nos conhecemos. Primeiro precisa haver atração, afinidades, gostos em comum... Creio que podemos começar a nos relacionar como amigos.

— Amigos?

— Sim. Vamos nos conhecendo. Não quero me apaixonar cegamente por alguém que acabei de conhecer. Depois, vou viver um casamento enfadonho por conta de minha ansiedade? Não. Eu não sou como muitas moças de minha idade, que querem se casar "ontem".

— Você não existe.

— Existo sim — ela tocou em sua mão e sorriu. — Viu como eu existo?

# Capítulo 21

Valentina chegara poucos minutos antes da oficina de costura. Estava cansada, tivera um dia cheio de trabalho. Precisava se preparar para a organização da exposição de quadros de sua amiga Tarsila. Estava sentada na poltrona do escritório, aguardando a chegada do irmão. Tirou os sapatos e massageava os pés quando a campainha tocou.

Ela estranhou, pois no início da noite era muito raro alguém aparecer à porta de sua casa. Benta foi atender e voltou com semblante carregado.

— O que foi, Benta? Parece que viu o diabo!

— E vi! A senhorita Selma está lá no vestíbulo.

— Selma?! O que ela quer?

— Disse que tem algo urgente a tratar.

Valentina respirou fundo para não se desequilibrar. Não gostava de receber visitas inesperadas. E ainda por cima a visita de Selma.

— Conduza-a até a saleta ao lado do vestíbulo.

— Sim.

Valentina voltou a calçar os sapatos. O que sua prima queria desta vez? Ela ajeitou-se e foi até a saleta.

— Selma, o que faz aqui? — perguntou, voz firme.

— Oh, prima — disse ela num tom fingido e carregado de drama —, eu fui assaltada a algumas quadras daqui. Estou com medo.

— Assaltada? Aqui perto? Nunca soube de assaltos por aqui antes.

Selma tentou conter a raiva. Odiava ser questionada dessa maneira. Respirou e prosseguiu, fingindo estar com ar de preocupada:

— Aqui perto, acredita? Depois da Revolução, esta cidade virou um antro de desajustados. Levaram minha bolsa. Fiquei sem dinheiro. Estou com medo de voltar ao hotel.

— Mas...

— Eu sei que não gosta de receber visitas sem ser anunciada, mas veja bem, numa situação dessas, eu não pensei duas vezes e corri para cá.

— Eu posso providenciar algum dinheiro e você retorna para Leme. Pode pegar o trem noturno, o que acha?

— Eu gostaria, mas me sinto indisposta. Estou muito nervosa. O homem que me atacou foi muito rude. Puxou a minha bolsa com força e me empurrou. Olhe como está meu joelho — apontou.

De fato, o joelho estava ralado e havia ainda um pouco de sangue, e a cinta-liga fora rasgada. Contudo, isso fora um arranjo muito benfeito entre ela e Inês minutos antes. Selma precisava achegar-se mais a Paulo Renato e estava difícil fazer essa aproximação sem frequentar a casa do primo.

A intuição de Valentina não estava botando fé naquela história, mas fazer o quê?

— Bom, dormirá aqui em casa hoje e amanhã cedo partirá. Sabe que não gostamos de receber visitas.

— Sei, sim. Desculpe pelo transtorno.

Valentina chamou uma das criadas e pediu para arrumar o quarto de hóspedes.

— Eu vou pedir para colocarem mais um prato à mesa do jantar.

— Obrigada, prima.

Em seguida, Paulo Renato chegou e caiu feito um patinho no conto de Selma. Ela finalizou, dramática:

— Ninguém me ajudou, nada. As pessoas correram e eu fiquei ali, estatelada no chão, pedindo ajuda...

— Fique conosco esta noite. Amanhã faremos novo curativo e você terá condições de voltar para o interior.

— Uma noite de sono tranquilo é tudo de que preciso.

— Depois podemos ir à polícia, dar queixa.

— Não, isso não. Nada de envolvimento com a polícia. Por sorte, os documentos estavam no fundo falso da bolsa — mentiu. — Eu só perdi dinheiro e outras bobagens de mulher que carrego na bolsa.

— Nossa família tem nome e reputação. Você está certa, prima. O que menos precisamos no momento é de nossos nomes nos jornais ou revistas de fofocas.

Selma sorriu.

— Obrigada, Paulo Renato. Como sempre, é muito gentil.

Ele fez uma mesura com a cabeça e afastou-se. Selma sorriu por dentro.

— Eu não vou embora amanhã. Vou arrumar uma maneira de ficar mais tempo por aqui e arquitetar um plano de fazer com que Paulo Renato case-se comigo.

Valentina percebeu uma energia densa e esquisita ao redor da prima. Esperou o irmão subir para seus aposentos para convidar Selma para irem juntas à saleta contígua à sala de estar. Benta serviu-lhes chá. Selma fingia uma dor no joelho. Foi mancando e fazendo caras e bocas.

Assim que se acomodou no sofá, Valentina perguntou-lhe:

— O que pensa fazer?

— O que disse?

— Não se faça de sonsa. Sei que está de olho em Paulo Renato e arrumou uma maneira de entrar na nossa casa.

— Eu...

— Não me venha com conversa fiada. Não gosto de você e não a quero mais aqui.

Selma mordiscou os lábios com raiva.

— Por que não some com esse bando de artistas degenerados que patrocina?

— Você não entende nada da vida, como pode entender de arte?

— Você não pode ditar as regras nesta casa!

— Como não?

— Divide a casa com Paulo Renato. Sei que ele jamais me expulsaria daqui. Você é ruim e má. Por que interfere tanto em minha vida?

Valentina nem registrou a ofensa. Não se deixou intimidar. Procurava manter a impessoalidade.

— Você é digna de piedade. Uma mulher sem brio, que fica à espera de migalhas de amor.

— Isso é problema meu — Selma baixou os olhos e percebeu que Paulo Renato passava e se postou atrás da porta. Era a hora de encenar e fazer com que ele se tornasse seu aliado. Mudou o tom. — Eu me apaixonei pelo seu irmão. Poderia me casar com qualquer outro homem de destaque na sociedade. Sabe que sou bonita e rica. Mas meu *coeur*... quer dizer, meu coração pertence a Paulo Renato.

— Mentira. Você não ama meu irmão.

— Claro que amo. Como pode querer saber o que vai aqui no meu coração? — apontou para o peito. — Está sendo injusta comigo.

— Não estou. E quer saber? Eu não tenho nada a ver com a vida de vocês.

— Melhor assim. Para que arrumarmos mais confusão? Eu gosto de você, Valentina.

— Eu não gosto de você, Selma.

Novo brilho rancoroso perpassou o olhar dela. Mordiscou os lábios e disparou:

— Ainda bem que Auguste está morto. Deus me livre casar com um mulher tão fria quanto você.

Valentina estava aprendendo a ser firme e não dar trela aos comentários dos outros. Todavia, crescera num mundo em que as pessoas, desde o berço, davam atenção e valor ao que os outros diziam. Muitos anos de condicionamentos destrutivos e negativos eram difíceis de serem modificados. Falar de Auguste ainda mexia com seus sentimentos, porém ela não pensou duas vezes. Quando percebeu, sua mão já havia descido sobre o rosto de Selma.

Era tudo o que a prima do mal queria. Fingiu uma dor muito maior do que a produzida pelo tapa.

— Você me bateu! — gritou.

Paulo Renato entrou na saleta, indignado.

— Valentina, como ousa?

— Perdi a cabeça. Aconteceu. Prometo que vou me policiar para evitar esse tipo de constrangimento.

— Perdeu os modos? Como pode ser tão sem educação? Selma não merece isso.

A prima nada dizia. Vibrava de contentamento por dentro. Por fora, tentava forçar semblante consternado.

— Já lhe disse que não voltará mais a acontecer, Paulo Renato.

— Mas isso não se faz! É um absurdo. Uma dama não bate em outra dama. Quanta grosseria!

Valentina sentiu uma forte dor na cabeça. Percebeu que o irmão estava completamente "enfeitiçado" pela prima. E ela mesma contribuíra para isso. Balançou a cabeça negativamente.

— Foi a gota d'água. Vou-me embora.

— Como assim?

— Faltam alguns móveis para a casa do Morumbi ficar pronta. O quarto está arrumado. Vou embora agora mesmo.

— Mas Valentina...

— Sem mas, Paulo Renato. Vou para a *minha* casa. Lá eu não terei de dar satisfação a ninguém.

— É tarde.

— Pedirei ao motorista que me leve. A Benta vem comigo. Amanhã eu volto e pego as roupas e as minhas obras de arte. Chega.

Valentina falou num tom firme, rodou nos calcanhares e saiu. Selma esforçou-se no início para fazer uma lágrima descer pelo canto do olho. Contudo, ao escutar o pronunciamento de Valentina, vibrou de contentamento. Agora poderia colocar seus planos para funcionar. Livrara-se do encosto que atrapalhava o seu caminho rumo à felicidade ao lado de Paulo Renato. Por essa razão, lágrimas de felicidade corriam sem cessar.

Ele aproximou-se.

— Não chore.

— Impossível. Valentina foi muito rude. E me bateu...

— Precisa se recompor.

— Na verdade creio que me excedi — disse de maneira dissimulada.

— Você não tem culpa da grosseria de Valentina. Ela é quem lhe deve um pedido de desculpas.

— Tive sim.

— Foi maltratada e não admito esse tipo de grosseria em minha casa.

Selma abraçou-o e, enquanto Paulo Renato alisava seus cabelos, ela sorria maliciosamente. Havia conseguido separar os irmãos.

Daqui para a frente, tudo seria fácil. Bem fácil, tinha certeza.

São Paulo — Largo da Sé

# Capítulo 22

Arlete bateu com a colher de pau no triângulo que ficava preso na varanda da casa, próximo da cozinha.

— O almoço está pronto!

Lenita terminou de jogar milho para as galinhas. Luisinho a ajudava.

— Estou com fome.

— Eu também — disse ela.

— Dê para mim a bacia. Vá na frente. Vou logo em seguida.

A menina sorriu.

— Obrigada, Luisinho.

Lenita saiu e foi na direção da casa. Parou no tanque, lavou as mãos. Depois, entrou na cozinha e sentou-se na cadeira.

— Que cheiro gostoso.

— Fiz arroz, tutu de feijão, torresmo e bisteca.

— Quanta coisa!

Arlete sorriu. Fazia algum tempo que Lenita estava em sua casa e tudo corria da melhor maneira possível. Dorival fora a São Paulo e descobrira que, de fato, Lenita Chiarelli era órfã. Com a ajuda de um amigo advogado, indicado por um de seus filhos, correu com os papéis para legalizar a adoção. Eles se afeiçoaram muito à menina. E ela também gostava muito deles.

— Depois do almoço vou ensiná-la a bordar.

— Sim, mãezinha.

Arlete sentiu um grato calor invadir-lhe o peito.

— O que foi que disse, Lenita?

— Eu disse que sim, mãezinha.

Ela limpou as mãos no avental e aproximou-se. Pegou nas mãozinhas da menina e, com olhos marejados, disse emocionada:

— Você é uma menina linda que o papai do céu nos mandou de presente. Sou muito grata em tê-la conosco. Espero que seja muito feliz nesta casa.

— Eu sou.

Arlete a abraçou.

— Minha filhinha. Prometo que vou cuidar sempre de você.

— Eu sei disso. Por isso amo você, mãezinha.

Luisinho entrou na cozinha. Aproximou-se e beijou as duas. O carinho que sentia por Lenita era puro e verdadeiro. Lenita sorriu ao vê-lo.

— Que cheiro bom!

— Sente-se, filho. Está atrasado.

— Aonde você vai? — perguntou Lenita.

— Trabalhar, oras. Na estação.

— Também quero ir.

— Negativo. Você fica aqui com a mamãe. Tem um monte de coisa de meninas para fazer.

Ela assentiu com a cabeça, de maneira graciosa.

— Está bem. Eu fico e ajudo a mãezinha.

— Papai regressa hoje de viagem e ficará conosco até o fim da semana.

— Oba!

A harmonia no lar só não era completa porquanto Antônio ainda não havia se refeito da separação. Não queria mais voltar para Belo Horizonte.

— Não é assim que as coisas funcionam, meu filho — falou Arlete, depois de servir o almoço para as crianças.

Luisinho levou Lenita para o pomar. Foram pegar laranjas no pé das árvores para Arlete fazer doces em compota.

Antônio suspirou profundamente.

— Não volto mais, mãe. Isabel foi embora com o Gualberto. Era meu melhor amigo. Não suportarei os comentários maledicentes das pessoas.

— Contudo, precisa se refazer. Se Isabel foi embora, é porque tinha de ser assim.

— Sinto-me muito mal.

— Ela nunca foi de grandes demonstrações de carinho. Nunca me meti na vida dos meus filhos, adoro minhas noras, mas Isabel nunca nutriu muita simpatia por nós. Sempre arrumava desculpas para não nos visitar. Você é bonito e um homem de bem. Ainda é jovem. Vai encontrar uma mulher que mereça seu amor.

— Será? Estou tão machucado, mãe. A dor da separação me corrói a alma.

— Tudo passa. Inclusive essa dor.

— Tirei licença. Meu chefe ficou de ver para mim uma maneira de me transferir para outro lugar ou até me promover. Sempre fui um bom funcionário. Mas voltar para Belo Horizonte, nunca mais.

Arlete sorriu e achegou-se ao filho. Abraçou-se a ele e depositou um beijo no seu rosto.

— As coisas vão melhorar bastante. Tenho certeza de que no futuro vai agradecer por Isabel ter partido. Sinto que você ainda não amou e, quando isso acontecer, esses lindos olhos verdes vão se encher de brilho e de luz.

Antônio sorriu.

— Obrigado, mãe. Você é sempre muito amável.

Ela se afastou e pegou duas xícaras. Colocou-as na mesa e serviu a si e ao filho o café.

— A felicidade é a maneira como enxergamos o que nos rodeia. Veja, eu poderia lamentar ter um filho para cuidar nessa altura de minha vida, reclamar que teria mais uma boca para sustentar, roupas para lavar etc., contudo, a vinda de Lenita encheu esta casa de mais luz, mais alegria. Eu enxerguei como um presente de Deus, e não como um fardo.

Ele sorriu.

— Fiquei feliz quando soube da decisão de adotarem Lenita. Ela é encantadora. Lembra-me a Aninha.

Arlete deixou uma lágrima escapar pelo canto do olho.

— Ela lembra sua irmãzinha, sim. Estou tão feliz.

— E Luisinho afeiçoou-se bastante a ela. Percebo que eles se dão muito bem. Como gostaria de ter um filho...

— Você ainda pode se refazer e encontrar uma mulher à altura. E ainda ter filhos.

— Estou tão desiludido que não consigo visualizar uma vida feliz.

— Acredite e confie que a vida sempre trabalha pelo nosso melhor.

António bebericou seu café e finalizou:

— Sabia que iria me recuperar aqui com vocês. Nada como a família da gente para nos ajudar nos momentos mais difíceis.

No finzinho da tarde daquele dia, Dorival chegou em casa acompanhado de Luisinho. Beijou a esposa e a menina. Trazia sob os braços uma caixa pesada. Colocou-a sobre a mesa da sala.

— O que é isso? — indagou Lenita.

— Uma caixa com uma coleção de livros que meu filho José enviou da capital.

— Pensei que fosse uma boneca.

— Outra?

Ela sorriu de maneira graciosa.

— Adoro bonecas. Queria ter um monte — fez um gestinho com os dedos da mão.

— Como tem passado?

— Muito bem. Comi bastante hoje. Depois fui apanhar laranjas no pomar com o Luisinho. Brinquei um pouco com o António também.

Ele sorriu satisfeito. Sentou-se numa poltrona e colocou Lenita em seu colo.

— Sabe que gostamos muito de você?

— Eu também. Sinto saudades de minha irmã.

Ele e Arlete trocaram olhar significativo. Não constava que Lenita tinha irmãos. Era filha única e, segundo o que pudera apurar, ela fora deixada no asilo de meninas. Ele havia escutado de um passageiro médico certa vez que crianças têm amigos imaginários. Lenita havia criado uma amiguinha e a chamava de irmã. Era isso.

Dorival procurou mudar o assunto.

— Quem sabe um dia vai encontrá-la?

— Pode ser. Mas eu não quero me afastar de vocês. Gosto daqui. Tenho um quarto só meu!

— É. Só seu. Nós também a amamos muito.

Lenita o beijou, pegou sua boneca e ficou num canto da sala brincando. Dorival puxou a esposa até a cozinha.

— Creio que em breve receberemos a escritura e a nova certidão[13].

— Tem certeza de que ela não tem parentes vivos?

Dorival balançou a cabeça negativamente.

— Não. Era filha única e os pais estão mortos. Mas algo me intriga...

— O que é?

— Uma das moças que trabalha na instituição me afirmou que Lenita havia morrido.

Arlete levou a mão à boca.

— Morrido? Como assim?

[13] Na época em que Lenita foi adotada, o Código Civil de 1916 regulava a adoção nos arts. 368 a 378, chamada de adoção simples pelos efeitos que gerava. Nesse sistema, a adoção se dava por meio de escritura pública, sem interferência judicial. O instituto da adoção sofreu sensíveis mudanças desde então, com a publicação da lei 3.133 de 1957, a Constituição Federal de 1988, o Estatuto da Criança e do Adolescente (ECA) de 1990 e o Novo Código Civil de 2002.

— Disse-me que Lenita fora levada ao hospital e que lá morrera.

— Pode ter havido algum engano. Você lhe disse que Lenita está viva e que está bem?

— Sim.

— E qual foi a sua resposta?

— Ela deu de ombros. Eu lhe disse que o advogado não encontrou nenhum atestado de óbito com esse nome. Rodou nos cartórios da cidade e nada. Daí ela me falou que poderia ter se enganado. Na verdade, não estava muito interessada em colaborar.

— Fico com medo de alguém aparecer aqui amanhã e tirá-la de nós.

Dorival achegou-se à esposa e a abraçou. Colocou a cabeça dela ao encontro de seu peito.

— Não vão tirar nossa menina.

— Tem certeza?

— Sim. Estamos amparados pela lei. Queremos fazer tudo certinho, dentro dos conformes. Isso é o que importa.

— É que estou um tanto apreensiva.

— Pois não fique. Se Lenita caiu aqui em nosso lar, é porque era para ser. Por que Deus faria algo terrível conosco? Ele nos põe a menina no colo e depois a leva, sem mais nem menos? Não acredito nisso. Lenita é um presente de Deus.

Arlete fez que sim com a cabeça.

— Eu tenho rezado bastante e tenho fé de que Lenita será criada por nós. Vai se transformar numa linda mulher, casar e ser muito feliz.

— Pois bem. Vamos acreditar no bem, vamos agir positivamente. Somos amorosos, pessoas de bem, portanto, merecedores de coisas boas.

— Devemos acreditar. Confiar.

— Isso mesmo, minha querida. Confiar.

Luisinho apareceu na soleira da porta.

— Mãe, estou com fome.

— Vou esquentar o jantar.

— Pai, o que tem naquela caixa?

— Uma coleção de livros que o José nos presenteou, para toda a família. Chama-se *Thesouro da Juventude*[14]. É uma obra que reúne, segundo seus editores, os conhecimentos que todas as pessoas cultas necessitam possuir, oferecendo-os de forma adequada para o proveito e entretenimento. Vamos desenvolver em Lenita o gosto pela leitura, assim como fizemos com você.

— Posso abrir?

— Pode, meu filho, pode.

Dorival sentou-se à mesa enquanto Arlete esquentava o jantar. Estava feliz. Havia criado seus três filhos mais velhos e eles estavam muito bem encaminhados na vida. José, o mais velho, era contador. Amante dos livros, sempre presenteava Luisinho com livros, despertando no garoto desde cedo o gosto salutar pela leitura. Francisco era engenheiro e morava com esposa e filhos em Recife. Antônio desejava se mudar de Belo Horizonte depois do abandono da esposa, mas era um bom filho.

Dorival olhou para Antônio e sorriu. O filho estava com Lenita no colo e Luisinho apoiado no encosto da poltrona. Antônio lia para eles trechos da coleção que José enviara. Dorival sorriu outra vez. Era um homem feliz e com filhos maravilhosos. Agora iria se dedicar à criação de Luisinho e Lenita. Tinha certeza de que os dois também iriam se dar muito bem na vida. Ele acreditava e tinha muita fé nisso.

[14] O *Thesouro da Juventude* era uma obra originalmente inglesa. Tratava-se de uma enciclopédia com 18 volumes. Com introdução do jurista, legislador e historiador brasileiro Clóvis Bevilacqua (1859-1944), a obra adaptada ao mercado brasileiro em 1929, com quase 6.000 páginas, possuía um texto admirável, sendo fonte de conhecimento de milhares de jovens entre as décadas de 1920 e 1960.

# Capítulo 23

Algumas nuvens escuras anunciavam que em breve a chuva viria com toda a força. Era fim de tarde, e Bartolomeu primeiro olhou para o céu e depois consultou o relógio.

— Está quase no horário de fechar a loja.

Dinorá saiu de trás do balcão.

— Eu o ajudo a colocar os produtos para dentro.

Bartolomeu sorriu. Era apaixonado por aquela mulher.

— Ajude-me rápido, pois as gotas começaram a cair.

Dinorá assentiu com a cabeça e correu a ajudar o marido. Ela e Bartolomeu haviam se casado no civil. Agora era uma mulher que poderia se dar ao respeito. Ninguém sabia de seu passado. Moravam na capital federal, numa cidade com mais de um milhão e meio de pessoas. Dinorá era somente mais uma pessoa nesse enxame de gente que povoava o Rio de Janeiro. Não despertava nem um tipo de suspeita em relação à sua vida pregressa.

Bartolomeu havia juntado um pouco de dinheiro e comprara do amigo, em prestações, uma loja de quinquilharias no centro da cidade. Havia uma placa na porta: *Tudo por dois mil-réis* — algo como o que conhecemos hoje por lojas de R$ 1,99.

O negócio dava pouco lucro, mas o suficiente para pagar as despesas e ter uma vida tranquila e comedida, sem luxos. Ele conseguira um sobrado antigo, por um aluguel em conta, nas imediações da avenida do Mangue. A loja ficava embaixo e ele e Dinorá moravam em cima. Havia uma sala, cozinha, um quarto e banheiro, o suficiente para os dois.

Eles recolheram as bugigangas e desceram as portas de ferro.

— Eu preciso fazer a contabilidade do dia.

— Vou comprar algo para nosso jantar.

— Está chovendo muito, Dinorá.

— Não tem problema, eu levo uma sombrinha. Volto num minuto.

Bartolomeu fez sinal com a cabeça e voltou aos papéis. Dinorá pegou sua sombrinha e saiu. A chuva já havia diminuído bastante. Ela estugou o passo e foi até a mercearia ali perto.

Ao entrar na loja, viu uma mãe e uma garotinha de mais ou menos cinco anos e outra menina aparentando dez anos de idade. Lembrou-se imediatamente de Clara e Lilian. Mordiscou os lábios, apreensiva.

— Espero que estejam bem. Eu não fiz por mal. Precisava cuidar de mim e de minha vida.

Dinorá sentira uma ponta de remorso no caminho para o Rio. Ela se livrara das meninas, mas sua mente a atormentava bastante, enchendo-a de perguntas.

— Por que não as deixou numa instituição para menores? Por que não as deixou juntas? Por que as separou?

Eram muitas perguntas, muitos porquês, e Dinorá não se sentia confortável com isso. Ela desejara fortemente mudar e ser uma pessoa melhor. Fizera isso com as meninas não por maldade, mas para se livrar delas e de Adolf.

Adolf... só de lembrar aquele nome ela sentia um nó na barriga. Sumira com Bartolomeu, mudara-se para o Rio. Trocara o cabelo louro por uma tintura castanho-escura. Suas vestes eram mais recatadas. A maquiagem era menos carregada. Dinorá empenhava-se dia após dia para se tornar uma mulher comum, que não despertasse qualquer suspeita.

Ela entrou na loja e comprou algumas coisas. Estava dedicando-se e aprendera a cozinhar. Não tinha uma mão lá tão boa para a cozinha, no entanto, sabia fazer o trivial e isso contentava Bartolomeu.

Ela pagou pela compra, despediu-se do dono e saiu. Procurava andar olhando para baixo, pois temia ser reconhecida. Em vez de contar a Bartolomeu sobre as ameaças de Adolf, preferira ficar calada e sofrer em silêncio.

— O medo é só meu — dizia para si. — Adolf jamais vai nos encontrar. Eu mudei muito. Agora tenho sobrenome e sou casada. Uma esposa exemplar.

Ela riu, olhou para sua aliança no anular da mão esquerda.

— Preciso esquecer o passado.

Dinorá repetia sempre essa frase para si. Tentava incutir na mente que o passado não tinha força, contudo estava ficando difícil. A sua mente não aceitava essa verdade. E, quando alimentamos o medo, acabamos por criar um fantasma que consome as nossas energias.

Ela estava criando um fantasma enorme. Por mais que tentasse se livrar, o passado a perseguia. E iria persegui-la enquanto sua mente se mantivesse presa ao medo e à maldade.

Dinorá chegou na porta do imóvel e, quando ia fechar a sombrinha, um homem aproximou-se.

— Como vai?

— Boa tarde — disse secamente.

— Pensei que fosse mais simpática.

— Não sou dada a conversar com estranhos. Sou mulher casada e de respeito.

O homem gargalhou.

— De respeito? Desde quando vagabunda tem respeito?

Dinorá o encarou com olhos aterradores. Sorte estar ainda chovendo, pois não havia quase ninguém na rua. Os poucos que passavam procuravam acelerar o passo para fugir dos pingos.

— Como se atreve?

Ela levantou a sombrinha para dar na cara do homem. Ele foi mais rápido e segurou o braço dela. Em seguida, dobrou seu corpo e a prensou na parede.

— Escute aqui, Dinorá, não adianta me enganar. Vim a mando de Adolf.

O nome causou-lhe profundo mal-estar. Então aquele alemão desgraçado a descobrira! Como? Ela tentou dissimular.

— Não sei do que está falando.

— Não se faça de besta. Vim aqui porque tenho uma ordem. Adolf quer que você lhe pague o dinheiro que roubou em Santos. Um conto de réis.

— Loucura! Não peguei tanto dinheiro assim!

— Esqueceu-se dos juros?

— Não tenho esse dinheiro.

— Problema seu. Converse com seu marido.

— Jamais! Meu marido não pode saber de nada.

— Pois então trate de arrumar logo esse dinheiro. Adolf lhe dá o prazo até o fim do mês. Ou você nos entrega o dinheiro ou matamos você e seu marido.

— Por favor, Bartolomeu não tem nada a ver com meu passado. Eu posso pagar Adolf aos pouquinhos...

— Nada feito. Arrume o dinheiro e não vou mais importuná-la.

O rapaz afastou-se e sumiu. Dinorá ficou parada, encostada no muro ao lado da porta da loja. Suas pernas estavam bambas. Sua garganta secou e ela não conseguia sequer concatenar pensamento que fosse.

Respirou fundo, ajeitou o vestido. Entrou em casa. Procurou dissimular.

— Você demorou — falou Bartolomeu, sem tirar os olhos das contas sobre a mesa.

— A chuva apertou e eu esperei acalmar. Fiquei no armazém até há pouco. Vou preparar o jantar.

Bartolomeu assentiu com a cabeça. Dinorá foi para a cozinha e começou a cortar os legumes para a sopa. Por mais que tentasse, sentia um nó na barriga, uma dor no estômago sem igual.

As lágrimas escorriam pelos olhos e inundavam a face. Ela só tinha quinze dias para juntar o dinheiro. Era muito pouco tempo, e, mesmo que Adolf lhe tivesse dado mais tempo, ela jamais conseguiria juntar tamanha fortuna.

Foi a primeira vez que Dinorá sentiu medo e pavor. Mas aos poucos a mente foi serenando e uma ideia surgiu. Ela sorriu e cravou a faca sobre a tábua dos legumes.

— Vou acabar com isso de uma vez por todas.

São Paulo — Rua Barão de Itapetininga

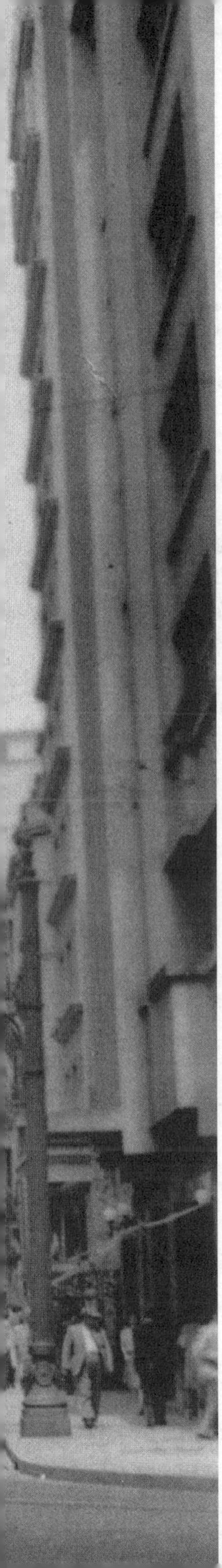

# Capítulo 24

Marilda chegou com a polícia a tempo. Zezão era grande e forte, mas estava enfraquecido pela perda de sangue. Lilian conseguiu desvencilhar-se dele. Dois policiais correram a tempo e algemaram o brutamontes.

Lilian abraçou-se a Marilda.

— Ele quase me pegou de novo.

— Não vai mais pegá-la, querida. Fique sossegada.

— O que vão fazer?

— Vão levá-lo algemado para um hospital e depois vai direto para a cadeia. Para que isso aconteça, precisamos ir à delegacia.

— Tenho medo.

— Medo de quê, Lilian?

— Ele pode fugir da prisão e vir atrás de mim.

— Qual nada. Tipos como esse não fogem e não vão atrás de você. Zezão nunca mais vai atormentá-la.

— Jura?

— Palavra de Marilda.

— Agora precisamos ir. Eu demorei porque passei em casa e trouxe esse vestido. Vai ficar grande, mas depois compramos outro para você.

Lilian colocou o vestido. Ficou folgado. Marilda lhe emprestou um cinto e, arruma aqui e ali, o vestido até que ficou ajeitadinho. Marilda prendeu os cabelos da menina e fez um pequeno coque.

Seguiram para a delegacia e os policiais, cientes do que Zezão havia feito na garota, informaram aos detentos sobre o estupro. O estivador brutamontes não foi perdoado. Ao dar entrada na cela, foi espancado e, em seguida, violentado várias vezes pelos outros presos, pois, segundo o código dos bandidos, quem estupra uma menor de idade, além de ser violentado, merece morrer.

Zezão não chegou a morrer, mas sentiu na própria pele o que fizera a Lilian. Duas semanas depois ele foi afastado e encaminhado para outra cadeia, em outro município.

A menina ficou internada alguns dias na Santa Casa de Santos. Na semana seguinte, recebeu alta. Estava bem-disposta. Marilda chegou com uma sacola.

— Comprei esse vestidinho para você e esse par de sandálias.

Lilian sorriu.

— Obrigada.

— Vamos até em casa. Eu consegui uma semana de folga. Vou levá-la para a sua cidade.

— Preciso voltar para casa.

— Vou acompanhá-la e, assim que reencontrar sua madrasta e sua irmã, eu volto.

— Não gostaria nunca mais de ver o rosto de Dinorá. Tenho certeza de que ela me mandou para aquele armazém de propósito.

— Não vamos pensar nisso. Você está bem e está comigo. Amanhã cedo partimos.

Marilda morava numa casinha bem simples, porém bem ajeitada. Conseguia levar uma vida digna juntando o salário do hotel mais os trocados que ganhava nas faxinas nos galpões.

Ela vivia com Jaime, um rapaz de boa índole, mas muito fã da bebida e da jogatina. Adorava uma roleta de cassino. Era autoritário e não gostava que Marilda dividisse a atenção. Não queria Lilian na vida deles.

— Ela é uma criança ainda. Eu preciso levá-la para São Paulo.

— Não quero que fique aqui entre nós. Você é só minha.

— Cruz-credo, homem. Que maneira é essa de falar?

Ele nada disse. Virou as costas e saiu. Lilian apareceu na sala.

— Ele não gosta de mim.

— Não é isso. Jaime é ciumento. Não gosta que eu divida minha atenção com nada nem ninguém.

— Você gosta dele?

— Gosto. Foi o único homem que me aceitou. Nunca me recriminou por eu ter engravidado.

— Ele não parece bem.

— Deixe disso, Lilian. Jaime logo vai se acostumar e gostar de você. Afinal de contas, você não vai viver comigo, certo? Tem casa e família esperando-a em São Paulo.

— É verdade, se bem que Dinorá não é minha família, mas gostei bastante de você — Lilian deu mais alguns passos e abraçou Marilda com carinho. — Sou e serei eternamente grata por tudo o que me fez de bom. Você foi uma fada, ou melhor, a borboleta que Carmela me ensinou a imaginar.

Marilda, olhos marejados e sorriso terno, não entendeu.

— Borboleta? O que é isso?

— Minha amiga me ensinou a imaginar borboletas na hora de acontecimentos desagradáveis. Confesso que foi praticamente impossível enxergar ou imaginar borboletas quando aquele monstro montou sobre mim. Mas agora entendo que você é a materialização daquela borboleta. Obrigada.

Lilian falou e beijou-lhe o rosto. Marilda sentiu um brando calor. Lembrou-se que, se seu filho tivesse vindo ao mundo, estaria com a idade de Lilian. Ela abraçou-a com força.

— Conte comigo com o que precisar. Mesmo depois de encontrar sua família, não vamos deixar de nos corresponder por carta ou mesmo de nos visitar.

Permaneceram mais um tempo abraçadas e foi no dia seguinte que Marilda recebeu a visita de um policial.

— A senhora deve comparecer ao distrito.

— O que foi?

— Não sei, mas é sobre a menina.

Marilda explicou a Lilian que deveriam comparecer à delegacia.

— Estará comigo, portanto não tenha medo.

Chegaram ao distrito e, depois das formalidades, foram encaminhadas para uma pequena sala. Marilda segurava a mão de Lilian e não desgrudou da menina um minuto sequer. De vez em quando olhava para ela e sorria, tentando imprimir segurança e tranquilidade. Minutos depois o chefe de polícia apareceu na saleta. Vinha acompanhado por um moço bem-apanhado, bem-vestido e com semblante encantador.

— Deixarei o advogado aqui conversar com vocês. Pela descrição — o comissário de polícia apontou para Lilian —, deve estar à procura dela, certo?

O rapaz assentiu com a cabeça e as cumprimentou. Em seguida, puxou uma cadeira e sentou-se à frente da garota.

— Você se chama Lilian Lobato?

— Sim.

— Eu vim de São Paulo por intermédio de uma amiga sua, a Carmela.

Os olhos de Lilian brilharam e ela abriu largo sorriso.

— Carmela! — suspirou. — Minha amiga conseguiu me encontrar. Graças a Deus. Quero voltar para casa e rever minha irmã. Estou morrendo de saudades de Clara e não sei como vim parar aqui.

Marcos olhou para Marilda, fez pequena mesura com a cabeça e ela percebeu que ele queria falar a sós com ela. Então, levantou-se e tornou:

— Querida, aguarde aqui um instante.

Lilian nada entendeu, mas obedeceu. Marilda levantou--se e acompanhou Marcos. Fora da sala, ele confidenciou.

— Não sei como proceder. A madrasta dela sumiu do mapa e a irmãzinha faleceu.

Marilda levou a mão ao peito.

— Santo Deus! E agora?

— Lilian deverá ser encaminhada para o Instituto de Menores do Tatuapé ou coisa do gênero. Ela não tem mais família.

— A pobrezinha sofreu muito...

Marilda contou tudo a Marcos. A maneira como encontrara a menina no galpão, o estupro que sofrera, a dor que Lilian sentira no corpo e na alma. Marcos escutava tudo com pesar e emocionou-se com a história.

— Não devemos lhe contar a verdade. Melhor irmos para São Paulo e lá, ao lado de Carmela, talvez a notícia seja menos difícil de ser transmitida. Lilian e Carmela são muito amigas.

— Concordo. Eu pedi uns dias de folga no hotel e me deram uma semana. Posso pedir mais uns dias e acompanhá--la até lá. Lilian não confia em ninguém e tem medo de ficar sozinha com um homem.

— É natural diante do que sofreu.

— Vamos conversar com o comissário e sair daqui.

Marilda deu seu endereço para Marcos. Combinaram de na manhã seguinte ele apanhá-las para subirem a serra. Na saída da delegacia, Lilian percebeu a voz amuada e a tristeza no semblante de sua nova amiga.

— Aconteceu alguma coisa, Marilda?

— Não. Nada.

— Você está com uma cara...

— É que temos de ir a São Paulo e, chegando lá, não queria me separar de você.

— Eu também não. Gostei de você desde o primeiro momento.

Marilda passou o braço pelas costas de Lilian.

— Também gostei de você, querida. Sabe que se meu filho estivesse vivo teria a sua idade?

— Mesmo?

— É.

— Você seria uma ótima mãe. Diferente daquele bicho da Dinorá.

— Não fale assim dela.

— Pede para não falar porque não a conheceu. Tenho certeza de que Dinorá aprontou comigo. Ela foi a responsável por me jogar aqui. Se eu a encontrar um dia — e juro que vou —, ela vai ouvir tudo o que está entalado na minha garganta.

— Não diga isso, menina.

— Nada deu certo. Perdi minha mãe quando pequena. Agora perdi meu pai e fui violentada por aquele marginal. O que posso esperar? Somente dor e sofrimento.

— Você ainda poderá ser muito feliz.

— Vou reencontrar minha irmã e seremos felizes. Vou trabalhar e nunca mais vou me separar de Clara.

Marilda fechou os olhos para não demonstrar a emoção. Se Lilian acreditava que a vida era somente dor e sofrimento, o que mais pensaria se descobrisse a morte da irmã?

Ela nem quis pensar nisso. Apertou os braços sobre a menina e convidou:

— Vamos tomar um sorvete?

— Hum, sorvete? Quero sim!

# Capítulo 25

Valentina nem pestanejou. Não bastaram os pedidos de Paulo Renato para que ela reconsiderasse e permanecesse em casa. Ela partiu, levando Benta consigo.

Selma deu de ombros e fingiu constrangimento.

— Ela se foi por minha culpa. Eu não deveria ter vindo aqui.

— Não diga isso.

— É verdade — mentiu. — Eu sou a causa dessa briga entre vocês. Vou-me embora amanhã cedo. Escreverei uma carta para Valentina. Ela vai voltar e vocês voltarão a viver como antes.

— Não adianta. Ela não vai voltar. Conheço minha irmã. Valentina é mulher determinada, tem palavra. Ela só antecipou sua ida para o Morumbi.

— Como pode uma pessoa querer viver numa área tão distante de tudo? Eu jamais moraria naquele fim de mundo.

— É desejo dela há muito tempo. Eu só não esperava que ela fosse embora assim, no meio de uma discussão.

— Lamento. Estou triste. Amanhã eu darei um jeito e, antes de retornar para a fazenda em Leme, escreverei uma carta de desculpas. Valentina vai entender.

— Obrigado pela atenção, Selma. Você é especial. Nunca pensei que fosse tão generosa.

— *Non*, *Je ne*... — ela começou em francês, mas em seguida tratou de consertar: — Não, eu não... Imagine, primo, eu fico encabulada com tanto galanteio.

Ela falou e em seguida uma criada informou que o quarto de hóspedes estava pronto. Selma despediu-se e subiu as escadas. Ao chegar no topo, avistou uma baratinha. Selma tinha pavor de baratas. Deu um grito de susto e perdeu o equilíbrio. Quase rolou escada abaixo. De repente, veio um pensamento sinistro. E se rolasse a escada de verdade? Poderia pretextar uma torção no pé e ficar mais alguns dias. Ela desceu os degraus e, ao chegar perto do segundo antes de tocar o chão, jogou-se e gritou.

Imediatamente Paulo Renato correu. Aproximou-se e abaixou-se.

— Selma! Por Deus! O que aconteceu?

Ela torcera o tornozelo de propósito. Estava inchado e vermelho.

— Vi uma baratinha no topo da escada. Eu me descontrolei e escorreguei, caí.

Uma das criadas aproximou-se.

— Desculpem o ocorrido. Eu deixei a porta do sótão aberta e, como não limpamos com regularidade...

Paulo Renato fez um gesto com as mãos, interrompendo-a.

— Não precisa se justificar — e, voltando para Selma: — Como se sente? Quer ir para o hospital ou quer que eu chame um médico?

— Prefiro que chame um médico.

Ele a pegou delicadamente pelos braços e a conduziu até o quarto de hóspedes. Aquele tombo fingido viera em boa hora. Selma sentia-se como uma princesa dos contos de fada. A proximidade do seu rosto no do primo, o cheiro de seu perfume, os braços másculos... ela estava doidinha por Paulo Renato. Agora que Valentina saíra daquela casa, ela iria tomar o lugar da prima.

Enquanto o primo descia e telefonava para o médico, Selma sorria, embora o tornozelo estivesse realmente dolorido.

— Ah, Paulo Renato, como a vida é boa! Nem nos meus sonhos mais mirabolantes imaginei que chegasse aqui tão rápido. Agora é uma questão de tempo para seduzi-lo e fazer se casar comigo. Adorei o tombo na escada. Esta escadaria ainda poderá me ser de grande utilidade...

O médico chegou e a examinou. Selma não havia fraturado nada, mas seu estado solicitava descanso absoluto, repouso total. Ela não poderia colocar o pé direito no chão. Pelo menos por uns dois dias.

— Ela ficará aqui conosco, doutor.

— Melhor mesmo.

Selma fez esforço para ser natural.

— Não quero atrapalhar. Preciso voltar para Leme. Eu posso pagar um carro de aluguel e ir deitada.

— Imagine — protestou Paulo Renato. — Não nesse estado. Precisa ao menos voltar a andar. Fique alguns dias. Os empregados vão tratá-la muito bem. Semana que vem você parte para Leme.

O médico concordou e finalizou:

— Melhor aproveitar e descansar. Alguns dias a mais e estará novinha em folha.

— Obrigada, doutor. Vou seguir suas recomendações.

Ela despediu-se do médico. Doutor Mendes ainda lhe prescreveu um medicamento em caso de dor. Em seguida, Paulo Renato o acompanhou até o vestíbulo. Pediu que uma das empregadas subisse para ver se a prima necessitava de alguma coisa. Jurema, ainda abalada com a partida da patroa e de Benta, assentiu com a cabeça e subiu até o quarto de hóspedes.

Selma a tratou com frieza e total distanciamento. Passava o dedo pela mesinha de cabeceira e praguejava:

— Imundo este quarto. Foi você quem fez a limpeza?

Jurema suava frio.

— Sim... sim, senhora. É que não tive tempo suficiente porque aconteceram muitas coisas e...

Selma a cortou com grosseria.

— Cale a boca! Não quero um relatório ou lamúrias, quero limpeza. Amanhã vou ser transferida para o quarto de Valentina e você vai limpar este quarto de acordo. Caso contrário, eu farei você ser demitida.

— Oh, não, dona Selma. Por favor!

— Faça seu serviço direito, sua insolente. Se eu tiver uma crise alérgica por conta dessa sujeira, juro que falo com Paulo Renato e mando-a embora. Há muitas *mulatinhas* desesperadas como você precisando de trabalho.

Jurema não respondeu. Sentiu um ódio tremendo de Selma. Assentiu com a cabeça e saiu. Enquanto descia as escadas, não deixava de pensar ruindades.

— Tomara que ela fique coxa ou então paralítica. Odeio essa mulher. Odeio!

A casa do Morumbi era linda. Uma construção neoclássica bem grande e espaçosa, encravada num terreno de mais de cinco mil metros quadrados. Faltavam alguns móveis para completar a decoração das salas e do quarto de hóspedes. O resto dos cômodos estava divinamente mobiliado.

Benta e o motorista ajudaram com as malas feitas de última hora. No dia seguinte, Valentina trataria de contratar mais uma empregada e um motorista. Havia um caseiro que morava numa edícula nos fundos do terreno, numa grande casa feita especialmente para os empregados. Argemiro cuidava do vasto jardim e da manutenção do casarão.

Ele espantou-se ao ver a patroa chegar tarde da noite.

— Aconteceu alguma coisa, dona Valentina?

— Não, Argemiro. Resolvi mudar-me hoje.

— É tarde. Pensei que viesse somente daqui a alguns meses.

— Mudei de ideia. Agora ficarei de vez.

Ele sorriu. Gostava sinceramente da patroa.

— Precisa de alguma coisa?

— No momento quero descansar. Benta subiu com as malas. Amanhã ou depois volto à minha antiga casa para pegar mais alguns pertences.

Valentina deu mais algumas ordens a Argemiro. Em seguida, entrou no palacete. Olhou ao redor e sorriu para si.

— Esta é minha casa. Só entra quem eu quero. Estou salva. Aqui a Selma não entra.

Disse isso com tanta força, com tanta propriedade, que num segundo o exterior da casa foi coberto com um tipo de película, como uma capa de proteção contra energias desagradáveis ou negativas. Era uma espécie de capa na coloração violeta. Em seguida, Valentina sentiu uma leve brisa acariciar-lhe o rosto. Uma sensação agradável. Subiu, trocou de roupa e dormiu o sono dos justos.

Na manhã seguinte, embora com poucas provisões, a mesa do café estava posta na copa. Argemiro acordara bem cedo e, seguindo uma lista feita por Benta, discou para o serviço de carro de aluguel, comprou tudo o que fosse necessário para o café da manhã da patroa. Providenciou o que Benta pediu e apanhou um punhado de rosas no jardim.

Quando Valentina desceu e viu a mesa arrumada e as rosas dispostas num jarro, emocionou-se. Cumprimentou Benta e chamou Argemiro.

— Vejo que tem cuidado desta casa com muito carinho. Não é época de rosas e, no entanto, você colheu um punhado delas. Estão lindas.

— Amo cuidar do jardim, senhora. Sou amigo das plantas. Embora seja importante cada uma das estações do ano para o cultivo da terra e plantio de sementes, nesta casa elas crescem à deriva, apesar do clima quente ou frio. Eu converso com elas, dou carinho e atenção...

Benta levou a mão à boca, num sorrisinho. Argemiro abaixou a cabeça, envergonhado.

— Desculpe, dona Valentina. Sei que falei bobagens, mas é assim que trabalho.

— De maneira alguma, Argemiro. Penso como você.

— Como assim?

— Eu também tenho o hábito de conversar com as plantas.

— Mesmo?

— Sim. As plantas percebem as vibrações de energia das pessoas e do ambiente como um todo. Elas são muito sensíveis. Se elas perceberem nosso amor e carinho, vão florescer lindas e belas, cheias de vida. Se não lhes dermos a devida atenção, o inverso também ocorre. Elas morrem.

— Penso do mesmo jeito, dona Valentina. Desde pequeno. Sempre tive mão boa para plantas.

— Você nasceu com esse dom. Faz parte de sua natureza. Continue assim, Argemiro. Gosto do seu trabalho, gosto de você.

Ele levantou a cabeça e fixou seus olhos nos dela. Procurou disfarçar a emoção na voz.

— Obrigado, dona Valentina — abriu largo sorriso. — Gosto muito da senhora e gosto muito de trabalhar nesta casa. Que Deus nos abençoe.

— Assim seja, Argemiro. Tenha um bom dia.

— Com licença.

Ele se retirou e Valentina sentou-se para tomar seu café. Após o desjejum, ela apanhou a bolsa e solicitou um carro de aluguel. Chegou no casarão dos Campos Elíseos e Paulo Renato ainda estava em casa.

Valentina sentiu uma energia pesada no ambiente. Percebia o local conturbado, extremamente desagradável. Ela respirou fundo, lembrou-se das conversas com seus amigos do "sarau filosófico". Fez uma meditação e, numa postura firme e decidida, entrou na sala. O irmão levantou-se de pronto.

— Precisamos conversar. Fiquei muito triste e magoado com a sua saída súbita de casa. O motorista me disse que ouviu comentários hoje cedo na vizinhança.

— E eu com isso?

— Não gosto de cenas. É que não é de bom-tom que as pessoas comentem sobre nós. Já não basta você ser chamada de modernista. Qualquer assunto relativo a você vira matéria dessas revistas de fofocas.

— Problema deles. Eu não devo nada a ninguém.

— Vamos conversar. Selma vai ficar alguns dias e depois tudo voltará ao normal.

Valentina estava vestida de firmeza e serenidade. Com voz imperturbável, deu a palavra:

— Eu amo muito você, Paulo Renato. É meu irmão querido. No entanto, temos muitas diferenças de ideias em relação à vida, ao mundo, às pessoas. Tenho me fortalecido nos últimos anos, procurado respostas para tantas indagações e hoje sou uma mulher mais lúcida, vivo melhor comigo mesma. Não tolero mais ter de conviver com pessoas por conta da etiqueta social. Convivo com as pessoas pelo que elas têm de bom para oferecer. Eu respeito a sua maneira de encarar a vida. Respeito que você dê mais atenção ao mundo do que aos próprios sentimentos. Eu não compactuo com isso. Preciso viver a minha vida, ao meu modo, da minha maneira.

— Sempre foi assim. Você sempre fez o que quis. Depois que Auguste morreu você mudou bastante. Com a morte de nossos pais você mudou mais ainda. E vivemos bem assim, com nossas diferenças.

— Não vivemos. Eu fiz de tudo para ficar bem, para ficar em paz, para manter esta casa longe de energias que atrapalhassem nosso dia a dia.

— Bobagens! Você e suas “energias”. Eu não vejo nada.

Valentina sorriu. Caminhou até próximo da janela. Abriu a cortina. O sol invadiu o ambiente. Ela passou os dedos sobre o aparador e no mesmo instante folículos de pó começaram a dançar no ar a olhos vistos. Em seguida ela cerrou a cortina. Era como se a poeira voltasse a ser invisível aos olhos.

— Percebe?

— O quê?

— Eu deixei o sol entrar e você viu as partículas de pó. Fechei a cortina e é como se o pó não estivesse circulando. Isso mostra que existem muitas coisas que nossos olhos não enxergam. Nossos olhos não enxergam o pó, mas ele está aqui, entre nós. O mesmo acontece com as energias. Elas não são palpáveis, não são vistas a olho nu, no entanto, estão ao nosso redor, interferindo e influenciando nossa vida, seja para o bem, seja para o mal.

— Não seja dramática. Selma é tão somente uma mulher carente que precisa de companhia. Ela gosta de mim.

— Se você pensa assim...

— Está fazendo juízo errado de nossa prima. Ela é boa pessoa.

— Não vim aqui perder meu tempo para falar de Selma. Vim porque vou deixar com você esta lista — ela retirou um papel da bolsa.

— O que é isso?

— São as roupas e objetos que desejo que sejam enviados para minha nova casa. Sabe que sempre apreciei a arte e quero todos os meus quadros e esculturas. Você nunca ligou para os objetos de arte.

— Tem toda razão — Paulo Renato deu uma olhada rápida na lista e balançou a cabeça para cima e para baixo. — O que pede é justo. Lamento que tenhamos de fazer isso. Eu queria muito que você ficasse.

Valentina aproximou-se e o beijou no rosto, com imenso carinho.

— Você é bom. Infelizmente ainda vai precisar de um pouco mais de lucidez para enxergar as coisas como são. E esse exercício é seu, não meu. Fique em paz.

Ela falou, rodou nos calcanhares e saiu. Paulo Renato ficou olhando para a silhueta de Valentina até ela desaparecer na curva do vestíbulo. Sentiu um aperto no peito sem igual. Mas era hora de seguir cada um seu caminho. Tinha de ser assim.

São Paulo — Panorama visto do Viaduto do Chá

# Capítulo 26

Depois da notícia triste sobre a morte da irmãzinha e o sumiço da desventurada madrasta, Marilda sentiu que precisava estar mais próxima de Lilian. Após a caminhada e o sorvete, voltaram ao distrito e ela pediu que Marcos fizesse companhia à garota e foi conversar com seu chefe no hotel. Pediria umas duas semanas até que tudo ficasse ajeitado.

Mas o chefe nem quis saber.

— Depois da Revolução eu tenho um monte de mulher que quer trabalhar até pela metade do seu salário. Só uma semana. Nem mais, nem menos.

— É problema delicado. Preciso subir até São Paulo e retorno no máximo em quinze dias. Sempre fui ótima empregada aqui no hotel. O senhor há de convir que...

Ele a cortou com as mãos. Pegou umas notas de dinheiro.

— Isso é tudo. Pode ir. Não a quero mais aqui.

Marilda engoliu em seco. Depois de anos trabalhando no hotel, sendo excelente funcionária, cumpridora de seus horários e deveres, era sumariamente despedida, sem direito a nada, pois naquela época os trabalhadores não tinham garantias; não havia leis que assegurassem os direitos trabalhistas.

Ela estava arrasada. O dinheiro que recebera mal dava para cobrir o aluguel. Precisava conversar com Jaime. Ele iria ajudá-la. Assim que regressasse da capital paulista, eles alugariam outro casebre, e poderia arrumar outro emprego.

Antes de voltar à delegacia, ela passou em casa. Jaime estava deitado no sofá, abraçado a uma garrafa de cachaça. Roncava e se remexia. Ela olhou para os lados, e o cômodo estava uma bagunça só. No entanto, o pouco que ali havia era devido ao seu trabalho, ao seu suor. Jaime em nada contribuíra para a mobília, para nada, afinal, torrava tudo na jogatina.

Marilda sentiu sede. Pegou um copo sujo sobre a pia e, quando foi lavá-lo, o copo escorregou e se espatifou no chão. Jaime acordou.

— Desculpe-me. Não queria fazer barulho. Vim pegar umas mudas de roupa. Vou a São Paulo e retorno dentro de alguns dias.

— Como?

— Fui demitida do hotel.

— Aprontou de novo? Como pôde ser mandada embora logo agora? Eu também não tenho trabalho fixo. O que vamos fazer?

— Boa pergunta. Vou conversar com o proprietário deste imóvel. Pedir mais um mês para acertar o aluguel. Não sou mulher de ficar parada. Logo aparecerá alguma coisa. Sou útil.

Jaime apoiou-se na poltrona. Olhava nervosamente para a porta de entrada.

— O que foi?

— Na... nada. Pensei que estivesse no trabalho. Você nunca chega cedo em casa.

— E daí?

— Bom — ele coçou a cabeça —, pensei que fosse chegar só à noite.

— Jaime, as coisas estão ficando pretas para o nosso lado. Você mal consegue se manter num emprego fixo. Tem bebido além da conta e é fã de um cassino. Eu acabei de ser demitida. Precisamos pensar numa solução para não irmos parar debaixo da ponte.

Jaime continuava olhando para a porta e para o relógio. Estava aturdido. Alguém chegaria a qualquer momento...

Marilda meneou a cabeça.

— Não adianta conversar. Vou arrumar a mala e depois conversar com o proprietário. Nunca fui mulher de atrasar aluguel.

Ela falou e foi para o quarto arrumar as roupas. Consultou o relógio na cabeceira e estava preocupada. Lilian estava sozinha na delegacia e ela precisava ir ter com ela o mais rápido possível.

Enquanto terminava de juntar as roupas, Marilda ouviu vozes vindas da sala. Estranhou. O tom da conversa aumentou e ela não pôde deixar de escutar. Era uma mulher quem falava:

— Não aguento mais ficar na surdina. Não quero mais ser a outra. Eu pago a sua bebida e seu jogo. Você me disse que iria conversar com ela hoje e...

Marilda apareceu na sala.

— Conversar comigo? O que Jaime teria para conversar comigo?

Ele enrubesceu e a mulher colocou as mãos no quadril. Media Marilda de cima a baixo, com olhos reprovadores.

— Essa é a lambisgoia que o sustenta? Por Deus, Jaime, eu sou bem mais bonita e vistosa.

Ele não sabia o que dizer.

— Você está me traindo com uma rameira? — indagou Marilda, nervosa.

— Não sou rameira, não. Vivi de prostituição, mas não vendo mais meu corpo. Eu sustento o vício do seu marido e mantenho a cama dele quente.

Marilda fingia não escutá-la. Passou um olhar de reprovação à mulher e em seguida seus olhos miraram o companheiro:

— Há quanto tempo você me trai?

— Não é bem assim — tornou ele, confuso.

— Há quanto tempo?

Foi a mulher quem respondeu:

— Há alguns meses. Somos felizes. Jaime estava esperando o momento certo para lhe contar. Vamos viver juntos.

Marilda olhou para Jaime. Sua aparência era péssima. Ele continuava abraçado à garrafa de cachaça. Seu corpo exalava um cheiro acre, mistura de bebida com falta de banho. Dele, os olhos de Marilda percorreram a sala tosca e mal-arrumada.

— O que eu quero de minha vida? Bom, eu não sei o que quero, mais sei o que não quero — enfatizou. — Não quero viver essa vida pobre, sem atrativos. Não quero um homem ao meu lado inútil e beberrão. Não mereço isso.

— Merece os chifres que ele botou em você, isso sim — redarguiu a mulher, dando uma gargalhada e em seguida olhando-a com ares de superioridade.

— Fique com ele. Fique com a casa, com tudo. Eu vou terminar de fazer minha mala e vou-me embora. Não volto mais.

— Marilda, precisamos conversar. Não é bem assim...

A mulher o censurou.

— O que é isso, Jaime? Não é bem assim o quê? É bom que ela saiba que vamos ficar juntos.

— E você não queria que Lilian ficasse aqui conosco. Dizia que eu era só sua.

— Mentira! — esbravejou a mulher. — Jaime diz isso só para mim, não é querido?

Ele afundou as mãos no rosto. Marilda finalmente descobriu que Jaime não prestava.

— Vocês se merecem.

Marilda virou as costas e voltou para o quarto. Nem se dava conta de quanto tempo havia vivido ao lado daquele homem. Num instante as memórias assaltaram de súbito a sua mente. Lembrou-se de quando saiu de casa grávida do namorado. O pai não a quis ajudar e ela teve de se virar. O namorado lhe virou as costas e ela veio para Santos. Perdeu o bebê. Fragilizada e sentindo falta de apoio, deixara-se levar pela conversa fiada de Jaime.

Ele era um moço bem bonito dez anos atrás. Alto, forte, trabalhava nas docas. Marilda sentiu-se protegida e assim foi vivendo. Nos últimos anos, Jaime deu para beber além da conta e vivia de bicos. Ela era quem sustentava de fato a casa. Nunca houve amor, paixão, nada.

No entanto, ele tinha algo inegável: era amante fervoroso na cama. Marilda sentia-se plenamente realizada com ele. Mas os anos mostraram que somente sexo não era capaz de manter um relacionamento aceso. Precisava de muito mais para que um romance seguisse adiante. Jaime fora um suporte, ela acreditava. Mas como ele fora um suporte se ela fizera tudo?

Marilda sorriu para si. Sentia-se mais forte e confiante. Jaime era um estorvo em sua vida e era chegado o momento de se desligar dele para sempre. Ela terminou de arrumar as roupas, em seguida pegou os artigos de uso pessoal. Entrou na sala e a mulher estava abraçada a Jaime.

— Não vai levar nada do que tem aqui. Vou conversar com o dono do imóvel e vamos continuar vivendo nesta casa.

Marilda deu de ombros.

— Faça o que bem entender. Eu não boto mais os meus pés aqui.

— Isso é desplante! Perdeu seu homem para mim

— Eu não perdi nada.

— Jaime me faz mulher. Ele sabe das coisas.

Ele sorriu e abaixou a cabeça em seguida, para que Marilda não percebesse o ar de satisfação em ser disputado.

— Fiquem juntos. Como disse anteriormente, vocês se merecem. Adeus.

Ela saiu e nem olhou para trás. Foi caminhando a passos lentos, arrastando sua mala. Mais uma vez saía para o mundo, sozinha. Mas desta vez Marilda tinha certeza de uma coisa: ela iria triunfar, pois se sentia forte. Não era mais a garota triste e medrosa de anos atrás. Agora era mulher que aprendera bastante. Sofrera e estava na hora de dar nova guinada em sua vida. No fundo, sentia-se feliz. Ao dobrar a rua, apressou o passo. Precisava cuidar de Lilian.

Marilda chegou à delegacia e a menina correu ao seu encontro, abraçando-a com força.

— Pensei que havia fugido.

Marilda afagou os cabelos dela.

— Não, minha querida. Eu prometi que voltaria.

— Demorou bastante.

— Fui fazer minhas malas.

Marcos a puxou discretamente pelo braço.

— Vamos subir a serra logo mais. Comprei as passagens. Só não sei quando você voltará para Santos.

— Creio que nunca mais.

— Por que diz isso?

— Fui demitida.

— Sinto muito.

— E o homem com quem vivia me colocou dois chifres deste tamanho — ela fez um gesto engraçado com a mão, metendo os dedos na testa. — A sorte não está do meu lado — tornou, sorridente.

— Depois de tudo isso, ainda sorri? É mulher de muita fibra, Marilda.

— De que adianta chorar? Não sou mulher tão culta, pois estudei até o clássico. Contudo, sou boa na faxina, cozinho muito bem, sou organizada e disciplinada. Adoro cuidar de casa. Sou pau para toda obra. E, de mais a mais, Jaime é um perdido. Eu sustentava a casa, colocava comida na mesa, pagava o aluguel. De que adianta viver ao lado de um vagabundo? Quer saber? Aquela mulher me fez um grande favor. Tirou aquela pedra enorme que atrapalhava meu caminho.

— No que puder ajudar, conte comigo. Eu tenho bons contatos em São Paulo e não vai ser difícil você arrumar um emprego.

Marilda sorriu emocionada.

— Obrigada, Marcos. Agradeço.

— Vamos partir logo mais.

— Comentou com Lilian sobre a irmã?

— Não. Deixarei essa tarefa desagradável com Carmela. Ela saberá como contar toda a história para a menina. Vamos, tenho de assinar uns papéis e comeremos algo antes de o trem partir.

Marilda assentiu com a cabeça. Havia perdido o emprego e o companheiro de mais de dez anos, tudo numa única manhã. Ela respirou fundo, olhou para o céu e agradeceu. Sabia que por debaixo dessa aparente desgraça algo de bom estaria por acontecer.

O instinto de Marilda estava absolutamente certo.

# Capítulo 27

O médico terminou de examinar o tornozelo de Selma. Ela podia voltar a andar. Devagar, passos lentos. Dali a uma semana, poderia inclusive voltar para Leme. Ela sorriu e, quando o médico partiu, tratou de se arrumar. Fazia três dias que estava presa naquele quarto e não sabia o que acontecera até então. Jurema limitava-se a entrar no quarto para levar e retirar a bandeja com as refeições.

— Essa casa está calma demais. Preciso saber como andam as coisas.

Jurema entrou logo depois do médico.

— Quer que traga seu café, dona Selma?

— Não. Vou tomar um bom banho, colocar um lindo vestido e descerei para o desjejum. Vou tomar o café na saleta de refeições. Chega de ficar nesta cama.

A criada nada respondeu. Estava de saída quando Selma lhe perguntou:

— Quanto ganha aqui?

Jurema falou o valor e ela indagou em seguida:

— Gostaria de ganhar mais?

Os olhos da criada brilharam de cobiça.

— Sim, senhora.

— Depois do café conversaremos.

A criada sorriu e saiu. Jurema não gostava nadinha de Selma. Tinha um ódio surdo e brutal pela mulher. Mas precisava de dinheiro. Estava interessada num sujeito e necessitava comprar tecidos para fazer novas roupas. Precisava chamar a atenção dele.

— O dinheiro dessa dona pode me ser útil. Vou me fingir de amiga. Farei o que ela pedir.

Uma hora depois, Selma estava sentada e saboreava seu café da manhã. Havia caprichado no visual. Embora fosse petulante, chata e irritante, era uma mulher bonita e que sabia se vestir com classe. Paulo Renato entrou na saleta e espantou-se com tamanha beleza e disposição.

— Ora, ora! Mal o médico saiu de casa e resolveu botar as asinhas para fora? Danadinha.

Selma levou a mão à boca, num riso calculado e fingido.

— Doutor Mendes praticamente me deu alta. Disse que eu preciso caminhar aos poucos.

— Soube que você poderá voltar a Leme semana que vem.

Essa informação Selma não queria que Mendes tivesse passado para o primo. Ela estava já pensando numa maneira de ficar mais tempo.

— Poderei voltar. Mas antes gostaria de ver com Valentina sobre...

Paulo Renato a cortou com amabilidade na voz.

— Valentina não está mais morando aqui.

— Como não? Aqui é a casa dela! — falou, num tom fingido, pois sabia que a prima partira.

— Mudou-se, de fato, na noite em que você se acidentou.

Selma levou a mão ao peito. Em seguida, abaixou a cabeça, choramingando.

— Foi culpa minha. Tudo culpa minha!

— Não foi. Valentina é mulher de personalidade forte. Sinto dizer, mas ela não gosta de você.

Selma sempre soube disso. Não era nenhuma novidade. Ela também não nutria simpatia pela prima. Mas sabia que Paulo Renato era altamente manipulável. Se ele seguia à risca tudo o que Valentina lhe dizia, agora era ela quem iria lhe ditar as regras. Por dentro ela vibrava, exultava de alegria. Por fora, demonstrava estar estarrecida com o ocorrido.

— Mil vezes culpa minha! Farei o possível para que Valentina retorne.

— Ela mudou-se para a casa do Morumbi.

— Ela não pode viver naquele fim de mundo. Aqui é o seu lar.

— Não creio que seja o momento para falarmos sobre o assunto.

— O que eu poderia fazer para Valentina gostar de mim?

— Nada.

Ela percebeu a animosidade na voz do primo. Procurou contemporizar:

— Precisamos falar sobre a venda da fazenda.

— Não quero mais falar sobre o assunto, por ora.

Selma nada disse. Precisava arrumar uma maneira de alegrar Paulo Renato e fazer com que ele acreditasse que ela iria assinar, finalmente, os papéis para a venda da fazenda em Leme. Estava feliz. Valentina saiu de seu caminho e ela estava sozinha naquele casarão. Continuaria pagando uma soma de dinheiro a Inês para que a secretária vigiasse o patrão e daria um dinheirinho também para Jurema. Tudo estava a seu favor.

Foi depois do café, quando pôde caminhar a passos lentos pela casa, que ela teve certeza de que Valentina havia ido embora de vez. As paredes estavam sem os quadros, alguns móveis também não mais estavam ali. A maioria das esculturas e obras de arte haviam desaparecido.

— Agora eu serei a rainha desta casa — disse para si, enquanto saboreava o ilusório gosto da vitória.

São Paulo — Praça do Patriarca

# Capítulo 28

Ao desembarcarem na capital paulista, Lilian não cabia em si de tanto contentamento.

— Finalmente chegamos! Estou tão feliz. Não vejo a hora de abraçar Clarinha.

Marcos e Marilda entreolharam-se. Marilda mordiscou os lábios.

— Não se sente cansada? Podemos descansar e amanhã...

— Nada disso. Quero ir para casa. Estou com saudades de minha irmã, da minha cama. Não suporto ficar mais um minuto sequer longe de minha irmãzinha.

— Vamos para a casa de Carmela — ajuntou Marcos. — Você está ciente de que Dinorá foi embora e levou tudo.

— Contaram para mim esse detalhe, enquanto subíamos a serra. Pensei que ela tivesse apenas ido embora. Mas levou os móveis também? E minhas roupas? Como?

— Calma, Lilian.

— Como, calma? Marilda, ela levou tudo de minha casa! Os móveis, tudo o que tinha lá dentro foi meu pai quem comprou, no tempo que fora casado com minha mãe. Ela não podia!

— Mas fez. O importante agora é que vai reencontrar Carmela. Ela é sua amiga querida, não é?

— Se é! Eu a adoro.

— Pegaram um táxi e em vinte minutos estavam na casa de Maria e Cornélio. Os pais de Carmela a receberam com carinho. Encheram-na de beijos. Maria fez um prato especial, o qual a menina apreciava bastante.

Lilian apresentou Marilda, e eles simpatizaram muito com ela. O clima era de alegria. Carmela surgiu na sala e foi com emoção que as amigas se abraçaram. As lágrimas corriam insopitáveis em ambos os rostinhos.

— Amiga. Que susto. Onde você se meteu?

— Não faço ideia. Dormi em casa e acordei num galpão sujo. Mas não quero falar sobre isso agora — Lilian passou as costas da mão sobre os olhos umedecidos. — Onde está Clarinha?

Carmela havia ensaiado a melhor maneira de dizer, mas como falar? A melhor maneira era a direta, sem rodeios. No entanto, Lilian indagou:

— Ela ainda está no hospital?

Foi Maria quem disse.

— Sim. Ela ainda está internada.

Carmela pendeu a cabeça negativamente para os lados.

— Não, mãe. De que adianta? Lilian precisa saber da verdade.

— Que verdade?

— Precisamos conversar — Carmela pousou suas mãos nas da amiga. — O estado de saúde de Clara piorou e ela não resistiu.

— Como assim, não resistiu?

— Ela estava fraquinha. Debilitada.

— Então ela... ela... — Lilian não conseguia articular palavra.

Carmela a abraçou e sussurrou em seu ouvido.

— Sim, minha amiga. Clarinha morreu.

Lilian estava muito cansada e triste para gritar. De que adiantaria? Depois de tudo o que lhe acontecera, a morte da irmã coroava sua vida de infortúnios. De que adiantava viver? Somente para sofrer? Se nessa idade já tinha sofrido tanto assim, o que seria sua vida dali dois, cinco, dez anos?

Uma nuvem preta formou-se sobre sua cabeça. Lilian perdera os sentidos. Seus braços desprenderam-se dos de Carmela e seu corpo pendeu para trás.

— Ela desmaiou! — gritou Marilda.

— Eu sabia que isso poderia acontecer — respondeu Carmela, voz suave.

— O que vamos fazer? Precisamos levá-la ao hospital.

— Não, Marilda. Ela precisa repousar. Seu corpo está cansado, e diante dos últimos acontecimentos o desmaio foi seu melhor amigo. Lilian precisa mesmo ficar apagada por algumas horas. Amanhã vai ser outro dia e ela vai acordar melhor.

— Poderíamos tê-la poupado.

— E contar quando, mãe? Amanhã, depois, semana que vem? Lilian precisava saber da verdade. De que adiantaria postergar o comunicado? Iríamos sofrer e em nada ajudaríamos, com nossa mente apreensiva, esperando o melhor momento, como se existisse um, para lhe dizer sobre a morte de Clara. Quando se trata de más notícias, qualquer momento é ruim. Melhor saber tudo na hora.

— Tem razão — ajuntou Marcos. — Amanhã ela vai acordar melhor. Ao seu lado ela vai se refazer e recomeçar sua vida.

Carmela sorriu e pediu:

— Poderia levá-la para o meu quarto?

Ele fez que sim com a cabeça. Maria interveio:

— Vai ficar conosco, não?

Marilda não sabia o que responder.

— Na verdade não tenho onde ficar. A minha preocupação era unicamente com Lilian. Eu tenho algum dinheiro aqui e amanhã cedo vou procurar uma pensão.

— Longe disso — protestou Cornélio. — Você protegeu nossa pequena Lilian. Seremos eternamente gratos. Ficará aqui conosco o quanto precisar.

— E amanhã mesmo vou ver se acho um trabalho para você — redarguiu Marcos.

— Obrigada. Eu não tenho como recusar. Saí de São Paulo há tantos anos. Agradeço a gentileza. Eu fico, mas ajudo nos afazeres domésticos.

— Vamos para a cozinha — solicitou Maria. — Ajude-me a preparar o jantar. Enquanto isso, vamos nos conhecendo melhor.

Marilda sorriu feliz. Pediu licença e acompanhou Maria. Carmela desceu com Marcos e foram para o jardim em frente à casa. Sentaram-se em uma namoradeira.

— Não tenho palavras para lhe agradecer a gentileza.

— Não há de quê. Percebi a sua aflição naquele dia e o que fiz foi ajudar. Eu tenho contatos e não foi difícil chegar até Lilian.

— Como você chegou até ela?

Marcos sorriu e contou tudo para Carmela. Não ocultou um fato sequer, nem mesmo sobre o estupro. Ela ouviu tudo em silêncio. De vez em quando pendia a cabeça para cima e para baixo.

— Lilian sempre deu muita força ao sofrimento e à dor. A vida não poderia lhe responder de outra forma. A vida nos trata como nos tratamos.

— Quer dizer que Lilian é culpada por toda essa desgraceira que lhe aconteceu?

— Sinto informá-lo, mas sim.

— Inacreditável. Você não tem coração.

— Tenho. Um coração grande e nobre. Generoso e amigo. Você está se deixando levar pelos dramas, pela desgraça, está mergulhado em dor e sofrimento. No entanto, Lilian escolheu viver acreditando que a vida não é boa, que o mal vence o bem, sempre. Esse é o mundo que ela criou para si. Portanto, só pode viver de acordo com o que acredita. Se ela acha que a vida pune, maltrata e machuca, é isso o que vai encontrar em seu caminho.

— Ela é muito novinha. Merecia um pouco mais de ternura da vida.

— A ternura funciona somente na ausência da maldade e na presença da bondade.

— Como mudar tudo isso?

— Bom, se ela alterar sua maneira de enxergar o mundo, passar a ver a vida com mais alegria e aprender que tem força suficiente para mudar positivamente o ambiente ao seu redor, terá uma vida plena e feliz.

— Só mudando sua maneira de pensar?

— Sim. Parece fácil. Mas é exercício árduo, requer muita disciplina, vontade, desejo profundo de estar em comunhão com Deus.

— No entanto...

— Somos dotados de capacidades extraordinárias. Ao reencarnar neste planeta, a vida está nos dando nova oportunidade de crescimento. Cada vida na Terra ajuda-nos a nos libertar das amarras da ilusão. Passamos vidas e mais vidas acreditando num Deus punitivo, ruim e bravo. Infelizmente, a figura de Deus alcançou forma humana e O tratamos como tratamos nossos pais.

— Aprendi que Ele é bom e justo. Mas depois de ver Lilian passar pelo que passou, como acreditar nisso?

— Porque você humanizou a forma divina. Se algo de bom nos acontece, é porque foi obra de Deus. Se algo de ruim nos acontece, é porque somos burros e merecemos ser castigados. Eu não fui educada a ser minha amiga. Você não aprendeu a ser seu próprio amigo. O mundo lhe tira o poder de ser dono de si, pois, diante disso, quanto mais tomamos consciência do poder que temos para mudar a nós mesmos e consequentemente o mundo ao nosso redor, menos as pessoas terão poder e força sobre nós.

— Dessa forma você tira o poder do mundo e o coloca todo em si.

— Estamos reencarnados para perceber que essa é a verdade. Precisamos tomar posse de nós mesmos. Sermos donos de nós. Claro que nossa responsabilidade aumenta, porquanto somos responsáveis por tudo o que nos acontece.

— Lilian é uma garota. Não acho justo o que lhe fizeram.

— Não se trata de ser ou não justo. Os fatos estão aí e a vida só protege os que desconhecem a verdade, pois os que a conhecem são efetivamente responsáveis por tudo o que lhes acontece. O mesmo acontece conosco. Quando somos bebês, precisamos de alguém que cuide de nós. Assim que nos tornamos adultos, caminhamos com as nossas próprias pernas. Veja, a vida só cobra atitudes de cada pessoa quando ela amadureceu o suficiente para aproveitar as lições. Não se trata de castigo, mas sim de uma excelente oportunidade de aprendizagem.

— Você tem uma maneira bem interessante de interpretar os fatos.

— Sei disso — Carmela sorriu. — Se Lilian quiser, se desejar mudar com vontade, vai ter uma vida plena e feliz.

— Acha mesmo?

— Acho.

Marcos estava cada vez mais apaixonado pela jovem. Havia pensado em várias maneiras de aproximar-se e pedi-la em namoro. Contudo, tinha medo de ser rejeitado. Carmela não demonstrava estar interessada.

— Um doce pelo seu pensamento — disse ela.

— Nada.

— Seus olhos estão brilhando. O que é?

Marcos respirou fundo e a encarou nos olhos.

— Inútil eu continuar assim.

— Assim como?

— Dissimulando o que sinto.

— Não estou entendendo.

— Carmela! Eu a amo.

Um brando calor invadiu-lhe o peito. Ela fechou os olhos e suspirou feliz. Antes de ela falar, Marcos a tomou nos braços e beijou-lhe os lábios com sofreguidão. Depois, com voz que a emoção tornava rouca, sussurrou em seus ouvidos:

— Eu a amo. Quero que seja minha companheira por toda a vida!

— Eu também o amo, Marcos.

Beijaram-se com ardor e começaram a trocar juras de amor. Cornélio avisou de lá de dentro que o jantar estava servido. Marcos aproveitou a ocasião e pediu a mão de Carmela em namoro. Maria e Cornélio vibraram de felicidade. Simpatizavam muito com Marcos.

Nuri apareceu na sala e contemplou o casal e os demais. Lançou sobre o ambiente pétalas de rosas brancas que, no invisível, destruíam as energias densas emanadas pelo sofrimento e dor de Lilian. Em seguida, seu espírito deslocou-se até o quarto onde estava Lilian. Beijou-a na face.

— Fique bem. Confie.

# Capítulo 29

Dinorá dobrou a rua e acelerou os passos. Fazia algum tempo que tinha a nítida sensação de estar sendo novamente seguida. Um homem de chapéu e sobretudo sempre aparecia em seu caminho nos últimos dias.

Depois que aquele capanga vagabundo se afastara, ela acreditou que o gringo se esquecera dela. Afinal de contas, Dinorá agora era outra mulher. Mal se lembrava das meninas ou da vida que levava em São Paulo. Estava casada com um homem bom, trabalhador e companheiro. Os negócios do casal não geravam lucros exorbitantes, mas eles pagavam suas contas e tinham uma vida confortável.

Ela percebeu que o sujeito estava chegando mais perto e pisou fundo. Passou em frente a um armarinho e entrou. Comprou alfinetes, agulhas, alguns carretéis de linha. Pagou e, ao sair, olhou para os dois lados da rua para se certificar de que o indivíduo havia desaparecido. Ao constatar que aparentemente tudo estava calmo, ela saiu com o pacotinho sobre os braços e seguiu o caminho de casa.

Três quadras antes de chegar, sentiu uma pegada forte no braço. Ela nem teve tempo de gritar. Aquele homem de chapéu e sobretudo falou num tom ameaçador:

— Sua vadia!

— O que é isso? Solte-me, senão eu vou gritar. Vou chamar a polícia.

O homem sorriu sinistramente.

— Vadia de uma figa! Pensou que Adolf tivesse desistido? O seu prazo está se esgotando.

Ao escutar o nome do cafetão, Dinorá sentiu o estômago embrulhar. E agora? Baixou o tom de voz:

— Pode me soltar. Eu não vou correr.

— Ainda bem — disse o rapaz. — Eu receberei uma boa quantia por ter espremido você. Minha missão é avisá-la de que Adolf quer um encontro.

— Encontro?

— Sim. Ele quer uma conversa olho no olho com você.

— Eu não posso. Sou mulher casada e...

— Cale-se! Sei bem tudinho sobre seu passado. Não venha com ares de santa para cima de mim. Se não aparecer neste local logo mais às oito da noite — ele tirou um papel do bolso e o entregou para Dinorá —, seu marido vai correr risco de morte. O seu prazo acabou.

Ela levou a mão à boca.

— Isso não! Bartolomeu não tem nada a ver com isso. Por favor, não façam mal a ele.

— Se aparecer ao encontro, nada de mal vai lhe acontecer. O bem-estar de seu marido está em suas mãos.

— Está bem. Eu vou.

Dinorá respirou e caminhou pela avenida do Mangue. No início, sentiu as pernas falsearem por instantes. Adolf seria uma eterna pedra em seu sapato? Teria de viver eternamente se escondendo do gigolô? Não, viver assim não valia a pena.

Dinorá escutou uma voz feminina em sua mente.

— Conte tudo a Bartolomeu. Ele vai entender e ajudar.

Ela balançava a cabeça negativamente.

— De jeito algum! É muita vergonha. Não quero que isso aconteça.

— Vergonha? Como foi que você conheceu Bartolomeu? Ele sabe do seu passado. Falar sobre Adolf não vai aborrecê-lo, muito pelo contrário. Bartolomeu gosta sinceramente de você, tem um bom coração. Conte-lhe tudo.

Dinorá balançava a cabeça para os lados e não queria dar atenção à voz amiga que tentava ajudá-la. Passou a mão pela testa, como a afastar os pensamentos.

— Não. Eu sei o que é melhor para mim. Não vou contar nada para Bartolomeu. Vou fazer do meu jeito.

O espírito de Nuri, que tentava incutir bons pensamentos na cabeça de Dinorá, desistiu.

— Querida, fiz o que me foi possível. Tenho tentado nesses meses todos inspirar-lhe bons pensamentos, mas não posso agir no seu lugar. Cada um é responsável por aquilo em que crê. Você escolheu esse caminho. Nada mais posso fazer.

Nuri beijou-lhe o rosto e desvaneceu no ar. Dinorá andava de um lado ao outro da sala.

— Não, não posso contar nada para ele. Adolf é mau. Bartolomeu é inocente. Não vamos resistir. Ele acabará com nós dois. Não posso deixar isso acontecer.

— O que não pode? — indagou Bartolomeu, que acabara de entrar.

— Oh, querido. Já em casa? — Dinorá fez a pergunta para dissimular sua angústia.

— Fechei a loja e subi. Você geralmente me ajuda a cerrar as portas. O que aconteceu?

Ela respondeu de chofre.

— São as regras. Coisas de mulher. Sinto-me indisposta.

Ele aproximou-se e a beijou no rosto.

— Podia ter me dito antes. Quer que eu vá até a farmácia lhe comprar algo?

— Não. Eu mesma vou.

— Mas está indisposta.

— Não. Eu preciso de ar fresco. Vou num instante e já volto.

— Está bem. Enquanto isso, vou fazer a contabilidade do dia.

— Está certo, meu bem.

Dinorá beijou-lhe nos lábios, apanhou a bolsa e saiu. Ao ganhar a rua, abriu a bolsa e apanhou o papel. Precisava ir até a Praça Quinze. Não era longe.

As estrelas despontavam no céu e muitas pessoas se amontoavam para comprar passagens com destino a Niterói e Paquetá. Dinorá olhou de um lado para o outro, tentava ver se localizava entre os transeuntes aquele rapaz que a abordara horas atrás ou mesmo o rosto do cafetão. Não demorou muito para ela encontrá-lo.

Adolf estava parado nas imediações da praça. Dinorá sentiu medo. Aproximou-se a passos lentos. Procurou manter voz natural:

— Como vai?

Ele respondeu com o sotaque bem carregado:

— Até que enfim a encontrei. Não sabe o trabalho que me deu.

— Aquele era um de seus capangas?

— Eu não tenho capangas. Não posso confiar nem mesmo na minha sombra. Tempos atrás mandei um funcionário atrás de você, contudo, parece que ele não lhe botou medo. Depois eu escolhi pagar um homem para segui-la. É um detetive ordinário, que trabalha em porta de cadeia. Quando a gente paga, os resultados aparecem num piscar de olhos.

— Ele me machucou e me xingou.

— Pobrezinha. Desculpe-me. Da próxima vez que eu contratar alguém para tentar localizar a rameira que me deu calote, vou pedir para que seja mais educado.

— Sem graça. Você sabe que assim que eu tiver o dinheiro eu lhe pago.

— E por que fugiu de São Paulo?

— Não fugi. Eu resolvi viver aqui na capital federal. Casei-me e tenho uma boa vida. Meu marido não desconfia, mas eu tiro uma quantia de dinheiro do caixa da loja toda semana. Dê mais alguns meses para mim e até o fim do ano eu quito a minha dívida.

— Verdade?

— Pode apostar, Adolf.

— Não vou esperar até o fim do ano.

— Por favor...

— Não. Agora não saio mais do seu pé. Eu tenho contatos e é só eu estalar os dedos — ele fez um gesto característico com a mão — e Bartolomeu morre. Claro, você morre em seguida e tenho certeza de que vai direto para o *Hölle*.

— Para onde?

— Quando fico irritado misturo português com alemão. Quis dizer que você vai direto para o inferno.

— Oh, não! — Dinorá sentiu um medo descomunal. — Eu juro que vou lhe pagar. Só preciso de mais tempo.

— *Nein*! Negativo.

— Não sei como juntar tanto dinheiro assim.

— Vire-se — Adolf meteu a mão num dos bolsos do paletó. Pegou um cartão. — Aqui está o endereço. Preciso voltar a São Paulo no domingo. Portanto, no sábado, você vai me encontrar nesse local aí — indicou com o dedo.

— Eu ajudo o Bartolomeu na loja. Sábado é dia de muito movimento.

— Sábado é o seu prazo final.

— Como eu vou para Paquetá sem despertar suspeitas?

— Problema seu. Não posso circular pelo Rio. Tenho lá meus motivos. Portanto, encontre-me sábado nesse local ao meio-dia.

— Mas...

Ele não a esperou terminar de falar. Fez uma mesura com seu chapéu e sumiu entre os passantes. Dinorá sentiu um ódio surdo brotar dentro de si.

— Canalha! Patife! Ele vai ver só o que vou fazer.

— Ainda há tempo de mudar e evitar momentos desagradáveis no futuro.

Era a voz amiga que tentava demover Dinorá de cometer outra loucura. Ela respondia mentalmente como se estivesse escutando a si própria.

— Mudar o quê? Eu arrumo o dinheiro e Adolf vai querer mais. Esse homem é mau e nunca mais vai sossegar. Vai sempre exigir mais e mais.

— Converse com seu marido. Seja sincera e não dê asas à maledicência e maldade humanas. Você mesma prometeu que iria mudar. Meteu-se numa grande encrenca em última existência no planeta. Quer se arrepender novamente? Atrasar sua jornada evolutiva?

Dinorá não dava ouvidos. Respondia para si mesma, esbravejando mentalmente:

— Diabos o arrependimento. Esse crápula merece uma lição. Bartolomeu tem que ficar longe disso. Eu vou fazer do meu jeito. Sábado irei me encontrar com Adolf e acabar com essa chantagem.

Nuri deu de ombros. Estava acostumada com essa vida de mentora. Ela procurava ajudar os amigos que reencarnaram na Terra. Recebera a dura missão de ajudar esses espíritos reencarnados, incutindo-lhes na mente palavras de estímulo, apoio e superação. Jamais deveria fazer alguma coisa pelos amigos reencarnados. Nuri só poderia inspirar bons pensamentos, mais nada. O resto ficava por conta do livre-arbítrio de cada um. Ela não podia escolher no lugar deles.

Antes de começar esse trabalho, Nuri fez muitos cursos no astral. Aprendera a se tornar um ser impessoal, ou seja, a ajudar as pessoas sem se envolver no problema. Ela era companheira da dor alheia, mas não entrava nessa dor, não se deixava contaminar pelo drama e negatividade, fosse entre os vivos ou entre os "mortos".

Nuri era espírito dotado de muita sabedoria e muito querida tanto no astral superior como também no astral inferior. Tinha amigos em todas as faixas vibratórias e, com a sua firmeza interior, sua integridade, era capaz de andar por todas as dimensões do mundo astral, desde as esferas superiores até o umbral.

No caso de Dinorá, Nuri tentara conversar com a amiga durante o sono várias vezes, entretanto a perturbação de Dinorá era tamanha que ela mal conseguia manter-se lúcida fora do corpo físico. Não havia compatibilidade energética para que ambas pudessem conversar.

A vida era cheia de surpresas e inúmeras possibilidades de crescimento. Nuri tentava ajudar a amiga com palavras positivas e edificantes. Dinorá as rejeitava e deixava-se escorregar num mar de ilusões e aborrecimentos.

Dinorá havia escolhido. E não havia Cristo que pudesse demovê-la da ideia. No decorrer da semana, ela dissimulou bem e Bartolomeu nada percebeu em seu comportamento. O sábado chegou e ela pretextou muita dor por conta da menstruação. Bartolomeu entendeu, afinal sua esposa vinha sentindo dores fortes nos últimos dias.

— Descanse. Eu dou conta do recado.

— É dia de muito movimento.

— Eu sei, contudo estou acostumado. Fique e descanse hoje e amanhã. Segunda-feira você estará novinha em folha.

— Estarei sim. Obrigada, querido.

Bartolomeu beijou-a na face. Foi para a cozinha, requentou o café do dia anterior, comeu uma fatia de bolo e desceu para abrir a loja. Dinorá ficou na cama por mais uma hora. Levantou-se, tomou banho, arrumou-se e saiu. Ao descer, deu uma olhadela na loja e Bartolomeu atendia duas clientes. Ela aproveitou e acelerou o passo.

Dinorá chegou na Praça Quinze e apertou novamente o passo até chegar a uma pequena fila em frente à bilheteria. Comprou a passagem e pegou a última barca da manhã. A distância até Paquetá girava em torno de uma hora. Dinorá estava tão nervosa que mal percebeu a beleza paisagística do trajeto. Mal notou a beleza da Ilha Fiscal ou mesmo da Ilha de Jurubaíbas. Queria chegar a tempo de encontrar o gringo e acabar com essa aflição. No dia anterior pegara uma sacola de couro e metera lá um punhado de notas de dinheiro, misturadas com papel de jornal.

Ela desceu da barca e logo pegou uma charrete com destino à Praça de São Roque, endereço onde deveria encontrar Adolf. O passeio correu agradável e ela desviou sua atenção, por ora, para outras charretes e bicicletas. Sorriu ao observar as ruas de saibro e residências antigas e bem conservadas, além de todo aquele verde.

Alguns minutos depois, ela nem precisou pedir para o rapaz parar. Avistou Adolf num elegante conjunto de linho branco, com chapéu da mesma cor. Ele sorria sinistramente e Dinorá procurou disfarçar a raiva.

— Cheguei a tempo.

— Bom. Antes vamos dar uma volta. Quero que você conheça melhor a ilha.

— Não vim a turismo, vim para resolvermos a questão — falou num tom ríspido e mostrou a sacola.

Adolf sorriu.

— Mesmo assim, não quero fazer a transação aqui na praça. Acompanhe-me.

— Para onde?

— Vamos descendo. Vou levá-la até a pedra da Moreninha.

— Que lugar mais estranho é esse?

Adolf gargalhou.

— O que tem de bonita, tem de burra.

— Não me ofenda.

— Uma brasileira que nunca ouviu falar na Moreninha[15]? Eu, que sou gringo, conheço o romance! Ora essa.

— Não tenho tempo para romances. Trabalho o dia todo.

Adolf não respondeu. Caminharam em silêncio até o mirante.

— Veja que lugar magnífico.

---

[15] Trata-se de romântico mirante imortalizado no livro *A Moreninha*, de Joaquim Manuel de Macedo, de 1844, tido como o primeiro romance publicado no Brasil e reeditado com êxito até os dias atuais. O local citado ficou conhecido do grande público por conta do sucesso da novela *A Moreninha*, interpretada pela atriz Nívea Maria e exibida pela Rede Globo entre 1975-76.

— Ao diabo o lugar! Eu não vim até aqui para turismo.

— Seu humor está péssimo. Quando me servia, ou mesmo quando atendia na minha área, tinha um sorriso encantador nos lábios.

Ela não respondeu.

— Trouxe o prometido?

— Sim. Está aqui — apontou para a sacola.

Alguns casais estavam próximos. O lugar, afinal, era feito para os enamorados. De repente, do nada, uma nuvem negra surgiu no céu. O sol sumiu e as grossas gotas de água começaram a despencar com fúria.

As pessoas corriam para se proteger. Em instantes o local ficou vazio. A chuva caía pesadamente sobre a ilha, e parecia transformar em água todo o ódio que Dinorá sentia naquele instante. Era uma oportunidade única. Livrar-se do infeliz. Caso contrário, Adolf iria persegui-la e chantageá-la pelo resto da vida. Precisava dar um basta e uma lição no gringo. Ela nem pensou duas vezes. De maneira rápida, tirou a faca de dentro da sacola e cravou-a no peito dele, com força descomunal.

— Alemão porco e imundo! Chega de me chantagear. Morra!

Adolf, pego de surpresa, mal teve tempo de se defender. Olhou para a faca encravada no peito e de lá seus olhos vermelhos de fúria e indignação fulminaram Dinorá. Com voz carregada de surpresa e raiva, vociferou:

— *Verflucht*! Maldita! — gritou, por fim, em português.

Dinorá retirou a faca. Adolf meteu a mão sobre o ferimento tentando estancar o sangue, que jorrava aos borbotões. Em seguida, semi-inconsciente, caiu sobre si próprio e ela o golpeou nas costas.

— Posso não conhecer o romance, mas não sou burra!

As últimas palavras dele foram:

— Não vai se livrar de mim tão fácil — e em seguida teve forças para praguejar em sua língua materna: — *Ich werde dich in der Hölle finden*...

Dinorá não entendia lhufas do que Adolf pronunciava. Mas pelo olhar odioso e pelo tom de voz nada amistoso, ela percebeu que ele tentara lhe dizer algo como: "*Eu a encontrarei no inferno.*" E, de fato, foram essas as últimas palavras do alemão.

Adolf fechou os olhos para sempre. Ao redor do corpo inerte formou-se uma poça de coloração avermelhada. Dinorá, horrorizada com o que acabara de fazer, retirou a faca e colocou-a na sacola, mãos trêmulas. Em seguida, passou os dedos nos olhos do alemão e os cerrou. Colocou o chapéu sobre o rosto de Adolf. Olhou ressabiada para os lados e nada; nem pessoas, nem pássaros, nem cigarras.

Só chuva e silêncio, um terrível e assustador silêncio.

São Paulo — Largo da Sé

# Capítulo 30

Lilian despertou no meio da noite e novamente o grito ecoou pelo quarto. Carmela acordou de um salto e correu até o colchão onde a amiga dormia.

— O que foi?

— O pesadelo. De novo. Eu, Clara, um homem e outra mulher. Um horror.

— Faz dois dias que você tem esses pesadelos, amiga.

— Faz mais que dois dias. Há anos esse pesadelo me atormenta.

— Os últimos acontecimentos contribuíram para você ter esses pesadelos.

— Acontece, Carmela, que no sonho eu sou adulta. Sei que sou eu. Uso roupas mais antigas.

— Deve ser algo que aconteceu no seu passado, já lhe disse isso tempos atrás.

Lilian passou as mãos pelos olhos. Levantou o tronco.

— Como assim?

— Se esse sonho se repete e você se vê usando roupas antigas, é algo que a marcou profundamente numa vida passada.

— Acha possível? Eu vivi outra vida?

— Outra, não. Várias!

Carmela acendeu a luz do abajur e achegou-se até a amiga. Deitaram-se uma ao lado da outra. Ela prosseguiu:

— Acredito que viemos várias vezes ao mundo, nascemos, morremos e voltamos. Se o processo não seguisse essa ordem, como explicar tantas diferenças e desigualdades no mundo?

— Como assim?

— O fato de você não ter pai ou mãe. Por que você não tem família e eu tenho? Por que alguns morrem cedo e outros ficam por aqui bem velhinhos? O que está por trás de tudo isso?

— Deus, imagino.

— Ora, acredita que a força inteligente que rege o Universo é imparcial? Não nos foi passado, ao longo dos séculos, que Deus ama igualmente todos os Seus filhos?

— Sim, foi o que aprendi. Mas me recuso a acreditar num acinte desses! Como pode? Se Deus é bom e justo, por que então tirou minha mãe de mim, depois fez meu pai morrer e ainda por cima levou minha irmãzinha? Fiquei sem ninguém, sem nada, sem família. Órfã.

Lilian falou e encostou a cabecinha sobre o peito da amiga. As lágrimas corriam insopitáveis. Ela bem que queria entender, compreender melhor todo esse processo de dor que se estabelecera em sua vida desde que sua mãe morrera anos atrás.

Ela estava cansada de sofrer. Perdera os entes queridos e fora brutalmente molestada por um indivíduo asqueroso e detestável. Lilian sentia que suas forças estavam se esvaindo. Tinha vontade de morrer. Pensara, assim que soubera da morte da irmã, na real possibilidade de matar-se. Comentou isso com Carmela, enquanto as lágrimas ainda escorriam pelo rosto vermelho e triste.

— Morrer seria uma ótima escolha. Sei que é feio, mas confesso a você, minha amiga, que pensei em dar cabo de minha própria vida.

— Acredita que se matar iria aliviá-la disso?

— De que adianta viver? Para sofrer? Mal atingi a adolescência e sofri por uma vida inteira. Não quero uma vida de amarguras e sofrimentos.

— Você é uma pessoa muito negativa. Sempre reclama de tudo e de todos.

Lilian abriu e fechou a boca. Estava indignada. Carmela nunca falara assim com ela. A amiga prosseguiu:

— Você vem há muito tempo vivendo num processo de mágoas e raivas. Perdeu o afeto, perdeu a ternura. Sem ternura, a alma não consegue se expressar. Infelizmente, você dá muita trela para o mal e, se bem sabe, quando damos espaço para o mal, ele vai entrar em nossa vida. Nunca pensou numa maneira positiva de encarar a vida, os fatos que a cercam?

— Fala isso porque não sofreu o que sofri.

— De que vai adiantar me dizer isso? Acaso vai mudar o que já aconteceu? Reclamar muda alguma coisa do que você passou?

— Não.

— Então, procure tirar proveito das situações, não importa se elas foram ruins ou boas. O que importa é que de acordo com seu padrão de pensamentos vai atrair as situações na sua vida. Veja, Marilda apareceu na sua vida. Ela é uma excelente pessoa.

Os olhos de Lilian brilharam emocionados.

— Isso é! Marilda é um anjo que caiu do céu.

— Olhe por esse ângulo, pelo lado positivo. Você viveu determinadas situações desagradáveis porque sua maneira de ser assim o permitiu. Mude sua maneira de pensar e as coisas serão diferentes.

— É — ela deu de ombros —, talvez o melhor seja ir vivendo e morrer em breve.

— Acredita que morrer seria o fim?

— Nunca ninguém que morreu veio falar comigo. Não sei se a sua crença na reencarnação seja um ponto a ser entendido como verdadeiro. Acho tudo muito fantasioso.

Carmela fechou os olhos e percebeu o contato de Nuri. Um leve toque em sua pele foi o suficiente. Ela sorriu ao perceber a presença do espírito amigo. Nesses momentos ficava mais lúcida. Era por esse motivo que estava falando de maneira mais firme com a amiga.

— Você afirma que nunca conversou com um morto.

— Sim.

— E o que me diz da conversa que teve com seu falecido pai?

Lilian abriu e fechou os olhos várias vezes. Desprendeu-se do colo da amiga. Seus olhos ainda inchados e vermelhos de tanto chorar se arregalaram.

— Como sabe disso? Eu não falei para ninguém!

— Mas eu sei. Sinto. Algo me diz que você teve contato com seu pai. É verdade?

Ela assentiu com a cabeça.

— É sim. Eu vi ou sonhei que vi meu pai.

— Não importa se foi acordada ou em sonho. De uma forma ou de outra temos a possibilidade de comunicação com outras dimensões de vida. Você saiu do corpo e conversou com o espírito de Aureliano. Muito provavelmente ele veio confortá-la e dar-lhe forças.

— Pois certo! Foi quando... — Lilian lembrou-se do estupro. Suas faces enrubesceram. Ela havia contado tudo a Carmela no dia imediato ao seu regresso a São Paulo. No entanto, sentia-se envergonhada. A amiga percebeu o embaraço. Procurou manter voz tranquila.

— Diante do que lhe ocorreu, não acredita que tudo tenha um motivo de nos acontecer? Por que você não foi protegida das garras desse brutamontes? Creio que seu pai deve ter aparecido logo em seguida e — ela olhou para um ponto fixo no quarto — mostrado-lhe alguma relação dessa atrocidade com uma vida passada sua.

Lilian lembrou-se imediatamente, pois Nuri aproximou-se e pousou delicadamente uma mão sobre sua testa e outra sobre sua nuca, garantindo que Lilian relembrasse nitidamente o encontro que tivera com Aureliano no armazém do cais do porto.

— Carmela! É impressionante. Agora eu me lembro de tudo. Papai apareceu e me confortou! Ele estava lindo, usando a sua farda. Eu o vi e me emocionei. Conversamos e ele disse para ter calma que tudo iria melhorar. Depois, mostrou alguma cena ou me contou — não me lembro ao certo — sobre uma vida pretérita minha e o porquê de eu ter sofrido aquele abuso. Eu estava muito triste e fragilizada naquela noite, mas de uma coisa eu tenho certeza: meu espírito compreende e aceita os fatos. Minha alma ansiava passar pelo mesmo que fiz a outra pessoa.

— Está vendo? Depois você me diz que não acredita na continuidade da vida após a morte do corpo físico? Se não pensarmos que tudo continua pela eternidade, não haveria justiça no mundo capaz de aquietar nossos corações aflitos. Você vive, cresce sem pai e mãe, sem família. Mais tarde, lá na frente, você morre. E eu que tive pais e uma linda família também vou morrer lá na frente. Ou seja, todas teremos o mesmo fim, apesar dos caminhos e histórias serem diferentes. Por que teremos o mesmo fim se tivemos experiências tão diferentes de vida? Para que então experienciarmos situações desagradáveis e doloridas na vida se vamos morrer? De que adianta perseguir a bondade como meta de vida e ligar-se tão somente no bem?

— Tem razão. Se eu pensar dessa forma, uma pessoa que faz o mal e outra que faz o bem... as duas vão morrer e acabou? Não é justo!

— Não é. Seguindo essa forma de raciocínio, a reencarnação cai como uma luva a fim de nos ajudar a entender melhor o mundo em que vivemos.

Lilian entristeceu-se.

— Gostaria de ter uma vida melhor. Contudo, minha vida é uma desgraça só.

— Não diga isso, querida.

— Como não? Eu nem tenho casa para morar. Estou aqui de favor. Logo terei de ir embora, ir para uma instituição para menores abandonados.

— Mamãe conversou comigo e ela e papai pensam em ir à justiça para você poder viver conosco.

— Jura? Dona Maria faria isso por mim?

— Claro que faria. Mas...

— Mas o quê?

— Por mais que eu queira que isso se torne verdade, algo me diz que seu caminho não é aqui conosco.

Carmela falou com tanta firmeza que Lilian estremeceu por instantes. Olhou seriamente para a amiga. Nem ousou rebater ou replicar. Carmela continuou, influenciada por Nuri:

— Sua vida vai mudar de uma maneira jamais esperada ou sonhada. Seu espírito precisou passar por determinadas situações a fim de crescer e seguir adiante, com mais firmeza, mais lucidez, mais inteligência. Você agora conhece a dor, sentiu-a e viveu dessa dor. Daqui para a frente vai pensar duas vezes antes de tomar qualquer atitude. Deixará de ser ansiosa e imprudente. Terá uma vida ótima, caso siga verdadeiramente os desejos do seu coração. A vida só vale a pena se vivermos pelas portas do coração.

Lilian emocionou-se. Sentiu uma força sem igual. Sentia-se naquele momento amparada e querida. Sabia que tinha forças e não iria hesitar. Dali para a frente deixaria de ser uma menina negativa e que se deixava levar por pensamentos ruins e desagradáveis. Queria ser feliz. Queria viver.

Carmela tirou um pacotinho debaixo do travesseiro.

— O que é isso?

— Hum, não me esqueci. Feliz aniversário!

Lilian abraçou-a e os olhos marejaram. Abriu o pacote e viu que era um metro de tecido muito bonito, de cor viva.

— Vou costurar um lindo vestido para você.

— Obrigada, Carmela. Muito obrigada.

# Capítulo 31

Marilda acordou bem naquela manhã. Há alguns dias estava hospedada na casa de Carmela e neste dia precisava começar a procurar emprego. Ainda estava difícil arrumar emprego de um dia para o outro na cidade, por conta da Revolução. Entretanto, meses haviam se passado e precisava dar um rumo em sua vida.

Ela aprontou-se, colocou o vestido que já começava a ficar puído e desgastado nas mangas. Mas Marilda tinha muito pouca roupa e estava lisa, sem um tostão. Se não fosse a generosidade de Maria e Cornélio, ela estaria dormindo num banco de praça.

Maria estava coando o café quando ela apareceu na soleira da cozinha.

— Bom dia!

— Bom dia, Maria.

— Acordou cedo. Podia ficar mais um pouco no sofá. Procurei não fazer barulho para não acordá-la.

— Não fez. Eu dormi bem e estou disposta. Vou atrás de emprego. Preciso me virar, Maria. Não posso mais viver da caridade de vocês.

Maria a olhou de cima a baixo. Com aquela aparência, Marilda não arrumaria nada. Estava muito malvestida.

Ela percebeu o olhar reprovador.

— O que foi?

— Essa roupa. Está velha e com a costura desgastada. Você não causa boa impressão.

Marilda aproximou-se da mesa e sentou-se numa cadeira. Serviu-se de uma xícara de leite. Em seguida, Maria despejou o café fumegante que acabara de coar. Marilda pegou o açucareiro e, enquanto adoçava seu café com leite, suspirou triste:

— Eu saí de Santos sem nada. Não podia me dar ao luxo de gastar em roupas e usava uniforme no emprego. Sei que minha aparência não é das melhores, mas veja, eu preciso arrumar trabalho, quero me ajeitar aqui em São Paulo.

— Vou ajudá-la. Carmela tem bom gosto e bom olho para moda. Tenho certeza de que logo vai se levantar e vai lhe emprestar um vestido. Assim você se sentirá mais confiante e terá chance real de arranjar um bom emprego.

— Só sei lavar, passar e cozinhar. Isso não é profissão.

— Como não? Conheço muita gente que precisa de uma lavadeira, de uma cozinheira.

— Eu gostaria muito de continuar próxima de Lilian. Afeiçoei-me a ela.

— Lilian é um encanto de menina. Sofreu muitas agruras, mas sinto que ela logo vai superar tudo isso e terá uma vida plena e feliz.

— Acredita mesmo nisso?

— Sim. Absolutamente. Assim como acredito que você também terá uma vida plena e feliz.

Marilda balançou a cabeça negativamente.

— Imagine! Perdi meu emprego, meu companheiro me trocou por outra. Estou sozinha no mundo.

— Eu olharia isso de outra maneira.

— Como assim?

— Você está, em primeiro lugar, viva. Está saudável, tem disposição. Perdeu o emprego, mas emprego aparece a todo momento. Quem quer trabalhar sempre acha trabalho. Sempre. Em relação ao companheiro que a deixou, bom, eu olho de maneira positiva para essa questão. Ele não merecia você. Você é mulher encantadora, Marilda, merece um homem que a valorize, que a ame como você é de verdade.

Ela esboçou leve sorriso.

— Não havia pensado dessa forma. Estava me sentindo um lixo, abandonada e traída. Sempre procurei ser uma boa companheira, leal, fiel, amiga. Cuidava das despesas de casa. Cumpria com os papéis de uma dona de casa.

— Aí é que está o seu problema. Ele olhava para você e não via uma mulher, e sim uma serviçal.

— Não tinha tempo para me arrumar. Quando saía do emprego, ia para o cais e ganhava uns trocados limpando os armazéns. Precisava pagar o aluguel e comprar comida, pois Jaime gastava tudo em bebida e jogo.

— Trate de ser mais feminina, mesmo que tenha de pagar o aluguel e comprar comida. Uma mulher precisa e deve valorizar sua aparência, sua feminilidade. Você é uma mulher bonita.

— Não sou. Estou gasta.

Maria riu-se com gosto.

— Nada como um novo corte de cabelo, novo penteado. Carmela vai lhe emprestar alguns vestidos e ensiná-la a usar pó de arroz, batom e *rouge*. Vai encontrar emprego rapidinho.

— Obrigada, Maria. Vocês têm sido uns amores comigo.

Em seguida, Carmela e Lilian apareceram na cozinha. Estavam bem-dispostas. A conversa que tiveram na madrugada fizera muito bem a Lilian. Elas beijaram Maria e Marilda e sentaram-se à mesa. Maria disse:

— Fiz esse bolo de fubá e à noite teremos bolo prestígio para comemorarmos de fato o seu aniversário. O que me diz?

Lilian sorriu feliz.

— Hum, adoro bolo. E o prestígio da senhora é dos céus. Desse jeito vou engordar.

— Isso é bom. Está muito magrinha. Precisa ganhar força e cor.

Elas se serviram de café e logo Carmela notou o vestido puído de Marilda. Conversaram animadamente e Carmela lhe deu alguns toques de beleza. Marilda sentiu-se à vontade com elas e falou de sua vida. Contou sobre a juventude, a morte da mãe, sobre o namoro e a paixão por Demerval. Depois veio a gravidez inesperada e Demerval sumiu. Marilda precisou do apoio do pai, mas ele era muito rígido nos costumes e ideias. Expulsou-a de casa. Fazia muitos anos que eles não se viam.

Carmela achou aquela história familiar. Continuou dando trela para Marilda e fez mais algumas perguntas. Ela subiu com Marilda e Lilian. Ajudou-a a escolher um vestido florido e um chapéu de feltro com redinha na frente. Indicou a Lilian o batom e o *rouge* sobre a penteadeira.

Quando Marilda fechou-se no quarto com Lilian para trocar o vestido, Carmela desceu correndo as escadas e confidenciou à mãe:

— Essa história da Marilda não lhe soa familiar?

— De fato. Mas o que seria?

— Mãe, não se lembra da história do seu Mílton? Eu lhe contei sobre a filha que ele expulsou de casa. Depois o aconselhei a escrever uma carta para ela. Lembra-se?

— Acredita que seja ela?

— Tudo se encaixa. Marilda não tem irmãos e perdeu a mãe. Foi embora grávida. Viveu em Santos. Seu Mílton tem uma filha que engravidou e foi parar em Santos. A história é muito parecida.

— Não pode ser! Seria coincidência demais.

— E por acaso acredita mesmo em coincidências?

Maria riu.

— Tem razão. Nada acontece por acaso. Mas, se Marilda for mesmo a filha do seu Mílton... meu Deus! Que maravilha.

— Vamos saber disso já, já.

Marilda desceu e parecia outra mulher. Os cabelos presos em coque, o vestido de crepe e a maquiagem leve conferiam-lhe aparência bem mais agradável. Seus olhos esverdeados foram realçados e o batom vermelho e discreto salientava os lábios carnudos.

Carmela sorriu satisfeita.

— Viu como está melhor?

— Eu me olhei no espelho e nem acreditei. Estou me sentindo outra mulher.

— Que bom.

— Vou procurar emprego.

— Por que não vai dar uma volta no centro da cidade? Rever locais que você não vê há tantos anos? Mal chegou à capital. Aproveite o tempo. Está hospedada em casa e poderá ficar quanto tempo quiser. Você tem casa e comida. Aproveite.

— Não acho justo...

— Um dia ou uma semana não vão alterar nossa rotina. Fique. Aproveite e vá passear com Lilian.

Antes de Marilda retrucar, Maria pegou a bolsa sobre o guarda-comida e tirou umas notas.

— Aqui está. O suficiente para as passagens de bonde e para um sorvete. Voltem perto da tarde para o almoço.

Lilian exultou de felicidade.

— Faz tempo que não ando na cidade. Vamos, Marilda. Vamos.

— Não sei.

— Eu vou com vocês — tornou Carmela.

— Oba! Vamos passear, Marilda — disse Lilian, animada.

Ela olhou para o rostinho alegre e cheio de vida da menina. Havia poucos dias ela estava largada e acuada num armazém. Agora estava ali, sorrindo e feliz.

— Vocês estão certas. Vamos passear.

Carmela subiu e arrumou-se. Em seguida, as três saíram e tomaram o bonde. No trajeto, Marilda falou mais sobre sua vida e Carmela descobriu que o pai se chamava Mílton. Sorriu por dentro. Agora seu amigo não precisaria de cartinha, de nada. Era só arrumar um encontro entre pai e filha. Ela iria contar essa incrível coincidência a Marcos assim que ele as visitasse logo à noite.

O passeio transcorreu agradável e Lilian perguntou:

— Quer ir ver seu namorado?

— Não. Marcos está atolado de serviço. Ele vai jantar em casa hoje à noite. Posso aguardar e controlar minha ansiedade.

— Gostaria de ver alguns tecidos no Mappin e depois na Tecelagem Francesa. Vocês me acompanham? — indagou Marilda.

— Eu e Lilian vamos tomar um refresco na leiteria logo ali. Vá olhar vitrines e tocar nos tecidos. Encontramo-nos daqui a uma hora em frente à Praça do Patriarca.

Marilda assentiu com a cabeça e seguiu feliz. O dia estava ensolarado e as pessoas andavam elegantes e animadas pelas ruas. Não se percebia mais o clima de guerra na cidade. Parecia que a vida do paulistano voltara definitivamente ao normal.

Ela sentiu-se observada por dois cavalheiros e sorriu. Ser notada e admirada fazia-lhe enorme bem, ajudando-a a não se sentir mais rejeitada. Levantou o queixo e sua figura altiva e sorridente entrou na Tecelagem Francesa. Em instantes, dois vendedores vieram ao seu encontro.

Marilda sentiu-se feliz.

São Paulo — Rua Barão de Itapetininga

# Capítulo 32

Com seu jeito sedutor e manipulador, Selma foi ficando, ficando e logo estava praticamente morando na casa de Paulo Renato. Mudara um pouco seu tom arrogante. Deixara de falar frases em francês, pois sabia que o primo não gostava. Esforçava-se para ser a mulher perfeita para ele.

Selma sentia-se confortável em dar ordem aos empregados, como se fosse a dona da casa. E de fato ela se sentia a própria.

Jurema no início tinha raiva da "nova" patroa, porém procurava dissimular sua ira. Precisava do emprego e obedecia sem pestanejar. Havia consultado um pai de santo e soubera por intermédio dele que Selma queria ficar na casa para se casar com Paulo Renato. Soubera também que Selma faria de tudo para que o primo caísse de amores por ela.

Jurema aproveitou a dica e passou a mostrar-se amiga. Precisava ganhar confiança total de Selma e para isso armou pequeno espetáculo.

Certo dia, pegou um lenço usado do patrão. Passou batom nos lábios e, em seguida, beijou delicadamente o lenço. Imediatamente, colocou-o num dos bolsos do paletó. Limpou a boca, correu até Selma e mostrou:

— Estava com medo de falar, mas a senhora precisa saber disso — e mostrou o lenço com batom.

— Você mexeu nas roupas do patrão?

— Sim, dona Selma. Gosto muito da senhora — mentiu — e tenho notado certas coisas estranhas no comportamento do doutor Paulo Renato.

— O que achou de estranho?

— Tem dias que ele sai do escritório e passa em algum lugar antes de vir para cá.

Os olhos de Selma brilharam rancorosos. Fazia dias que tentava seduzir o primo e nada. Percebia certa relutância por parte de Paulo Renato. Se Jurema estava falando a verdade, deveria estar mais atenta.

Ela acreditou na criada e sorriu simpática.

— Se achar outra pista concreta como essa — apontou para o lenço com batom —, eu lhe pagarei bem mais.

A criada sorriu feliz. Seria fácil enganar a patroa. Selma estava perdida no mar do ciúme doentio. Jurema atiçara e mexera em seu ponto fraco. Ela precisava desesperadamente casar-se com o primo. E iria resolver o assunto naquela semana.

Selma não era bem-vista pelos outros empregados da casa. Eles gostavam de Valentina e ela queria morrer quando um dos criados dizia: "*... mas dona Valentina não gosta disso*" ou "*dona Valentina gosta que passemos óleo de peroba nos móveis a cada quinze dias*".

— Não me interessa o que Valentina gosta, oras! Eu sou a nova patroa de vocês. E ai se não acatarem minhas ordens.

Todos viviam em estado de medo, puro medo. Jurema era a única que tirava proveito da situação.

— Agora vou enriquecer — disse para si, enquanto bolava outra maneira de mostrar à patroa os "desvios" do patrão.

Paulo Renato saía do trabalho e, antes de ir para casa, passava no Morumbi. Sentia falta de Valentina. Estava ficando insuportável a convivência com Selma. A prima era invasiva, dominadora, chata e estava se sentindo a dona da casa.

— Mande-a embora.

— Não posso.

— A casa é sua agora. Só sua.

— Por favor, Valentina, ajude-me. Se eu a tivesse escutado antes. Não sei como tirar Selma de casa.

— Tirando.

— Como? Amarrada? Aos solavancos?

— Por certo. Eu a pegaria pelos cabelos e a arrastaria até a calçada. Em seguida, jogaria sua mala. Pronto. Serviço executado com sucesso.

— Não brinque comigo.

— Não estou brincando. Eu faria isso mesmo. Selma não tem limites. Não respeita o próximo. Ela foi assim com os pais. Lembra como fazia do titio gato e sapato? Ela é manipuladora, não tem escrúpulos para alcançar o que deseja.

— Você pode me ajudar. Converse com ela.

— De maneira alguma.

— E se ela vier aqui na sua casa?

— Ela não virá. Selma sabe que comigo existem limites. Eu me respeito, sou dona de mim. Ela não bota os pés aqui na minha casa. Nem morta!

— Valentina, estou perdido — Paulo Renato colocou as mãos sobre o rosto. Passou em seguida as mãos nervosamente pelos cabelos.

— Não está perdido. Está dramático, isso sim. Assuma suas vontades. Você tem medo de dizer "não". Diz "não" a você, com naturalidade. Por que diabos não pode dizer "não" a ela?

— É difícil.

— Difícil é negar a si próprio suas vontades em detrimento do que os outros querem. Você é crescido, adulto. Precisa saber lidar com suas emoções e impor seus limites.

— Eu gosto dela, mas tem se tornado figura repulsiva. Manda em todos lá em casa. Os empregados estão prestes a pedir as contas.

Valentina sorriu.

— Acho ótimo. Estou precisando de criadas e motorista. Quem sabe eles virão trabalhar comigo?

— De maneira alguma. A casa de Campos Elíseos é grande e dá trabalho.

— Não tem alternativa, meu irmão. Precisa tirar sua prima de lá.

— Se você for conversar com ela, interceder a meu favor...

— Jamais faço o serviço dos outros. Não quero essa energia para mim. Você que trate dos seus assuntos. Eu lhe dei dicas, alertei, orientei. Você não quis saber. Não me ouviu. Deixou a cobra entrar em casa.

— Ela torceu o pé, coitada.

— Hum, esse pé foi deliberadamente torcido.

— Está fantasiando, Valentina.

— Fantasiando? Eu?! Selma é capaz de qualquer coisa para ficar ao seu lado. Eu tenho certeza de que torceu o pé de propósito. Tirou e vai continuar tirando proveito desse "incidente". Ela é terrível.

— Está sendo dura demais.

— E por que está aqui na minha casa? Por que está me pedindo conselhos?

Paulo Renato coçou a cabeça.

— Tem razão. Preciso tomar uma atitude.

— Imediatamente. Antes que seja tarde demais. Você precisa se impor, meu irmão.

— No fundo, tenho medo dela. Não sei o porquê.

— Deve ser medo de outra vida.

— Acredita mesmo nisso?

— Acha que nascemos à deriva? Acredita que somos irmãos ao acaso?

— Gostaria de acreditar, entretanto, é tudo fantasioso, não tem relação com a realidade. Da maneira que você explica os fatos, fica tudo claro.

— Se fica claro é porque tem um fundo de verdade.

— Há casos em que sei que a injustiça foi cometida. Como advogado quero lutar pelas injustiças sociais. Contudo, nem sempre levo a melhor. E se você me afirma que tudo não acontece por acaso, de repente começo a perceber as coisas de outra maneira.

— Precisa rever seus valores, suas atitudes. O que nos foi ensinado nem sempre é verdadeiro. Precisamos nos sentir livres para procurar as verdades, satisfazer nossas curiosidades.

— Eu tenho muitas dúvidas na cabeça. Sobre a vida, sobre a morte...

— Há explicação para tudo, querido.

— Não encontro esse assunto tratado nos jornais, revistas ou roda de amigos.

— Junte-se ao meu grupo às terças-feiras. Discutimos esses assuntos, não temos medo de falar sobre os mistérios da vida.

— Não sei ao certo.

— Pense. Não tenha pressa. Na hora certa você virá atrás de respostas. É natural. Faz parte de nossa natureza querer descobrir, investigar, questionar. Mais dia menos dia você virá ao nosso encontro.

Paulo Renato nada disse. Mordiscou os lábios e consultou o relógio.

— Santa Maria! Dez da noite.

— Fazia tempo que não conversávamos tantos assuntos.

— Sinto-me em paz aqui na sua casa. O ambiente é tão tranquilo e sereno.

— O que deve ser o contrário do que percebe na sua casa.

— De fato.

— São as energias perturbadoras de Selma que deixam o ar da casa pesado. Precisa aprender a se respeitar, Paulo Renato. Ser dono de suas vontades. Está na hora de crescer e não repetir os erros do passado.

Ele nada disse. Assentiu com a cabeça. Estava difícil a convivência com Selma, pois ela era dura e intempestiva. Era mulher de gênio irascível e ele fora educado a não levantar o tom de voz ou mesmo agir de maneira grosseira com uma dama. Um cavalheiro, segundo a educação que recebera de seus pais, jamais cometia deselegâncias dessa natureza. Ele iria para casa e conversaria com Selma, civilizadamente. Ela entenderia. Assim ele acreditava.

# Capítulo 33

António chegou em casa radiante. Arlete sorriu feliz. Fazia tempo que o filho não demonstrava sinais claros de felicidade. Desde que a esposa o largara, ele ficou triste e amuado. Passara dias trancado no quarto e havia alguns dias resolvera reagir. Acordava cedo, tomava café, arrumava-se e ia passear no centro da cidade.

Visitou lugares da infância e notou como a cidade estava mudada e mais elegante. A bem da verdade, António havia saído de lá alguns anos atrás e não tivera tempo de notar o quanto a prosperidade e o luxo tiveram seu grande momento em Poços de Caldas enquanto o jogo estivera liberado no Brasil.

A nata da elite brasileira desfilava elegantemente pelos salões do Palace Casino e do Palace Hotel. Até mesmo celebridades de outros países vinham para Poços. Para se ter uma ideia da importância da cidade, o então presidente Getúlio Vargas tinha suíte especial no hotel, com decoração idêntica à sua suíte no Palácio do Catete, no Rio de Janeiro, capital do país na época desta história.

Arlete suspirou:

— O que aconteceu? Ganhou uma fortuna nas roletas dos cassinos?

— Não, mãe. Aconteceu algo melhor.

— O que foi?

— Acabei de passar nos correios e recebi telegrama informando que fui promovido e serei transferido para Campinas com um salário bem melhor.

— Mesmo?

— Sim, mãe. Vou estar mais perto de você e papai. A distância é pouco mais de cento e cinquenta quilômetros, bem menos caso eu continuasse em Belo Horizonte. Poderei vir mais vezes, caso precisem.

Ela o abraçou feliz.

— Fico tão contente que esteja retomando gosto pela vida. Estava preocupada. Você mal se alimentava.

— Agora estou bem. Isabel faz parte do passado. Ela me deixou e partiu com outro. Ela que seja feliz. Eu vou atrás de minha felicidade. Cansei de me sentir um pobre coitado.

— Isso mesmo. Reaja positivamente, meu filho.

António vibrava feliz. Lenita apareceu na cozinha.

— Você está feliz.

Ele a pegou no colo e a levantou para o alto.

— Estou, irmãzinha. Estou muito feliz.

— Se você está feliz, eu também estou. Gosto de você.

António sentiu-se surpreendido. Os olhos de Lenita brilhavam emocionados. Por instantes ele sentiu forte emoção. Mas isso era um despropósito. Lenita era uma menina de pouco mais de cinco anos de idade. Ele não podia sentir nada que não fosse amor fraternal.

Ele a desceu e a colocou no chão. Em seguida, ela o puxou para a sala.

— O que é?

— Quero que me conte a historinha da cidade.

— Outra vez?

— De novo. Você conta tão bonito, António.

Arlete fez um gesto afirmativo com a cabeça. Ele assentiu e deixou-se conduzir pela irmãzinha postiça até a sala. Sentaram-se no sofá. Lenita sentou ao seu lado e sorriu:

— Conte.

— Está bem — ele respirou fundo e recomeçou: — Bom, a cidade recebeu seu primeiro visitante ilustre, o imperador Dom Pedro II, em fins de 1886. Ele veio acompanhado da imperatriz dona Teresa Cristina, para a inauguração do ramal da estrada de ferro Mogiana. Três anos depois, em 1889, o município foi desmembrado do distrito de Caldas e elevado à categoria de vila e município. Município de Poços de Caldas.

— Nossa! Um imperador como dos livros de historinhas aqui na cidade!

— Para ver a importância de Poços de Caldas.

— Quando ele vai voltar aqui?

— Quem?

— O imperador. Não tem mais vontade de vir? Eu adoraria conhecê-lo!

António sorriu da ingenuidade de Lenita. Tentou, de maneira divertida e didática, mostrar a ela que a história que contara era bem antiga e que o imperador morrera havia mais de quarenta anos. Tentou, mas ela não se convenceu.

Enquanto contava a história, uma nova onda de emoções percorreu o corpo do rapaz. António olhava para Lenita e sentia muito mais que amor "de irmão". Era algo que ele não saberia explicar, pois jamais sentira algo parecido, nem mesmo pela sua ex-esposa. Achou melhor espantar os pensamentos com as mãos e contar novas historinhas divertidas para Lenita, porquanto agora sua vida iria mudar. Para melhor.

Marcos chegou no horário marcado para o jantar e, antes de ir para a cozinha, Carmela o chamou para uma conversa na varanda. Beijaram-se e ele pegou em suas mãos.

— Estava morrendo de saudades.

— Eu também.

— Precisamos falar sobre nosso futuro.

— Estamos namorando há pouco tempo — tornou ela, enquanto se sentavam na namoradeira da varanda.

— Sei o que quero. Você é a mulher que amo e que quero ter ao meu lado por toda a vida.

Ela sorriu feliz.

— Também o amo. No entanto precisamos fazer as coisas com calma. Eu quero trabalhar.

— Concordo plenamente. Aprecio a inteligência feminina. Você é mulher culta e eu jamais faria qualquer coisa para impedi-la de fazer o que gosta.

— Sei disso, meu querido. Entretanto, estamos juntos há pouco tempo. Eu não trabalho e, portanto, não tenho salário. Como faremos para conseguir casa, por exemplo? Quem casa quer casa, certo?

— Tem razão. Eu tenho algumas economias, dinheiro de herança. Meu tio também pode me dar uma ajudazinha. Estava pensando em conversar com o doutor Paulo Renato e fazer-lhe uma proposta de compra da casa em que Lilian vivia.

— Você pensou nisso?

— Não é apaixonada pela casa? Pois, então, vamos comprá-la e reformá-la à sua maneira.

Carmela beijou-o várias vezes nos lábios e no rosto.

— É um amor!

— Sou e serei sempre o seu amor.

— Vai fazer uma proposta ao seu patrão?

— Sim. É um belo imóvel, maior que a casa dos seus pais. Poderemos reformá-la e estaremos ao lado de seu pai e sua mãe. Criaremos nossos filhos próximo dos avós. Não é uma ideia fascinante?

— É uma excelente ideia. Eu adoro aquela casa e gosto do bairro. Adoraria que nossos filhos crescessem aqui, perto dos avós.

Marcos emocionou-se e seus olhos marejaram.

— O que foi, querido? Por que está assim?

— Porque você disse *nossos* filhos!

— E vão ser de quem? Do padeiro?

Ele soltou sonora gargalhada e beijou-a várias vezes nos lábios.

— Amo você, Carmela. Amo mais que tudo nesta vida.

— Também o amo.

Ficaram de braços dados e conversaram amenidades. Em seguida, Maria os chamou, pois o jantar estava sendo servido. Comeram e falaram animadamente. Durante a degustação do licor, Marcos falou dos planos futuros, do noivado, da possibilidade da compra da casa no outro lado da rua. Cornélio e Maria exultaram de felicidade. Gostavam muito de Marcos e acreditavam que ele e Carmela teriam um belo e duradouro casamento.

No fim do jantar, Lilian quis lavar a louça e ajudar Marilda no término da sobremesa. Carmela puxou Marcos discretamente pelo braço. Voltaram à varanda. A noite estava quente e as estrelas inundavam o céu.

— O que foi?

— Preciso lhe falar de Marilda.

— O que tem ela?

Carmela falou rapidamente sobre o relato de vida de Marilda e as coincidências que a ligavam a Mílton. Marcos arregalou os olhos, estupefato.

— Tem certeza de que ouviu essa história toda, da maneira como acabou de me contar?

— Tim-tim por tim-tim. Quando perguntei a Marilda o nome do pai, não tive mais dúvidas. Seu Mílton é o pai dela.

— É tudo muito fantástico.

— Pois sim. Conversei com seu Mílton tempos atrás e ele me contou sobre a história de sua vida. Falou-me de sua filha, da gravidez, do abandono, da ida dela a Santos. Tudo se encaixa. Ele inclusive prometeu-me escrever uma cartinha para ela.

— Pelo jeito não vai mais precisar de cartinha.

— Creio que não.

— Seu Mílton anda muito ocupado. Tem trabalhado bastante.

— Talvez tenha pensado na carta, mas não a tenha escrito. Estive aqui pensando...

— Sim?

— O que acha de marcarmos um encontro entre ambos?

— Como? Levá-la até o escritório?

— Não. Penso em algo discreto, mais no estilo familiar.

— Numa reunião?

— Pensei num almoço de domingo.

— É uma ótima ideia.

— Como seu Mílton vive sozinho, poderíamos convidá-lo para almoçar. Não avisaremos Marilda.

— Bom, não crê que ele possa ficar chateado e aborrecido? Afinal, expulsou-a de casa.

— Ele arrependeu-se amargamente dessa atitude. Seu orgulho não permitia um encontro ou reconciliação com a filha. Entretanto, conversamos bastante e ele foi cedendo, até o ponto de pensar em escrever, de fato, a tal carta para Marilda.

— Para nos certificarmos, precisamos saber da boca de seu Mílton o nome da filha dele. Se ele disser que é Marilda...

— Faça isso. Converse com ele amanhã cedo.

— Pode contar comigo, meu amor.

— Se ele confirmar — disse Carmela —, marcamos o almoço para o próximo domingo.

— Perfeito.

Marilda apareceu no jardim e trouxe dois pratinhos com pudim de leite.

— Desculpem-me, mas esfriou há pouco.

Marcos serviu-se e fechou os olhos.

— Meu Deus! Eu não comia um pudim desses havia anos. Foi você mesma quem fez?

Marilda fez sinal afirmativo com a cabeça.

— Receita de minha mãe. É uma das poucas que me lembro de cabeça.

Carmela provou o doce.

— Está divino. Você tem excelente mão para a cozinha, Marilda.

— Obrigada. Faço por gosto. Adoro cozinhar, passar, arrumar a casa. Aprendi com o serviço no hotel e percebi que adoro cuidar bem de uma casa.

Carmela olhou para ela e seus olhos em seguida fitaram os de Marcos.

— Você não mencionou outro dia que a irmã do doutor Paulo Renato precisa de empregados na casa nova?

— É verdade. Dona Valentina mudou-se para o bairro do Morumbi e levou somente uma das criadas. Que eu saiba, ainda não contratou outros empregados.

— Algo me diz que Marilda seria perfeita para dona Valentina.

Marilda levou a mão ao peito.

— Puxa! Um emprego em casa de família? É o que mais quero.

— Posso verificar amanhã mesmo — ajuntou Marcos. — Posso ligar para dona Valentina. Marcamos um encontro.

— Eu adoraria. Preciso muito de um trabalho.

— Verei o que posso fazer, Marilda.

— Obrigada, Marcos.

— Só tem uma condição.

— Qual é?

— Que você me traga outra fatia generosa desse delicioso pudim de leite.

— É pra já!

Marilda retirou-se e estava feliz. Um emprego era tudo o que ela mais precisava. Queria começar nova vida, ter outra atividade, estabelecer-se na cidade grande, ser independente. Santos não era mais um lugar a que tencionava voltar. Não queria mais reencontrar o ex-companheiro.

Ela suspirou feliz. Enquanto cortava outra fatia de pudim, olhou de soslaio para Lilian. A menina estava sorridente e conversava animadamente com Cornélio e Maria.

Seria maravilhoso se pudesse levar Lilian com ela. Afinal, apegara-se à menina e ela não tinha mais nenhum parente vivo. Marilda fez pequena oração de agradecimento a Deus. A luz parecia ter retornado à sua vida.

São Paulo — Panorama visto do Viaduto do Chá

# Capítulo 34

No dia seguinte, Marcos chamou Mílton para conversar. Como de costume, Mílton fizera uma planilha com todos os valores cobrados e recebidos; em seguida, propôs novas maneiras de cobrança dos aluguéis. Marcos sorriu feliz. O trabalho de Mílton estava rendendo bons frutos para o escritório. Paulo Renato estava cada vez mais decidido a se dedicar às aulas na futura universidade e os negócios seriam automaticamente transferidos para as mãos de Marcos.

— Se continuar assim com boas ideias, vou montar uma seção específica de aluguéis e o senhor cuidará dela para mim.

Os olhos de Mílton brilharam emocionados.

— Seria maravilhoso. Eu adoro meu trabalho, mas mudar, ter mais responsabilidade, é algo que me fascina e me faz bem.

— Bom escutar isso do senhor. Preciso de gente com garra e vontade de trabalhar. Sinto que em breve vou ter de dividir os serviços do escritório e adoraria tê-lo como um dos chefes.

— Obrigado pelo estímulo.

Conversaram outros assuntos relacionados aos inquilinos e, no fim da conversa, Marcos sondou Mílton. Interessou-se em saber mais sobre a vida daquele simpático senhor. Mílton discursava com tremenda clareza e desenvoltura. Marcos já sabia sobre sua viuvez, mas não sabia nada sobre a única filha, somente algumas referências.

— Você nunca falou sobre sua filha.

Mílton coçou a cabeça.

— É um assunto que eu havia deixado guardado numa gaveta, trancada a sete chaves. Não queria mais ter contato com essas emoções. Todavia, a sua pequena — tocou no ombro de Marcos —, com seu jeitinho meigo e dócil, convenceu-me a escrever uma carta para minha filha.

— O senhor a escreveu?

— Ainda não. Eu sou bom com números, mas minha redação é péssima. Sou melhor na conversa, olho no olho. Não sou muito fã da escrita. Eu tenho tanta coisa para falar para minha filha que precisaria de um caderno inteiro...

Eles riram.

— Carmela tem o dom de apaziguar e serenar os corações.

— É um espírito iluminado — tornou Mílton. — Eu gosto muito de sua namorada. Ela vai fazê-lo muito feliz.

— Sinto o mesmo. Carmela é a luz que iluminará para sempre o meu caminho.

— Gostaria muito que minha filha fosse assim, como a sua pequena.

— A propósito, qual é o nome de sua filha?

— Marilda.

Marcos sorriu malicioso.

— Seu Mílton, gostaria de almoçar comigo na casa dos pais de Carmela, no domingo?

— Eu? Almoçar? Por quê?

— Aprecio a sua companhia. Carmela também tem apreço por sua pessoa. Gostaríamos que passasse a tarde conosco, a menos que tenha outros compromissos.

— De maneira alguma. Adoraria participar de um almoço em família. Desde que minha esposa morreu, os domingos têm sido monótonos e sem graça.

— Pois lhe garanto que este domingo será especial.

— Por quê?

— Apareça na casa de Carmela ao meio-dia. Será um prazer recebê-lo.

Mílton concordou com a cabeça. Jamais fora convidado para um almoço familiar. Desde que a esposa morrera e sua filha partira para Santos, ele fechara-se em copas. Perdera contato com os familiares do interior. Estava muito só e nos domingos geralmente acordava cedo, tomava café num bar ali perto de casa e depois fazia uma longa caminhada até o parque da Luz.

Ele gostava de ver as crianças brincando nas fontes, os casais enamorados andando felizes de mãos dadas. Lembrava-se dos tempos quando namorava sua esposa e dos tempos em que levava Marilda para brincar ao redor do lago e nos jardins floridos e perfumados.

Eram tantas coisas boas que haviam acontecido em seu passado que Mílton sonhava em poder voltar e reviver todas aquelas lindas emoções. Agora, os tempos haviam mudado e ele estava se sentindo só. Completamente só. Era engraçado Marcos tê-lo convidado para ir almoçar na casa dos pais de Carmela, pois naqueles dias sentira uma vontade muito grande de rever a filha.

Havia planejado ir até Santos no sábado ou domingo e procurar Marilda no hotel em que ela supostamente trabalhava. Agora, com o convite irresistível que Marcos lhe fizera, deixaria Santos para a semana seguinte. Assim teria como organizar melhor sua viagem.

Na tardinha do mesmo dia, uma cliente veio entregar alguns papéis para Paulo Renato. Inês imediatamente ligou para Selma, avisando-a da chegada de uma mulher ao escritório.

— Ela é bonita? — indagou Selma.

— Muito. Se eu fosse a senhora, viria imediatamente para cá. Quando essa cliente vem, o doutor Paulo Renato tranca-se com ela e sabe Deus o que acontece entre aquelas quatro paredes da sala.

— Sirva café e água para essa despeitada. Entre e saia quantas vezes for necessário. Não os deixe a sós um minuto sequer.

— Eu sei, dona Selma. É que eu preciso ir embora, está no fim do expediente.

— Estarei aí em poucos minutos. E, se fizer o que lhe peço, será regiamente recompensada.

— Sim, senhora.

Inês desligou o telefone aliviada. Sorriu para sua amiga.

— Bom, Elenice, sabe como proceder. É só jogar um charme para o doutor Paulo Renato.

— Não gosto de fazer isso.

— Preciso lhe pagar os perfumes, não tenho dinheiro. Se dona Selma a vir na sala do doutor Paulo Renato, nem que seja por um minuto, eu ganho uma boa quantia em dinheiro. Pago a você e ainda me sobra um bom troco.

— Está abusando da madame. Se ela desconfiar que você atiça as clientes para fazerem charminho ao doutor, sei não...

— Ela nunca vai desconfiar. É uma bobona. É louca pelo Paulo Renato. Se eu digo que alguém está interessada, dona Selma fica possessa, louca e me dá mais dinheiro.

As duas riram.

— Inês, essa sua mania de tirar vantagem dos outros é perigosa.

— Ela nunca vai desconfiar. Outro dia mesmo estava precisando de um dinheiro extra. Não tive dúvidas. Liguei para a Nilza, lembra-se dela?

— Aquela atriz de teatro de revista?

— Ela mesma. Liguei e pedi que fizesse um pequeno ato aqui no escritório. Liguei para Selma e a louca veio correndo. Acreditou que a Nilza fosse cliente e estava dando em cima do doutor Paulo Renato. Ganhei meu dinheiro.

Elenice entrou na sala de Paulo Renato. Ele estava na sala de Marcos. Para Selma pouco importava onde ele estivesse. Ela não tolerava, de forma alguma, mulher bonita no escritório. Inês sorria de satisfação e dizia para si mesma:

— Otária! Como é fácil enganar essas madames fúteis e idiotas.

Selma chegou em seguida e ao ver Elenice teve um treco. A mulher era muito bonita, mas em seguida Inês fez uma pequena cena e a tirou de lá.

— Obrigada, Inês. Não sei o que seria de mim sem tê-la aqui espionando o escritório.

— Imagine, dona Selma. Eu faço isso com sentimento verdadeiro de amizade. Prezo seu bem-estar e não admito que mulher alguma se insinue para o doutor Paulo Renato. Ele tem de ter olhos somente para a senhora, mais ninguém.

— Isso mesmo. Assim é que se fala. Não quero mulher metida neste escritório.

Selma retirou uma generosa quantidade de notas da bolsa e as entregou a Inês.

— Dona Selma, quanto dinheiro!

— Sei recompensar meus aliados.

— Obrigada.

— Onde está Paulo Renato?

— Eu o afastei da sala tão logo a sedutora chegou — mentiu. — Ele agora está trancado com o doutor Marcos.

— Mesmo?

— Pode confiar.

Selma assentiu com a cabeça e foi até a sala de Marcos. Bateu e sorriu aliviada ao ver o primo sentado com o rapaz. Somente os dois.

— O que faz aqui? — indagou Paulo Renato.

— Vim fazer compras na rua São Bento. Estava precisando de luvas e passei para dar um oi. Estou de saída — em seguida fuzilou Marcos com os olhos. — *Au revoir*.

Ela nunca se esquecera da reprimenda sutil que recebera do jovem tempos atrás, dizendo a ela que falar frases em francês não era de bom-tom. Afinal, o que aquele garoto recém-saído das fraldas sabia sobre elegância? Ele era de classe média e jamais havia saído do país. Achava-o metido e insuportável. Rodou nos calcanhares e saiu. Fez uma mesura com as mãos para Inês e tomou o elevador.

Inês sorriu feliz.

— Como é fácil enganar essa trouxa. Nunca vi uma mulher tão fútil e arrogante em toda a minha vida. Com esse dinheiro vou comprar um tecido e fazer um belo vestido. Vou arrumar um marido rico e me dar bem.

Ela nem notou as sombras escuras que estavam ao seu redor, alimentando-se de suas ideias mesquinhas e de sua mentalidade torpe. Inês não sentiu a presença dessas sombras. Estava acostumada com elas, desde a adolescência, quando aprendera a tirar vantagem e ludibriar as pessoas. Esses espíritos perdidos em nossa dimensão alimentavam-se dos pensamentos negativos dela e ajudavam Inês a levar adiante seus planos para arrancar cada vez mais dinheiro de Selma.

# Capítulo 35

O domingo amanheceu ensolarado e sem nuvens. O céu estava azul intenso e era um convite às pessoas para um passeio ou para se sentarem em confortáveis cadeiras na frente de suas casas, formando rodas animadas com os vizinhos, costume bastante frequente naqueles tempos entre os moradores da capital paulistana.

Marcos acordou cedo, barbeou-se e colocou uma roupa esporte. Estava feliz, pois, além de permitir o reencontro entre Marilda e Mílton, tinha outra notícia feliz para dar à moça. Ligara para Valentina e ela concordara em receber Marilda para uma entrevista na semana seguinte. Ela estava precisando de empregados, e a indicação de Marcos viera a calhar.

O amor que sentia por Carmela aumentava a cada dia e ele não tinha mais dúvidas: iria pedir sua mão em casamento o mais breve possível. Marcos vivia na casa dos tios, Claudemiro e

Odete. Eles eram ótimas pessoas, haviam cuidado de Marcos desde que o avô falecera. Agora ele estava bem empregado, ganhando um bom salário e tinha condições de propor casamento à sua amada. Iria ter uma conversa em particular com Cornélio sobre suas pretensões com Carmela.

Ele olhou-se mais uma vez no espelho e sorriu. Parecia que tudo ia muito bem. Marcos desceu, cumprimentou os tios. Pediu bênção, costume que mantinha desde a adolescência, e saiu.

Tomou o bonde e meia hora depois estava na casa de Mílton. Ficara de pegá-lo e levá-lo até a casa de Carmela.

— Gentileza sua, rapaz. Hoje vou quebrar a rotina de passear nos jardins da Luz. Tenho me sentido muito só, e caminhar no parque faz-me muito bem.

— Ora, seu Mílton, tem a mim, Carmela, seus pais... há muita gente que gosta do senhor.

Mílton suspirou.

— Gostaria muito de reencontrar minha filha.

— Escreveu-lhe a cartinha, como Carmela lhe havia sugerido?

— Pensei, pensei e não consegui colocar no papel esse turbilhão de emoções que me sacode o corpo. Faz muitos anos, e mudei muito. Hoje jamais faria o que fiz à minha filha. Nunca a expulsaria de casa. Se arrependimento matasse...

— Não pense dessa forma. Não se culpe pelo que aconteceu. Cada um dá o melhor de si. Cada um faz o melhor que pode. O senhor fez o melhor que pôde anos atrás. Agora está mudado e reconhece que pode fazer melhor. Isso é um avanço.

— Carmela é uma menina excepcional, culta, bela e muito sensível. Ela abriu-me os olhos para várias questões sobre as quais nunca havia pensado antes. Desde que abri meu coração e contei o drama que vivi com minha filha, Carmela sempre que pode me conforta com palavras edificantes. Sua namorada me faz enorme bem.

— É, minha namorada tem o dom de apaziguar corações. É um dom.

— Eu quero aproveitar que estamos sós e lhe pedir para me dar uns dias de folga na próxima semana.

— Por quê?

— Preciso reencontrar minha filha, mesmo que ela não queira me ver.

— Acha que ela seria capaz disso?

— Não sei ao certo. Marilda ficou muito triste quando eu a abandonei. Eu era a única pessoa no mundo com quem podia contar. Depois que perdeu seu bebê, eu até pensei em buscá-la em Santos, contudo o orgulho falou mais alto. Por besteira, deixei de procurá-la.

— Calma, seu Mílton. Tudo acontece no tempo certo. Não se esqueça de que os anos passaram e sua filha também amadureceu e deve estar mudada. Creio que ela não lhe guarda mágoas.

— Assim espero.

Algum tempo depois, desciam os quarteirões próximos da casa de Carmela. Andaram algumas quadras e chegaram. Maria havia feito um cardápio especial para o dia. Macarrão, maionese, um belo frango recheado e salada. De sobremesa, Carmela e Lilian ajudaram-na no preparo do famoso bolo prestígio.

A mesa estava posta para sete pessoas. Mílton, bastante arguto, observou a mesa.

— Pensei que éramos somente nós. Por que mesa para sete?

— Temos uma convidada — sorriu Maria. — Ela está terminando de se arrumar e desce num minuto.

Cornélio convidou Marcos e Mílton para uma cerveja na varanda. As meninas ficaram ajudando Maria nos preparativos do almoço. Lilian cortou um pedaço de queijo em cubinhos, temperou com azeite, orégano e sal, serviu num pratinho e levou até a varanda.

Mílton estava contente.

— Essa menina é uma graça. Até hoje não entendo como uma madrasta pôde ter feito uma coisa daquelas com ela.

— Lilian é um encanto de menina — tornou Cornélio. — Estamos pensando em legalizar os papéis e adotá-la. Ela é muito ligada a Carmela. Parecem irmãs.

— Muito bonito seu gesto — disse Mílton.

— Não se trata somente de gesto. Gostamos da menina. E, claro, percebemos que ela tem um comportamento triste.

— Pois não deveria? Depois de tudo o que a pobrezinha passou?

— Lilian passou por momentos bastante desagradáveis. No entanto, eu acredito que somos responsáveis por tudo o que nos acontece na vida. Só assim a vida tem sentido.

— Mas ela é uma menina, indefesa.

— Aos seus olhos ela é uma menina. Aos olhos de Deus seu corpinho abriga um espírito que já viveu muitas vidas. Esquecemos o passado, mas cada um de nós nasce com determinadas características, que nada mais são do que o somatório das vidas pretéritas.

— Acho tudo muito interessante, mas discordo.

— Tem todo o direito de discordar.

— Sabe, Cornélio, se somos responsáveis por tudo o que nos acontece e vivemos várias vidas, por que razão não temos lembranças dessas vidas? Acho injusto nascer e esquecer.

— Pois eu não acho. Muito pelo contrário. O esquecimento é uma bênção de Deus. Imagine que eu e você, por exemplo, tivéssemos brigas e desavenças por vidas a fio. De repente, para acabarmos com esse círculo de dor e sofrimento, resolvêssemos dar um passo além na nossa escala evolutiva e decidíssemos voltar ao planeta como pai e filho, para aprender a nos amar e nos respeitar. Se você se lembrasse de nossas desavenças no passado, ou pior — Cornélio estava com a modulação de voz diferenciada —, se você se lembrasse que numa dessas vidas passadas podia ter me matado, como iria conviver comigo na mesma casa?

— Interessante essa visão. Quer dizer que nem sempre uma família é tão somente um elo de luz e amor? Pensei que todos os que nascem numa mesma família fossem espíritos que se quisessem bem.

— Quase sempre, não. Existem os felizardos, espíritos que estão acima do orgulho, do preconceito, livres de todos os valores distorcidos que aprendemos neste mundo. Infelizmente, a maioria de nós desencarna cheio de rancores, mágoas, desentendimentos. Quando chegamos ao mundo astral, tomamos ciência de que tudo é eterno e de que nada adiantaram as brigas, desavenças, ou até mesmo, em casos extremos, ter tirado a vida de alguém. Isso tudo nos perturba profundamente e então pedimos, imploramos, pela dádiva da reencarnação, a fim de podermos melhorar nossas crenças e posturas, como também conviver com os nossos desafetos. Daí os desajustes que observamos entre pais e filhos. Um filho hoje pode ter sido o carrasco do pai no passado.

— Aprendi muita coisa com Carmela — ajuntou Marcos. — Escolhi pensar numa vida mais positiva e saudável, mudando meus pensamentos e atitudes. Antes eu reclamava mais, culpava o mundo pelos meus infortúnios. Confesso que hoje, entendendo um pouquinho mais os mecanismos que regem a vida, tenho uma vida mais plena e feliz.

— É uma questão de mudar seus conceitos e mergulhar no mar de bondade que acolhe todos os filhos deste planeta — finalizou Cornélio.

Mílton nada disse. Os pensamentos tumultuavam sua mente. Fazia tempo que procurava respostas para sua própria existência. Ele havia perdido a esposa, havia se desentendido com a filha e estava só. No começo acreditara que Deus o estava punindo, achava que não fosse merecedor de bênçãos, de felicidade.

Demorou muito para ele começar a perceber que esse conceito mesquinho e infantil de punição em nada o ajudava a ter uma vida melhor. Pelo contrário, a culpa e o remorso o consumiam por dentro e por pouco Mílton não se tornou uma pessoa triste e amarga, de mal com a vida.

Os anos o ajudaram a perceber que ele tinha o poder de escolha e que podia tomar suas próprias decisões. Não fora Deus quem tirara sua filha de seu convívio. Fora ele mesmo, cego pelas ilusões do mundo, ferido em seu orgulho de pai, que se deixara levar pelos ditames da sociedade. Fora ele o responsável pelo afastamento de sua filha. Somente ele. E estava na hora de mudar e tentar remendar essa situação.

No quarto, Marilda terminava de se arrumar. Carmela lhe emprestara um lindo vestido com estampa floral. Marilda também tingira os cabelos e agora estavam mais alourados, deixando sua tez mais delicada e o rosto mais jovem. Ela estava mais jovem, de fato. O convívio com Lilian, Carmela e sua família era saudável, e todas as noites elas sentavam-se na varanda e conversavam sobre vários assuntos, principalmente sobre as nossas responsabilidades diante da vida. Marilda estava maravilhada com os ensinamentos de Carmela.

Ao ajeitar as sobrancelhas no espelho da penteadeira, sorriu para sua imagem.

— Por que será que o almoço de hoje é tão especial? Por que querem que eu me vista tão bem? Será que me arrumaram um pretendente? — perguntou para si, de maneira alegre e sorridente.

Ela terminou de arrumar os cabelos, aspergiu suave perfume nos pulsos e no pescoço. Em seguida desceu. Ouviu vozes vindas da varanda, mas nem deu muita atenção. Ajudou Maria a colocar os arranjos sobre a mesa. Ao ver que havia mais um prato na mesa, sorriu para si.

— Estava certa. Deve haver um pretendente.

Na varanda, Mílton mantinha uma conversa agradável. Ele encarou Cornélio e Marcos, que lhe sorriam.

— Tenho muito o que fazer. Estou decidido. Semana que vem vou para Santos.

— Por quê? — perguntou Carmela, que apareceu na soleira.

— Em vez de escrever uma carta, vou pessoalmente procurar minha filha. O convívio e amizade de vocês têm me mostrado novas formas de tratar os assuntos mal resolvidos do meu passado. Preciso e vou reencontrar minha filha. Podem apostar.

Carmela lhe sorriu e entrou. Voltou em seguida e disse, fitando Mílton nos olhos:

— Tenho uma surpresa para o senhor.

Carmela falou e foi para o lado. Mílton olhou, olhou. O rosto era familiar. Bonito, porém familiar. Ele espremeu os olhos e em seguida encarou os demais. Todos sorriam. Marilda quebrou o silêncio:

— Eu não faço a mínima ideia de como vocês encontraram meu pai. Isso só pode ter a mão de Deus. Entre lágrimas, ela disse, voz trêmula de emoção:

— Pai. Sou eu. Marilda.

Mílton ficou ainda fitando o nada por alguns instantes. Em segundos, recuperado do choque, levantou-se de um salto e aproximou-se dela.

— Não posso crer! Você aqui?

Ela lhe estendeu os braços.

— Venha cá e me dê um abraço.

Sem nada falar, Mílton a abraçou e ficaram assim por instantes. Ele beijava os cabelos da filha, o rosto várias vezes. Em seguida, encarando-a nos olhos, disse com voz chorosa:

— Perdão! Eu lhe peço encarecidamente que me perdoe, minha filha.

— Eu não tenho de perdoar nada, paizinho. Eu o amo. Quem ama não perdoa, pois nunca tem o que perdoar. Vamos esquecer o passado.

— Isso mesmo — tornou Carmela emocionada. — Vamos esquecer o passado. O que importa é de hoje em diante. Deixemos o passado em seu devido lugar, lá atrás. Podemos aprender muito com as experiências passadas, mas não podemos deixar que elas interfiram em nossa vida. Nós vamos entrar e vamos deixá-los a sós. Creio que vocês têm muito o que conversar.

Marilda e Mílton sorriram e assentiram.

— Sim — disse ela. Preciso conversar com meu pai.

— Ela tem razão. Tenho muito o que lhe dizer.

— Espero que o senhor diga a Marilda tudo o que não conseguiu colocar no papel.

Carmela piscou maliciosamente e entrou, acompanhada do pai e do namorado.

Marilda sentou-se ao lado do pai e pousou delicadamente as suas mãos sobre as dele. As lágrimas de felicidade desciam insopitáveis, em ambos os rostos. Enquanto conversavam, lindas fagulhas coloridas eram derramadas do Alto diretamente sobre eles.

São Paulo — Praça do Patriarca

# Capítulo 36

O almoço na casa de Cornélio transcorreu de maneira tranquila, alegre e divertida. Marilda sentou-se agarradinha ao lado do pai e assim ficaram por toda a tarde. Ora um falava, ora o outro. Mílton contou sobre sua solidão, falou da saudade e do quanto Carmela fora importante para que ele vencesse o orgulho e resolvesse procurar a filha.

Marilda, por sua vez, contou ao pai todas as agruras que passara, sem deixar escapar um detalhe sequer. Falou inclusive do relacionamento conturbado com Jaime. Às vezes, os olhos de Mílton marejavam. Gostaria de ter estado mais próximo da filha, principalmente nos momentos mais difíceis de sua vida.

Eles estavam por demais emocionados e não paravam de falar nas coincidências da vida.

— De coincidência, a vida não tem nada — falou Maria, de maneira alegre.

— É verdade — ajuntou Carmela. — Seu Mílton tinha vontade imensa de reencontrar a filha. Marilda estava arrependida de muitas coisas e estava consciente de querer uma vida melhor. No fundo também queria reencontrar o pai. O desejo de ambos falou mais alto e a vida nos usou para uni-los novamente. Eu sempre disse a Lilian: cuidado com o que você pede, pois a vida lhe atende.

Todos concordaram e sorriram. Fizeram um brinde ao reencontro entre pai e filha. Lilian murmurou:

— Funciona para vocês, menos para mim.

— Engano seu, minha amiga.

— Engano? Claro que não! Eu pedi para ter uma família e não tenho. Pedi para ter meu pai de volta e não tive. Tudo o que pedi não recebi.

— Eu me lembro de algum tempo atrás quando você me disse que pedia a Deus para que Dinorá sumisse de sua vida. Ela sumiu.

— Bom, é verdade.

— Quanto ao seu pai, a morte dele faz com que vocês não possam se relacionar mais neste mundo, visto que Aureliano hoje transita em outra dimensão. No entanto, vocês podem entrar em contato por meio de sonhos ou aparições, de acordo com seu grau de sensibilidade.

— Tive um lindo sonho com papai durante o tempo em que fiquei naquele armazém.

— O espírito de seu pai esteve lá, Lilian. Pode ter certeza de que, sempre que possível, ele vai estar ao seu lado. Quanto ao fato de ter uma família, bom, nós gostaríamos muito que você vivesse aqui em casa.

— Eu gosto muito de dona Maria e seu Cornélio — ela falou e sorriu —, mas você vai embora assim que casar.

— Quem falou em casamento? Estou namorando! — protestou Carmela.

— Bom, aproveitando a tarde alegre e a família reunida, eu gostaria de pedir a mão de Carmela em casamento — disse Marcos num tom emocionado.

Todos olharam-se e sorriram, alegres e emocionados. Cornélio levantou-se e abraçou Marcos efusivamente.

— É um prazer tê-lo como genro, meu jovem. Abençoo esta união.

Maria fez o mesmo. E em seguida os demais. Carmela, olhos marejados, abraçou-o e beijou-o delicadamente nos lábios.

— Casar-me com você é tudo o que mais quero!

Ele abraçou-a.

— Farei de você a mulher mais feliz do mundo.

Em seguida, fizeram um brinde.

— Ao casal! — disseram todos em uníssono.

No dia seguinte, Marilda arrumou-se mais uma vez com apuro e bom gosto. Agora se sentia pronta para uma entrevista na casa de Valentina. Mílton fez questão de que ela se mudasse para sua casa. Sua casa! Fazia anos que Marilda havia saído de lá.

Ao entrar e rever os móveis, os cômodos, tudo do mesmo jeito como anos atrás, voltou aos tempos de adolescência. Ela sorriu e contemplou. No entanto, não tencionava viver com Mílton. Por mais que amasse o pai, sua vida havia mudado bastante. Ela queria trabalhar e morar no emprego. Visitaria o pai nos fins de semana.

Ela se afeiçoara bastante a Lilian. Desejava estreitar cada vez mais o elo de amor que as unia. Depois de aspergir delicado perfume, Marilda desceu e Mílton já havia saído para o trabalho. Marilda sorriu ao olhar para um porta-retratos em que ela aparecia sentada e comportada entre os pais, muitos anos antes. Os retratos naqueles tempos eram em preto e branco e as pessoas deveriam manter um ar sério. Sorrir não era permitido.

Ela pegou o porta-retratos e o beijou delicadamente. Apanhou a bolsa, colocou o chapéu e ganhou a rua. Andou por alguns quarteirões, contemplando os lugares que percorrera quando adolescente, pelo bairro do Cambuci. Em seguida, chegou ao largo, tomou o bonde. Precisaria tomar mais um, pois o trajeto ao Morumbi era bem longo.

Marilda saltou do bonde e caminhou bastante. Perguntou aqui e ali e, depois de alguns minutos, chegou à casa de Valentina. Sorriu ao ver o lindo casarão rodeado de árvores e flores. Ela encostou no grande portão de ferro, fechou os olhos e aspirou o perfume delicado que vinha dos jardins. Tocou a sineta e foi atendida por Argemiro, pois Benta havia saído com o recém-contratado motorista para fazer compras. Ela apresentou-lhe um cartão de Marcos e Argemiro sorriu.

— Entre. Vou levar a senhorita até a sala de estar. Dona Valentina a espera.

Marilda retribuiu o sorriso. Há anos não era chamada de senhorita. Ela olhou de soslaio. Argemiro era bem-apanhado, tinha um tipo físico bem interessante. Era alto, forte, mãos grandes e cheias de terra. O olhar e o sorriso eram arrebatadores. Havia algo de encantador que chamou a atenção de Marilda.

— Você é quem cuida do jardim?

— Sim. Sou apaixonado por plantas. Nasci para esse trabalho. Cuido delas como se fossem minhas filhas!

— Que lindo. O jardim é muito bonito. Parabéns — Argemiro sorriu e ela continuou: — Aquela planta é uma dama-da-noite, certo?

— É. O aroma desta árvore é inebriante.

— Eu adoro. Senti o perfume delicado dela assim que encostei no portão. Adoro plantas. Você tem mãos abençoadas. Mais uma vez, parabéns pelo seu esmero e dedicação. Um terreno deste tamanho dá muito trabalho.

— Amo o que faço. Sou feliz. Adoro trabalhar aqui neste casarão, longe do agito da cidade.

Marilda assentiu com a cabeça. Argemiro era, de fato, um homem encantador. Ela entrou na casa e ele apontou para a poltrona.

— Dona Valentina já vem.

— Obrigada.

Ele retirou-se e Marilda olhou ao redor. A sala aonde ela fora conduzida era mobiliada com extremo bom gosto. Nada exagerado. Era tudo mais simples do que imaginara encontrar, porém de uma elegância sem igual. Ela levantou-se para observar melhor os quadros numa das paredes. Ficou admirando-os e foi tomada de surpresa ao ouvir agradável voz atrás de si:

— Gosta de pintura, Marilda?

Marilda rodou nos calcanhares. Ficou fascinada com o porte e altivez de Valentina. No hotel em que trabalhara, havia visto uma ou outra ricaça, porém nunca tinha visto de perto uma mulher da alta sociedade e ainda tão bonita, tão elegante e tão dócil. Ela instintivamente estendeu-lhe a mão.

— Prazer, dona Valentina.

— Gosta de pintura?

— Não entendo muita coisa, mas trabalhei alguns anos num hotel em Santos e conheci certa vez uma senhora que me ensinou um pouquinho de arte. Pelo menos aprendi a diferença entre os pintores Manet e Monet.

Ambas riram. Valentina simpatizou de imediato com Marilda.

— Embora o impressionismo tenha suas origens em Edouard Manet, o movimento é derivado, de fato, da obra *Impressão — nascer do sol*, de 1872, de Claude Monet.

— Por certo. O impressionismo retratava a luz e o movimento utilizando pinceladas soltas como elemento principal da pintura, e as telas eram pintadas ao ar livre para que o artista pudesse capturar melhor as nuances da natureza. Sempre gostei dos impressionistas, e este quadro de Claude Monet em sua parede é algo... é algo que impressiona!

— Talvez venha daí o fato de o movimento ter recebido esse nome.

Marilda assentiu com a cabeça. Em seguida, Valentina apontou para outro quadro.

— Conhece esse daí?

Marilda aproximou-se da tela e espremeu os olhos, observando nitidamente todas as nuances.

— Eliseu Visconti[16] — disse com naturalidade. — Imagine, essas paisagens de Teresópolis, cheias de atmosfera luminosa e transparente...

— Estou surpresa com tanta acuidade visual e sensibilidade. Você veio mesmo para trabalhar como criada? Não quer ser minha dama de companhia?

Marilda riu com gosto.

— Longe disso, dona Valentina. Eu sei um pouquinho assim de arte — fez pequeno gesto com os dedos — porque aprendi nos tempos em que trabalhei no hotel e porque também tive aulas de pintura no colégio. Mais do que gostar de quadros, gosto mesmo é de cuidar de uma casa.

— A indicação de Marcos me poupa de perguntas desnecessárias. No entanto, com essa sensibilidade e sorriso encantador, o emprego é seu. Terei muito gosto em tê-la trabalhando aqui comigo.

Marilda fechou os olhos e fez pequena e sentida prece de agradecimento. Tudo corria às mil maravilhas e ela precisava de trabalho. Valentina acertou o salário e outras peculiaridades relativas ao serviço. Mostrou-lhe a casa. E, no fim da visita, perguntou:

— Tem certeza de que é o que quer fazer? Cuidar desta imensa casa?

— Sou muito organizada e adoro manter tudo limpo e em ordem. Prometo que vou cuidar desta casa como se fosse minha. Pode apostar.

— Sei disso. Você conversa olhando nos olhos, não os desvia de maneira alguma. Gosto de pessoas assim. Você é verdadeira e espontânea.

— Obrigada.

— Bom, Argemiro você conheceu há pouco. Benta e o motorista chegarão a qualquer momento. Você vai dividir

---

[16] Eliseu d'Angelo Visconti (1866-1944) foi um pintor e designer ítalo-brasileiro. É considerado o mais expressivo representante do Impressionismo no Brasil e um pioneiro do *design* em nosso país. Mais informações sobre o artista, acesse: www.eliseuvisconti.com.br

o serviço com Benta. Sabe que deverá morar no emprego, certo? — Marilda pendeu positivamente a cabeça para cima e para baixo. — Cada empregado tem seu próprio quarto. No fim do corredor há dois banheiros, um para os homens e outro para você e Benta.

Marilda mordiscou levemente os lábios.

— O que foi? — indagou Valentina.

— Este emprego é tudo o que mais quero e preciso no momento, dona Valentina. Gostei da casa, do ambiente, da senhora...

— Então, qual o problema?

— Eu me afeiçoei muito a uma menina e...

Marilda contou a maneira como encontrara Lilian no galpão, sobre os ferimentos da menina, sobre o elo de afeição sincera que brotara por conta daquelas experiências tão desagradáveis. Marilda sabia que Maria e Cornélio se dispunham a ficar com Lilian, mas ela sentia um aperto no peito toda vez que pensava em se desligar da garota. E finalizou:

— Ela é encantadora. E não tem parentes vivos. Gostaria muito de poder tê-la aqui comigo. Ela poderá me ajudar no serviço. A senhora não precisará pagar nada a mais por isso. Entretanto, algo me diz que Lilian deve vir para cá.

Valentina ficou parada por instantes. Marilda falava de maneira sincera e sem rodeios, com a maior naturalidade do mundo. Esse "aperto no peito" era sinal claro de que a menina deveria vir para sua casa. Valentina não demonstrou um pingo de emoção, contudo, enquanto Marilda relatava a história de Lilian, ela mesma sentira uma emoção diferente.

Valentina estava tão envolvida na história que não percebeu Nuri ao seu lado, sussurrando-lhe palavras encorajadoras e positivas.

— Aceite-a, Valentina. Deixe que Lilian volte para casa. Chegou o momento do reencontro.

Ela respirou fundo e fitou Marilda nos olhos.

— Traga esta menina até aqui.

— Quando?

— Hoje.

Marilda levou a mão ao peito.

— Hoje? Mas o percurso é longo.

— Isso é o de menos. Meu motorista chegará a qualquer momento. Não se preocupe com condução.

— Pode ser amanhã?

— Não. Hoje!

Valentina falou com tal convicção que Marilda pendeu a cabeça para cima e para baixo e nada disse. Em instantes ouviram barulho de carro. Valentina sorriu.

— Meu motorista acabou de chegar. Elias vai levá-la. Ele conhece bem a cidade. Vá buscar a menina e volte ainda hoje.

— Sim, senhora.

Marilda levantou-se e em seguida foi apresentada a Benta. Elas se simpatizaram de imediato e, quando entrou no carro para buscar Lilian, Marilda não percebeu ser observada.

Num canto do jardim, Argemiro sorria feliz. Seu peito batia descompassado e o corpo esquentara sobremaneira. Desde que sua noiva partira anos atrás com um primo seu, ele se fechara para os assuntos do coração.

Agora, sem mais nem menos, ele estava ali, feliz e com as portas do coração novamente abertas para o amor.

# Capítulo 37

Marcos terminou de analisar os documentos. Estava tudo em ordem, e o escritório de advocacia crescia e tornava-se cada vez mais admirado e respeitado. Ele se sentia feliz. O trabalho corria às mil maravilhas, e Carmela seria sua esposa, em breve.

— Não posso me deixar levar por pensamentos negativos e destrutivos. Carmela bem que me ensinou a combatê-los e é por isso que minha vida melhorou tanto — disse para si.

Paulo Renato entrou na sala com uma aparência nada boa.

— Por que essa cara? Aconteceu alguma coisa? — indagou Marcos.

— Cansaço. Estou cansado.

— Por quê? Você gosta tanto de trabalhar. O escritório está cada vez mais abarrotado de clientes e o dinheiro não para de entrar. Deveria estar feliz.

— Em relação ao trabalho, eu estou... — Paulo Renato abaixou o tom da voz — estou preocupado com Selma. Não sei mais o que fazer para tirá-la de casa.

— Dê-lhe um ultimato. Afinal de contas, aquela é a *sua* casa, e não a dela.

Paulo Renato colocou os cotovelos sobre a mesa e afundou a cabeça neles. Estava exasperado.

— Já tentei conversar e argumentar. Nada. Ela não arreda pé.

— Você é o dono daquela casa.

— Mas não fica bem eu enxotá-la de casa. Sou cavalheiro.

— Cavalheiro e burro.

Ele arregalou os olhos.

— O que disse?

— Burro. Você está se deixando levar pelas convenções sociais. Não está colocando a sua vontade em primeiro lugar. Não se esqueça de que a vida o trata como você se trata.

— Engano seu. Os outros vêm em primeiro lugar.

— Quem lhe ensinou isso?

— Ora, meu pai, a escola, o mundo. Não é nada elegante colocar-me em primeiro lugar. Primeiro vêm os outros, depois vem a minha vontade. Assim é.

— Quem está enganado é você. Como pode querer ter respeito se você não dá a mínima atenção ao que sente?

— Não sei o que fazer. Selma é intransigente.

— Coloque-a para fora. E pronto.

— É fácil falar. Não é você quem vive esse drama.

— Quem está fazendo drama é você, meu caro. As suas ideias acerca da vida estão distorcidas. Precisa reavaliar seus padrões e conceitos. Percebo que ao seu redor há inúmeras amebas.

— O que é isso?

— São formas-pensamentos que você criou ao longo da vida. Sabe aquelas vozes aqui dentro da cabeça — apontou para a testa — que ficam conversando conosco o dia todo?

— Sei. Geralmente elas mandam eu fazer um monte de coisas das quais não gosto.

— Porque são frutos das regras aprendidas ao longo da vida. Você foi ensinado a dar valor aos outros e jamais a si mesmo. Se você consegue algum mérito, foi por obra de Deus. Se teve um fracasso, foi você o causador da desgraça.

— É, eu sempre me coloco para baixo. Quer dizer, essas vozes é que me colocam para baixo. Às vezes, penso que vou enlouquecer só pelo fato de escutá-las. Mas o que fazer? Elas são mais fortes que eu.

— Paulo Renato, acorde antes que seja tarde. É um bom homem, bem-apessoado, tem dinheiro e posses. É inteligente e requestado pelas mulheres. No entanto, esse seu jeito errado de ver a si próprio causa-lhe enorme sofrimento. Você deve achar a vida sem graça. Deve se sentir triste e sem vontade de fazer nada. Parece que a vida não tem sentido.

— É verdade.

— Tudo isso por quê? Porque você se deixa levar justamente por essas vozes mandonas. Elas adoram dizer para nós "*faça isso*", "*faça aquilo*", "*isto é certo*", "*aquilo é errado*", e assim por diante. São vozes que julgam e condenam tanto a si mesmo como aos outros. E podem crescer a ponto de tomar forma própria e atrair espíritos perdidos nesta dimensão, que pensam do mesmo jeito. Eles se alimentam dessas nossas formas mentais negativas.

Paulo Renato bateu na mesa três vezes.

— Deus me livre! Não gosto de falar em espíritos.

— Tudo bem, mas apesar de não querer entrar em contato, é necessário repensar seu conjunto de crenças. Você nasceu para ser dono de si, para ser feliz. Mais nada. O que está fazendo com a sua liberdade?

— Valentina falou-me algo parecido. Sinto enorme dificuldade em mudar.

— Ninguém aqui disse que o processo é rápido e indolor. Requer paciência, tempo e carinho por si próprio.

Paulo Renato mordiscou os lábios. Precisava fazer alguma coisa ou iria enlouquecer. Ele não sabia o que era pior em sua vida: Selma ou seus monstros interiores, que viviam o atormentando com uma série de obrigações, cada vez mais absurdas.

Ele levantou-se e andou de um lado para o outro da sala, pensativo. Nuri estava perto dele e tentava inspirar-lhe bons pensamentos, até mesmo lhe dar estímulo para que reagisse e começasse seu processo de mudança interior.

Marcos levantou-se para se servir de água e seus olhos notaram dois pés atrás da porta que ligava sua sala à de Paulo Renato. Olhou, observou e se aproximou, pé ante pé. Abriu a porta de maneira abrupta e qual não foi sua surpresa ao ver Inês ali, parada e com os ouvidos colados à porta. Por pouco ela não caiu em seus braços.

— O que é isso?

Ela tentou se recompor e procurava as palavras, tentando amenizar o constrangimento.

— Não é nada... eu... eu... passava por perto e tinha me esquecido de perguntar sobre... sobre...

Estava mais do que na cara que Inês estava bisbilhotando. Fazia algum tempo que Marcos estava de olho nela. Quando eles conversavam, ela procurava não olhar nos olhos do interlocutor. Marcos não gostava disso. Além do mais, Inês estava deixando o serviço a desejar.

Nuri sorriu para Paulo Renato.

— Precisa estar cercado de pessoas que o querem bem, como Marcos e Mílton. Há pessoas que não têm afinidade conosco e podem só atrapalhar nosso caminho. Não permita que o ambiente de trabalho seja contaminado por mentes negativas e bisbilhoteiras. Portanto, tome uma decisão agora.

Paulo Renato sentiu forte impulso e aproximou-se de Inês.

— Está despedida.

— Como?!

— Isso mesmo. Está despedida. Não a quero mais trabalhando aqui conosco. Rua!

Inês começou a chorar. Em seguida, passou a gritar, feito uma histérica. A custo, Marcos conseguiu acalmá-la e uma funcionária lhe deu um copo d'água. Ela bebericou um pouco, mãos trêmulas, e acalmou-se.

— Sente-se melhor?

— Doutor Paulo Renato não pode fazer isso comigo. Não é justo. Trabalho aqui há anos e sempre fui ótima funcionária.

— O que fazia atrás da porta? Estava escutando a nossa conversa? Para quê?

— Não estava escutando nada. Foi um impulso, uma curiosidade de... de mulher — mentiu.

— Não acredito em você.

O rosto de Inês ficou vermelho feito um pimentão. Marcos era direto e parecia escutar os pensamentos.

— Precisa acreditar — contemporizou —, eu nunca fiz nada que pudesse prejudicar o escritório.

— Há algo de estranho em você. Não sei o que é, mas tenho uma sensação de que não é sincera. Estava de olho em você havia um bom tempo. Você não é de confiança.

Ela se levantou de um salto.

— Não tenho de ser despedida e escutar desaforos! — bramiu. — Você é um almofadinha que mal saiu das fraldas. Quem pensa que é para me dar reprimendas?

— Eu não estou fazendo nada. Só disse o que sinto. Mais nada. Se quiser, posso lhe fazer uma carta de recomendação. Boa sorte com o próximo emprego.

— Malditos! Odeio vocês!

Inês gritou e novamente se descontrolou. Os funcionários ao redor olharam espantados, e ela apanhou sua bolsa e saiu. Não esperou o elevador. Desceu as escadas e, quando ganhou a rua, tomou um carro de aluguel e foi direto até a casa de Paulo Renato.

Nem aguardou ser anunciada. Entrou na casa feito um furacão. Jurema não sabia o que fazer.

— Vá chamar a sua patroa, anda.

— Mas...

— Diga que é a Inês, secretária do doutor Paulo Renato.

— Dona Selma está descansando e...

— Dane-se! — vociferou Inês. — Vá chamá-la imediatamente, sua serviçal.

Jurema engoliu a raiva.

— Amanhã vou no terreiro pedir para os espíritos fecharem os caminhos dela. Quem essa branquela desaforada pensa que é? Não sabe com quem está se metendo — disse para si, enquanto subia as escadas e chamava "a patroa".

Jurema bateu e entrou. Selma estava deitada confortavelmente sobre um canapé, lendo uma revista de moda feminina, importada naturalmente. A prima grã-fina odiava os periódicos nacionais.

— Não gosto que entre no quarto sem que eu mande entrar.

— Desculpe, senhora, mas tem uma moça lá na sala, nervosa. Ela disse que não arreda pé enquanto não for atendida.

— Ora, quem é a doidivanas?

— Disse que se chama Inês. Do escritório.

Selma levantou-se e sorriu.

— Inês? Deve ter alguma notícia muito boa para mim. Em vez de telefonar, veio direto. Deve ser coisa boa.

— Não sei, não, dona Selma. Ela está com uma cara de poucos amigos. Gritou comigo e anda de um lado para o outro da sala, de maneira nervosa.

Selma vestiu um penhoar e desceu. Encontrou Inês falando e gesticulando baixinho.

— Que surpresa é essa? Sabe que não gosto que nos vejam juntas.

— Você vai ter de me ajudar.

— Ajudar? Como assim?

— O doutor Paulo Renato me botou no olho da rua. Perdi meu emprego.

— O que aconteceu?

— Não sei — mentiu. — Ele simplesmente me chamou e me despediu.

— E o que quer que eu faça?

— Que interceda por mim. Diga a ele que sou ótima funcionária.

— Não sei se ele vai me escutar. Nunca conversei com Paulo Renato sobre assuntos do escritório.

— Pois trate de conversar com ele. É o mínimo que pode fazer — vociferou.

— Não gostei do seu tom. Quem pensa que é? Entra assim na minha casa e vai me dizendo o que devo ou não fazer?

— Em primeiro lugar, aqui não é sua casa. E depois, se não me ajudar, vou contar tudinho para o doutor Paulo Renato. Vou dizer que me pagava para ser sua espiã. Tenho provas e posso colocar em xeque os seus planos de se casar com ele.

Selma estremeceu. Inês poderia fazer tudo, menos contar ao primo sobre a função secreta que desempenhava no escritório. Entretanto, estava nervosa, não gostava de ser pressionada. Odiava que mandassem ela fazer as coisas. Inês agora se tornara algo perigoso em sua vida. Ela pensou rápido:

— Vou conversar com Paulo Renato.

— Quero voltar ao meu emprego de secretária.

— Farei o possível.

— E o impossível — completou Inês. — Eu vou voltar ou então você vai ter de acertar valores comigo.

— Está me chantageando?

— Se é assim que entende...

Selma abriu e fechou a boca, estupefata. Inês tinha ido longe demais. Precisava ganhar tempo. Dissimulou a raiva e sorriu:

— Vou fazer de tudo para que tenha seu emprego de volta. Conversarei com Paulo Renato. Peço que me dê alguns dias. Um mês.

— Nada de um mês. Quero voltar o mais rápido possível.

Selma foi até o vestíbulo e apanhou a bolsa. Pegou um punhado de notas e as entregou para Inês.

— Espero que isso ajude você a esperar. Como disse, dê-me um tempo para resolver essa questão. Prometo que terá seu emprego de volta.

Inês apanhou as notas e, olhos brilhantes, colocou-as na bolsa.

— Assim fico mais calma e de bico calado. Vou ser paciente e dar-lhe um mês. Depois disso, pode ter certeza de que abro o bico e conto tudo. Absolutamente tudo!

Ela rodou nos calcanhares e saiu, batendo a porta com força. Selma mordiscou os lábios com tanta raiva que logo sentiu um gostinho amargo de sangue.

— Preciso dar um jeito nessa pilantra. Ela pensa que vai me chantagear... Não sabe com quem está se metendo.

— Mas e se ela abrir o bico para o doutor Paulo Renato? — indagou Jurema, logo atrás. — Desculpe, dona Selma, escutei toda a conversa — Selma ia responder, mas Jurema prosseguiu, nervosa: — Fique tranquila, pois minha boca é um túmulo. Estou aqui para ser empregada fiel. Eu, mais do que ninguém, prefiro a senhora àquela insuportável da dona Valentina.

Selma sorriu. Adorava quando era colocada de maneira superior aos demais mortais. Seu ego vibrava de felicidade.

— O que posso fazer? Ela vai querer tirar dinheiro de mim. Isso é aviltante.

— Posso ajudá-la.

— Como? Paulo Renato não vai querer conversar sobre trabalho. Ele nunca falou comigo sobre assuntos do escritório. Agora que estou mais à vontade na casa, não posso contrariá-lo, entende? Aprecio a sua ajuda, mas não pode fazer nada por mim.

— Posso sim. Conheço um bruxo que é tiro e queda.

— Bruxo? Que negócio é esse, Jurema? Cruz-credo! — Selma fez o sinal da cruz.

— Eu sei lidar com esse tipo de "negócio". Ajudo nos trabalhos, a fazer poções e amuletos. Sempre deu certo.

— Não entendo o que quer dizer.

— Se precisar, eu posso levar o nome dessa desaforada ao local onde fazemos os "trabalhos". Garanto que essa Inês some rapidinho de sua vida.

— Verdade?

— Pode acreditar — disse Jurema, com ar de superioridade. Ela percebeu que Selma ficara pasma com o seu jeito firme e com conhecimento do assunto.

— Eu adoraria afastá-la de meu caminho.

— Pois pode contar comigo.

— Escute — indagou Selma, curiosa. — Esses serviços que vocês fazem servem para tudo?

— Para tudo.

— Pode fazer algo para me aproximar de Paulo Renato?

— Vixe! — gargalhou Jurema. — Amarração de homem é o que a gente mais faz. Fazemos tudo isso em chácaras ou fazendas aqui perto, porque precisamos estar em contato com a mata e com as cachoeiras para que o trabalho tenha efeito.

— Ah, sei. E dá certo?

— Pode ter o homem que desejar, no momento que quiser. Não falha. E, para mostrar à senhora que o serviço tem resultado, eu o farei de graça.

— Por quê? Tem de pagar?

— Pois é claro. Preciso comprar material para fazer um serviço muito benfeito.

Selma balançou a cabeça para cima e para baixo.

— Então posso matar dois coelhos com uma só cajadada! Eu me livro da Inês e faço o Paulo Renato se apaixonar por mim de uma vez por todas!

— Pode fazer, sim. Eu garanto.

— O que precisa?

Jurema animou-se, enquanto seres invisíveis de forma escurecida dançavam ao seu redor.

— Da Inês, eu preciso do nome completo e de uma peça de roupa qualquer.

— Peça de roupa?

— Sim. Qualquer uma. Chame-a aqui na semana que vem e invente alguma coisa, diga que vai fazer um trabalho assistencial para alguns feridos da Revolução que não têm roupas.

— E em relação a Paulo Renato?

— Aí é um pouco mais complicado.

— Complicado como? — perguntou Selma, aflita.

— Preciso de um pedaço de cabelo e — Jurema colocou o dedo no queixo — uma cueca usada.

— O que é isso, Jurema? Que acinte!

— Mas preciso de roupa íntima, de preferência com suor ou líquido do homem que vamos amarrar na senhora. Somente por esse motivo, preciso que me arrume uma cueca do doutor Paulo Renato, de preferência no momento em que ele for se despir para tomar banho. Tem como fazer isso?

— Ele tranca a porta do banheiro.

— Quando ele sair do banho, entre sorrateiramente e pegue a cueca.

— Você poderia me poupar desse constrangimento e fazer você mesma.

— Não posso, dona Selma.

— Por que não?

— Porque a senhora precisa tocar no tecido.

— *Argh*!

— Mas é. A senhora precisa pegar, colocar num saco e me entregar. Eu não posso tocar na cueca. E a senhora tem que tocar nela por sete dias, antes de me entregar.

— De onde tirou isso, Jurema?

— Magia, oras. Eu sei fazer amarração de homem como ninguém. Trago o seu amor em questão de dias. Conte comigo.

Selma sorriu de maneira maliciosa. Ela nunca havia se rebaixado tanto na vida, mas em todo caso valia a pena. Era uma questão de sobrevivência. Havia utilizado da sedução para atrair o primo, sem resultado. Estava na hora de apelar. E ela faria de tudo, mas de tudo mesmo, para ter Paulo Renato aos seus pés. Nem que tivesse de seguir as orientações de Jurema.

São Paulo — Largo da Sé

# Capítulo 38

No finzinho da tarde, o motorista entrou com o carro na garagem do casarão. Lilian não tinha entendido direito. Tudo fora muito rápido. Marilda assegurou:

— Tenho certeza de que tudo vai dar certo. Dona Valentina é ótima pessoa e quer conhecê-la. Vamos morar juntas.

— Nesta casa enorme?

Marilda sorriu.

— Sim, mas lá nos fundos. Não se esqueça de que serei uma criada.

Dona Maria disse que eu posso morar lá com ela. A Carmela vai casar e o quarto vai ficar vago.

— Quer mesmo ficar lá?

— Eu gosto deles, eles me acolheram com amor e carinho. Sempre gostei da Carmela. Ela é a irmã mais velha, uma amiga de verdade. Contudo, gosto muito de você. Não sei explicar, mas prefiro morar aqui com você.

Marilda a abraçou carinhosamente.

— Minha pequena, que lindo! Eu adoro você. Desde que a vi no armazém, senti algo inexplicável. Mas algo bom. Sinto aqui no peito — apontou — que seremos muito felizes.

— Será? Carmela me disse a mesma coisa, porém passei por tanta coisa ruim. Não queria mais sofrer.

— Desde que nos conhecemos, você tem sofrido?

— Não. Na verdade, desde que meu pai apareceu naquele sonho, muita coisa mudou na minha cabecinha. Sou jovem, mas às vezes sinto que minha idade se perde na eternidade.

— Deve ser seu espírito lúcido a chamando à realidade e ao amadurecimento. Você saiu mais forte dessas experiências dolorosas.

Lilian sorriu. Marilda notou uma cárie.

— Há quanto tempo não cuida dessa boca?

— Desde antes de papai ir para a guerra.

— Uma menina tão bonita! Preciso levá-la ao dentista.

Desceram do carro e foram conversando animadamente. Lilian aspirou o perfume das flores no imenso jardim.

— Que lugar lindo!

Marilda pendeu a cabeça para cima e para baixo e seus olhos encontraram os de Argemiro, afofando a terra para plantio. Ele lhe sorriu e ela sentiu brando calor invadir-lhe o peito.

— Está de volta?

— Sim.

— Quem é essa menina de rosto adorável?

A jovenzinha se apresentou.

— Meu nome é Lilian.

Argemiro tentava notar a semelhança entre ambas.

— É sua filha?

— Não, mas é como se fosse.

— É casada?

— Quem? Eu?!

— Sim, você.

— Não, não sou casada. Quer dizer, fui, mas... bom, desculpe, não quero falar sobre isso.

Argemiro sorriu satisfeito.

— Dona Valentina as espera na biblioteca.

Marilda pegou na mão de Lilian e ambas entraram na casa.

— Ele gosta de você.

— Quem? Argemiro?

— É. Ele olha para você do mesmo jeito que o Marcos olha para a Carmela.

— Você é muito novinha para notar essas coisas.

Ambas riram.

— Ele é bonitão — ajuntou Lilian. — Parece aquele galã de cinema, o Errol Flynn.

— Pare com isso, menina — protestou Marilda, sinceramente encabulada.

Benta as recebeu no vestíbulo com lindo sorriso nos lábios. Dirigiu cumprimentos às duas e estendeu a mão para Lilian.

— Como vai, menina bonita?

— Vou bem. E a senhora?

— Não me chame de senhora. Eu sou a Benta. A seu dispor.

— Oi, Benta — replicou a mocinha, enquanto seus olhos brilhantes e vivos percorriam o ambiente.

Benta as conduziu até a biblioteca. Assim que seus olhos pousaram nos de Lilian, Valentina sentiu algo indescritível. Era como se conhecesse Lilian havia muito tempo. Ela procurou manter voz natural. Aproximou-se e cumprimentou Marilda. Em seguida abaixou-se e a fitou nos olhos.

Como vai, minha querida?

— Eu estou bem. E a senhora?

— Também estou.

— Bonita a sua casa. Tem muito bom gosto.

Valentina esboçou largo sorriso.

Se quiser, poderá morar aqui.

— A Marilda me falou. Eu não tenho pai e mãe. Perdi minha irmãzinha e, se não fosse a minha amiga Carmela e a Marilda, acho que estaria num asilo de meninas.

— Agora você tem um lar.

— Lilian poderá viver aqui, dona Valentina?

— Poderá. Quero que ela fique conosco. Essa pequena sofreu muito e está na hora de ter uma vida boa. Eu vou ajudá-la a se tornar uma moça bonita e inteligente.

— Eu gosto de estudar, mas tive de parar.

— Voltará no próximo ano. Vou arrumar uma boa escola para você.

Lilian sorriu feliz.

— Eu tenho a impressão de que conheço a senhora. Só não sei de onde.

Valentina sentiu nova onda de calor invadir-lhe o peito e uma afeição sincera pela menina. Disse com voz que procurou tornar natural:

— Eu também tenho a mesma sensação.

— Quem sabe não nos conhecemos de outras vidas?

— Acredita em vidas passadas?

— Minha amiga Carmela que me contou. Ela sabe um monte de coisas. Depois de tudo o que me aconteceu, só a reencarnação faz sentido para mim. De outro modo, por que eu ficaria órfã? Por que outras crianças têm pais e eu não? Se Deus gosta de todos do mesmo jeito, então teria alguma coisa errada aqui, concorda?

— Concordo. Você é inteligente e sagaz. Creio que vamos nos dar muito bem.

— Também acho.

— Mas vamos tomar providências e cuidar desses dentes. Você tem cáries.

— Marilda me falou — tornou Lilian, cenho fechado. — Tenho medo.

— Eu a levarei a um dos melhores dentistas. Ele é meu amigo e trata seus pacientes com carinho e enlevo.

Conversaram um pouco mais, e em seguida Benta surgiu na biblioteca carregando uma bandeja com uma jarra de refresco e guloseimas. Os olhos de Lilian brilharam emocionados.

Valentina não sabia explicar a sensação agradável que se apoderou dela. Estava radiante e feliz.

Depois que Lilian empanturrou-se com os doces, Valentina fez questão de mostrar a elas o quarto. Não era grande, mas confortável. Havia um guarda-roupa com três portas, duas cômodas, uma penteadeira e duas camas de solteiro, com uma mesinha de cabeceira ao lado de cada cama.

— Esses móveis estão na família há anos. Espero que gostem.

O ambiente era agradável e bem-arrumado. O quarto cheirava a lavanda. Lilian sorriu.

— Adorei. Vou gostar de morar aqui.

Valentina passou determinadas recomendações a Marilda. Ela começaria a trabalhar na semana seguinte. Deveria trazer seus pertences e teria folga aos domingos. Lilian podia ajudar nos afazeres, mas Valentina estava preocupada com sua educação. Talvez levasse Lilian à oficina de costura a fim de ensiná-la um ofício.

Já era tarde quando Marilda e Lilian saíram do casarão. Valentina fez questão de que, devido ao horário, Elias as levasse até o Cambuci.

No trajeto, elas conversaram animadas.

— Eu adorei a casa. Adorei mais ainda a dona Valentina.

— Ela gostou muito de você.

— Eu também gostei dela. Parece que já a vi em algum lugar.

— Pode ser. Dona Valentina é pessoa da alta sociedade. É conhecida e benquista, pessoa bem considerada por todos. É amante das artes e possui acervo invejável de obras de arte.

Adoro pintura.

— Eu não sabia. Estudei um pouco na escola e aprendi um bocado quando trabalhava no hotel. Se quiser, em vez de lhe contar histórias de ninar, posso ler sobre história da arte.

— Não precisa me contar historinhas de ninar. Não sou mais uma criança.

— Esqueci-me. Está se tornando uma mocinha.

— Uma mocinha que agora tem casa e pessoas que me querem bem.

— Graças a Deus!

Elias parou o carro diante da casa, elas se despediram e desceram. Ao entrarem, encontraram Mílton cabisbaixo.

— O que foi, pai? Por que essa cara?

— Você vai embora. Vou perdê-la de novo.

Marilda aproximou-se e sentou-se ao seu lado no sofá. Pousou suas mãos sobre as dele.

— Nunca mais ficaremos separados. Vamos morar em casas separadas, mas estaremos sempre juntos. O senhor está acostumado com essa vida. Está sozinho há anos. Preciso do meu espaço, das minhas coisas. Está na hora de ir atrás de minhas conquistas, de minha independência.

— Poderia trabalhar e voltar à noite. Pelo menos dormiríamos sob o mesmo teto.

— Vir do Morumbi para cá todos os dias? É muito cansativo, pai. Prefiro assim. E, de mais a mais, poderemos passar os domingos juntos. Poderemos almoçar juntos, caminhar até o parque da Luz. Dessa forma, não vamos enjoar um do outro. Vamos sentir saudades, isso sim.

— Tem razão — ele esboçou leve sorriso. — Você precisa ter sua vida, ir atrás de sua felicidade. Quem sabe, nessa onda de coisas boas, logo aparece um homem bom que a respeite, ame e valorize?

Marilda corou.

— É, pai, pode ser.

— Eu tenho certeza de que Marilda vai ser feliz — ajuntou Lilian. — Em seguida, ela lançou olhar malicioso para a amiga: — Muito em breve, se o senhor quer saber.

— Assim espero.

— Pai, o senhor ainda está em forma. É saudável e trabalhador. Nunca mais pensou em se casar?

— Eu? Nesta altura da vida?

— Tem pouco mais de cinquenta anos. Ainda pode viver muito.

— E é muito bonito — ajuntou Lilian. — O senhor parece aquele ator...

Marilda meneou a cabeça.

— Ai, Santo Deus! Essa menina acha todos os homens parecidos com galãs de cinema.

— Mas é a pura verdade — tornou Lilian. — Hum... — ela meteu o dedo no queixo, de maneira graciosa — Já sei! O senhor parece o Douglas Fairbanks.

— Acha mesmo? — perguntou ele, lisonjeado em ser comparado com um dos astros mais bonitos e galantes da época de ouro do cinema americano.

— Acho. O senhor usa os cabelos como os dele, penteados para trás. Tem um bigode parecido. É meio alourado e seus olhos verdes são bem expressivos. Se não trabalhasse no escritório, poderia ser ator.

Todos riram. De fato, Mílton era um homem bem atraente. Casara-se muito cedo e, quando Marilda nasceu, ele tinha vinte anos de idade. Havia passado um pouco dos cinquenta, mas estava inteirão, bem conservado. Desde que enviuvara, nunca mais pensou em se casar de novo.

Marilda aproveitou e confessou.

— Fiquei surpresa em saber que ainda continua viúvo. Mamãe tinha ciúmes, pois papai sempre fora muito assediado.

— Mentira. Está exagerando.

— Exagerando? Eu me lembro que, quando eu era pequena, mamãe foi tirar satisfações com a finada cunhada do seu Manuel da padaria. Ela sempre arrastava asas para o senhor.

— É verdade. A Teresa tinha uma queda por mim.

— Não disse? — falou ela enquanto olhava para Lilian. — Creio que poderia pensar em se casar de novo.

— Ora, ora. Estou velho demais para isso.

— Nunca é tarde.

— Eu também acho — concordou Lilian.

Mílton balançou a cabeça negativamente. Mudaram o assunto, e Marilda falou de como fora bem recebida e de como ela e Lilian tinham sido bem tratadas por Valentina. Mílton pendeu a cabeça para cima e para baixo.

— Dona Valentina é mulher fascinante. Nunca ouvi comentários maledicentes a seu respeito. Sempre foi ligada às artes. Depois da Revolução, é admirada pelo seu papel de destaque na frente desse batalhão de mulheres que nos ajudaram durante o conflito. Eu fico muito feliz de trabalhar com o irmão dela e mais feliz em ver que você vai trabalhar com uma das mulheres mais admiráveis desta cidade.

— Eu também sinto-me lisonjeada, papai. E ela teve empatia imediata com Lilian.

— E quem não tem? — revelou ele. — Lilian é um doce de menina. Eu a considero minha neta.

— Obrigada, seu Mílton. Também gosto muito do senhor.

Lilian se achegou, abraçou-o e beijou-o no rosto. Ele emocionou-se. Em seguida, ela disse:

— Posso lhe fazer uma pergunta?

— Pode.

— Quando o senhor foi até minha casa, ela estava vazia?

— Completamente vazia. Não havia nada. Nem um móvel. A sua madrasta havia sumido.

— Ela não é minha madrasta. Dinorá nunca foi nada minha.

— Onde será que ela está?

— Espero que bem longe — tornou Lilian, rosto contraído.

De fato, Dinorá estava bem longe. Longe, amedrontada, nervosa e perturbada. Completamente perturbada.

# Capítulo 39

Depois da pequena confusão causada pela indiscrição e consequente demissão de Inês, o ambiente do escritório era calmo e sereno. Os funcionários produziam mais e se sentiam bem melhor no ambiente de trabalho. Também pudera. As energias insalubres que se desprendiam da mente negativa de Inês perturbavam todos à sua volta.

Uma semana depois contrataram nova secretária. Meire era mulher bonita. Do tipo *mignon*, corpo benfeito e cabelos curtos presos em coque. Maquiava-se e vestia-se com apuro e descrição. Simpática, fala mansa e conversa agradável, era exímia taquígrafa e mostrara que viera para ficar. Paulo Renato simpatizara bastante com ela e Marcos também.

Meire havia estudado com Maria, mãe de Carmela, e não se casara. Cuidou dos pais e, depois que eles faleceram, preferiu continuar sozinha. Não se importava nem um pouco em ser chamada por parentes de "solteirona". Não estava nem aí para os comentários dos outros. Estava com quarenta anos e trabalhava desde os quinze. Estudou datilografia e taquigrafia[17], técnica que Inês desconhecia, e tinha acabado de concluir um curso sobre rotinas de escritório. Quantas e quantas vezes, no meio de uma reunião, Inês tinha de interromper o raciocínio de Paulo Renato pois não conseguia anotar os recados na mesma velocidade com que ele lhe ditava.

Uma das estagiárias, Nanci, fascinada com a rapidez com que Meire anotava recados e atas de reunião, perguntou-lhe como e onde foi que aprendeu tão bem a anotar ao mesmo tempo em que escutava seu interlocutor. Meire sorriu simpática.

— Um dos mais usados sistemas taquigráficos é o de Samuel Taylor, grande entusiasta da taquigrafia inglesa, que usou a circunferência como base para criação dos seus signos. Se quiser, posso lhe emprestar o livro que usei, *A arte tachygraphica*, do professor J. Clemente Ferraz.

— Eu adoraria — respondeu Nanci. — Você é culta e inteligente. Não sei muita coisa de taquigrafia.

— Posso lhe dar umas dicas. O doutor Marcos gosta muito do seu trabalho e, caso se esforce e aprenda a arte da taquigrafia, tenho certeza de que será promovida.

Nanci suspirou.

— Você é muito bacana. Bem diferente da Inês.

— Eu não a conheci, não tenho condições de fazer qualquer comentário que seja. O que importa é que você quer progredir no trabalho e eu gosto de ajudar quem se interessa e se dedica.

— Obrigada, de coração.

Nanci saiu, e Paulo Renato apareceu na porta solicitando os serviços de Meire. Ela levantou-se rapidamente e chocou-se contra Mílton, que passava cabisbaixo e não a viu. A jovem desequilibrou-se e quase foi ao chão.

---

[17] Estenografia ou taquigrafia — *tachygraphia*, na forma como era escrita em 1933 — é a técnica de escrita que utiliza caracteres abreviados especiais, permitindo que se anote as palavras com a mesma rapidez com que são pronunciadas.

— Desculpe-me, eu me levantei rápido demais. O senhor se machucou?

— Não. E a senhorita?

— Está tudo bem.

— Prazer, meu nome é Mílton, sou assistente do doutor Marcos.

— Meu nome é Meire — ela estendeu a mão e sorriu. — Espero não lhe causar outros esbarrões assim.

Mílton sorriu e, enquanto ela entrava na sala do advogado, seus olhos brilhavam, e foi a primeira vez, em muitos anos, que ele sentiu seu coração pulsar de alegria.

Depois de pedir para que ela anotasse alguns deveres para o dia seguinte, Paulo Renato a dispensou.

— Estou muito contente com seu trabalho, Meire.

— Obrigada, doutor. Gosto muito deste lugar. Fiz amizade com quase todos e adoro meu trabalho.

— Conto com sua eficiência e discrição.

— Sim, doutor — ela levantou-se e perguntou: — Precisa de mais alguma coisa?

— Pode ir. Antes, por favor, entregue este relatório ao Mílton e depois passe na sala de Marcos e diga a ele que precisamos conversar.

— Ah, sim.

Ele sorriu.

— Até amanhã.

— Tenha uma boa tarde, doutor Paulo Renato.

Meire saiu e foi até a sala em que Mílton ficava quando voltava da rua. Ela parou diante da mesa dele e esticou os papéis.

— Doutor Paulo Renato mandou lhe entregar.

Mílton levantou os olhos e sorriu. Seus lábios se entreabriram e Meire pôde notar os dentes brancos e bem distribuídos.

— Obrigado. Vai embora?

— Estou de saída. Vou apanhar minha bolsa e descer.

— Você se importa se eu acompanhá-la até o ponto de bonde?

— Será um prazer.

— Pode ir pegar sua bolsa. Eu a espero.

Meire sorriu feliz e sentiu brando calor invadir seu peito. Em seguida, passou pela sala de Marcos e pediu a ele que fosse até a sala de Paulo Renato.

Depois, ela e Mílton desceram o elevador. Quando ganharam a rua, ele a convidou para um refresco no salão de chá da Casa Alemã. Meire concordou com gosto.

Marcos terminou o trabalho do dia, trancou as gavetas e apagou a luz de sua sala. Passou pelo corredor, bateu na porta de Paulo Renato e entrou.

— Meire disse que quer falar comigo? Algum assunto urgente?

— Precisamos conversar sobre seu futuro.

— Meu futuro?

— Sim. Vai casar.

— Vou.

— Está decidido? Tem certeza de que é com essa moça que quer contrair matrimônio?

— Sem dúvida! Amo Carmela. Ela é a mulher de minha vida.

Paulo Renato riu-se.

— Está apaixonado mesmo. Caidinho, eu diria.

— Estou de quatro por essa pequena.

— Quem casa quer casa.

— Belo ditado. Estou me esforçando. Já programei tudo. Vou alugar uma bela casa, de preferência aquela em que Carmela sonha viver. Depois de alguns anos a comprarei, a fim de satisfazer o desejo de minha amada.

Paulo Renato o interrompeu.

— Você diz a casa da Lapa?

— É. Aquela casa cuja inquilina fugiu.

Ele balançou a cabeça para cima e para baixo. Abriu a gaveta de sua escrivaninha e pegou uns papéis. Entregou-os a Marcos.

— O que é isso?

— Um contrato de compra e venda de imóveis. Como bom advogado, fiz tudo certinho, dentro da lei. O tabelião espera a sua assinatura no fim da última página — Paulo Renato apontou — para registrar a escritura no cartório.

Marcos leu e não entendeu.

— É um contrato de compra e venda de uma casa — ele começou a ler — sita à rua... — Marcos abriu e fechou a boca, pálido. — Você passou a casa para meu nome? É isso?

— Presente de casamento. Não tive tempo de colocar uma fita vermelha. Desculpe-me.

— Está me dando a casa da Lapa?

— Presente de casamento.

Os olhos de Marcos marejaram. Paulo Renato levantou-se da cadeira, aproximou-se e o abraçou com enorme carinho.

— Conversei com Valentina e queríamos lhe dar um bom presente. Pensamos, pensamos e decidimos pela casa da Lapa. Temos tantos imóveis e, ao saber que Carmela gosta muito daquela casa, Valentina não titubeou, exigiu que fizéssemos o contrato e déssemos a casa para vocês.

— Eu não tenho palavras para expressar meu contentamento e minha gratidão.

— Não precisa. Gosto muito de você.

Marcos abraçou-o novamente, voz embargada.

— Obrigado, Paulo Renato. De coração.

— Espero que vocês sejam muito felizes em seu ninho de amor.

— Seremos, pode acreditar.

— E encha aquele quintal de crianças!

— Conte comigo — disse Marcos, rindo e chorando ao mesmo tempo.

Paulo Renato lhe deu a chave da casa.

— Pode fazer surpresa para sua noiva. Use o dinheiro que tem guardado para fazer uma boa reforma no imóvel. Até amanhã.

Eles se despediram, e Marcos foi direto do escritório para a casa de Carmela. Em vez do bonde, tomou um táxi para chegar mais rápido. Chegou ofegante.

— O que aconteceu? — indagou ela. — Você sempre me liga antes de vir. Por que veio de táxi?

— Surpresa!

— Hum — ela sorriu. — Adoro surpresas.

Marcos pegou em sua mão e foi puxando Carmela para a rua.

— Venha.

— Aonde vamos?

— Pertinho.

Eles atravessaram a rua e Marcos tirou a chave do bolso. Pousou delicadamente o objeto na mão da amada.

— Bem-vinda à nossa casa.

— Como assim?

— Presente de casamento do doutor Paulo Renato e de dona Valentina.

Carmela arregalou os olhos.

— Esta casa? Eles nos deram *esta* casa? — perguntou de modo enfático.

— Paulo Renato soube que você adora esta casa. Queria nos dar um bom presente e passou a casa para o meu nome. Agora você vai ter de se casar comigo de qualquer jeito.

Ela abriu largo sorriso e as lágrimas escorriam pelo canto dos olhos. Abraçou Marcos com força.

— Meu amor, que presente! Estou tão feliz.

— Eu também. Vamos entrar na nossa casa?

— Vamos.

— Um minuto.

— O que foi?

Marcos a pegou pelos braços da maneira como um noivo costuma erguer e carregar a noiva para o leito de amor na noite de núpcias.

— É assim que você vai entrar na *nossa* casa.

Carmela deixou-se conduzir. Entraram na casa, e Marcos a colocou no chão. Percorreram os ambientes, e Carmela olhava tudo fascinada. Vislumbrava as reformas que iria fazer, a cor das paredes, os móveis, os quartos das crianças, tudo. Chegaram ao quarto do casal. A emoção era forte demais. Sem trocar uma palavra, os jovens apaixonados abraçaram-se e beijaram-se com volúpia.

Em instantes, estavam deitados sobre o chão do quarto, entregando-se ao amor puro e sincero que brotava de seus corações.

São Paulo — Rua Barão de Itapetininga

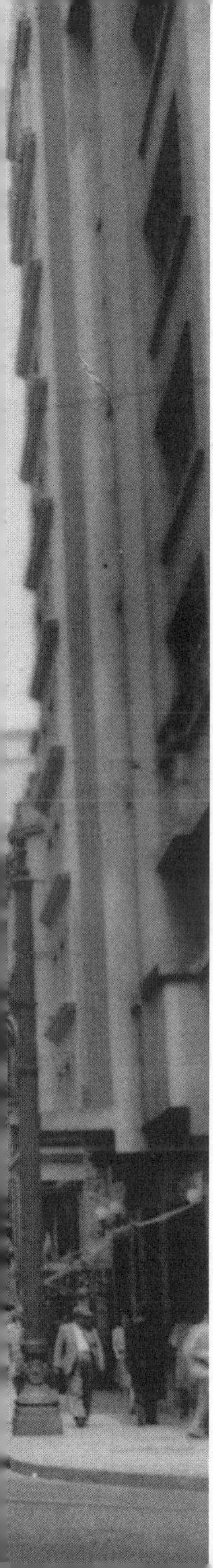

# Capítulo 40

Os dias correram céleres, e Valentina ficou bastante satisfeita com os serviços prestados por Marilda. Ela era organizada, eficiente, tomava decisões acertadas sem fazê-la perder tempo. Marilda e Benta se deram muito bem, e, diante de sua eficiência e dedicação, Valentina a promoveu ao cargo de governanta.

— Mas é um cargo de muita responsabilidade.

— Você mostrou que é capaz de gerenciar esta casa. Não preciso esperar mais tempo. Vou contratar outra funcionária para fazer seu serviço, que é muito puxado.

— Eu gostaria de continuar fazendo o que faço.

— Não terá tempo para faxina, por exemplo. Eu quero que administre a casa.

— Administrar?

— Sim. Quero que se ocupe principalmente com o planejamento, controle, organização e supervisão da equipe que vou formar. Embora eu tenha profunda ligação afetiva com a Benta, preciso de alguém para lidar com Argemiro, Elias e outros criados que virão para cuidar com carinho desta grande casa. E seu salário será bem melhor, de acordo com suas novas atribuições.

Marilda quis falar, mas Valentina a interrompeu:

— Uma governanta deve dormir dentro da casa. A partir de hoje, você dorme no quarto ao lado do meu.

— Dona Valentina, estou muito feliz. Obrigada pela confiança.

Marilda apertou a mão da patroa e, num gesto instintivo, a abraçou. Valentina retribuiu o abraço.

— Só tem uma coisa, dona Valentina.

— O que é?

— A Lilian. Não gostaria que ela dormisse sozinha na casa dos fundos. Ela tem tido pesadelos horríveis ultimamente.

— Eu jamais separaria vocês duas. Claro que ela vem para dentro da casa. E, já que você tocou no assunto, eu quero conversar melhor sobre Lilian.

— Pois não?

Valentina apontou para o escritório e ambas dirigiram-se para lá. Ela se sentou na frente da escrivaninha e Marilda na poltroninha ao lado.

— Tenho observado nesses dias que Lilian é uma menina linda e cativante, embora um pouco entristecida.

— Ela passou por maus bocados. É difícil lidar com acontecimentos ruins nessa idade.

— Gostaria de conversar com ela. Você se importa se eu reservar um quarto só para ela?

— Só para ela?

— Sim. Penso em transformá-la numa dama de companhia. Ela gosta de artes e, se eu ajudá-la em sua educação, creio que vai se tornar mulher elegante e culta.

— É maravilhoso o que me diz. Eu quero o melhor para Lilian. Desejo de coração que ela tenha tudo de bom que a vida possa lhe ofertar.

Conversaram mais um pouco e Valentina pediu que Marilda chamasse Lilian para uma conversa. Ela assentiu com a cabeça e saiu do escritório. Atravessou a casa, saiu pela porta da cozinha e encontrou Lilian sentada na cama, folheando uma revista de cinema, como de costume.

— O que está fazendo, minha querida?

— Lendo *A Scena Muda*. Dona Valentina tem vários exemplares.

— Gosta de cinema, não?

Os olhos de Lilian brilharam emocionados.

— Adoro. Amo as atrizes, os atores. Sei de cor um monte de nomes.

— Pode se tornar uma atriz.

— Não. Não penso em ser atriz. Nesses últimos tempos tenho pensado no que gostaria de fazer, estudar... Pensei, pensei e cheguei a uma conclusão.

— Posso saber qual?

— Eu gosto de pintura, de arte. Se pensasse numa profissão, talvez fosse pintora. Gosto do cinema porque ele me transporta para um outro mundo, o dos sonhos, das princesas, dos mocinhos, das histórias de amor. E, cá entre nós, esses astros e estrelas são glamorosos. Um dia ainda serei uma mulher assim — ela pegou a revista e mostrou uma foto para Marilda.

— Quem é essa?

— Marlene Dietrich. Uma das atrizes mais elegantes do cinema. Ela é linda.

— Quem sabe, quando crescer, você vai ser como ela?

— Quem sabe?

— A dona Valentina quer conversar com você. Pediu que vá até o escritório.

Lilian alegrou-se.

— Será que ela vai me dar mais revistas de cinema?

— Pode ser.

— Você está com os olhos tão brilhantes. Aconteceu alguma coisa?

— Aconteceu. Mas primeiro vá conversar com dona Valentina. Depois você volta e aí eu lhe conto as novidades.

— Está certo.

Lilian levantou-se, colocou a revista sobre uma mesinha e sentou-se diante da penteadeira. Pegou a escova e alisou os cabelos, que estavam bem compridos. Marilda a ajudou a fazer uma trança e colocou uma fita combinando com os tons do vestido. Lilian saiu, e Marilda suspirou feliz. Olhou para o alto e fez sentida prece.

Em seguida, saiu do quarto e foi para o meio do jardim. Tinha vontade de gritar, mas resolveu girar o corpo por entre as alamedas de hortênsias e rosas. Aspirou o perfume das flores e foi dançando, dançando até que esbarrou em Argemiro. Marilda abriu os olhos e sorriu.

— Desculpe.

— Não tem de quê. Eu a estava observando à distância. Você dança como uma dama. É leve como uma pluma.

Argemiro falou e a pegou na cintura. Marilda sentiu um calor sem igual.

— Sou leve?

— Leve e linda — o jardineiro a fitou nos olhos e aproximou-se a tal ponto que ela podia sentir seu hálito quente e perfumado. — Eu gosto de você, Marilda. De verdade.

Ela fechou os olhos e seus lábios se encontraram. Logo, Argemiro apalpava seus seios e a beijava com volúpia e desejo.

— Eu a amo. Eu a amo, Marilda.

— Eu também. Amo você, Argemiro.

Abraçaram-se sentindo enorme prazer nos toques e sensações. Marilda sentiu a mão forte e grande de Argemiro tocá-la com desejo.

— Vamos para o meu quarto. Não aguento mais. Eu preciso tê-la.

Marilda assentiu. Correram até o quarto de Argemiro. Despiram-se com tremenda rapidez e logo ambos estavam trocando carícias e amando-se a valer. Marilda estava feliz. Acabara de ser promovida. E encontrara, de uma vez por todas, o homem de sua vida.

Lilian entrou na cozinha e Benta foi logo dizendo:

— Quer um copo de leite, menina bonita?

— Agora não. A dona Valentina quer conversar comigo. Depois eu tomo um gole de leite morno. Mas tem de ser com mel.

— Especial. Com mel. Vá e volte logo.

— Está bem.

A menina deixou a cozinha e atravessou o corredor. Entrou no escritório. Valentina ajeitava alguns papéis sobre a mesa.

— Oi, dona Valentina.

— Lilian, como está?

— Estou bem. Hoje cedo ajudei Benta a fazer o almoço. Amanhã prometo fazer mais atividades. Não vou ficar parada.

— Eu não quero que continue ajudando Benta.

— Não? Por quê? Fiz algo de errado?

— De maneira alguma. Estou pensando em matricular você num bom colégio para meninas ou contratar professores. Quero que se dedique aos estudos.

— Adoro estudar.

— Gosta de estudar e ler revistas de cinema. Isso eu sei.

— Ah, gosto mesmo! — declarou Lilian, rindo.

Valentina levantou-se e sentou-se perto da menina. Olhou-a bem no fundo dos olhos.

— Marilda me contou que tem tido pesadelos. Esta casa lhe causa algum estranhamento?

— De maneira alguma. Adoro esta casa. Mas esses sonhos ruins são antigos. Eu já tinha esses pesadelos antes de vir para cá.

Valentina interessou-se.

— Que tipo de pesadelo? Importa-se em me contar?

— É o mesmo sonho, sempre. Embora seja de uma mulher feita, sei que sou eu. Uso roupas antigas e, de repente, entro num quarto de hotel. As cenas me dão medo, ouço tiros, gritos e...

Lilian levou as mãos ao rosto. Começou a tremer. Valentina se achegou a ela e abraçou-a com carinho.

— Chi! Não fique assim, minha pequena — falou enquanto acariciava a sua trança.

— Não gostaria mais de ter esses pesadelos.

— Podemos investigar.

— Carmela me disse que são cenas de vidas passadas.

— Acredita mesmo nisso, Lilian?

— Depois de tudo o que me aconteceu, só a reencarnação pode explicar tamanhos infortúnios na vida. Por quê? Não gosta que eu acredite?

— Absolutamente não. Eu também acredito. E, se quer saber, eu também tenho um sonho recorrente...

Valentina afastou-se e levou a mão à boca. Assustou-se.

— Não pode ser! Não pode ser!

— O que não pode ser, dona Valentina?

— Lilian — ela olhou bem nos olhos da menina —, consegue se lembrar de mais detalhes, visto que o pesadelo é recorrente?

— Hum, deixe-me pensar — Lilian levantou a cabeça e fitou o teto. — Bom, eu me lembro que pergunto por Natalie, e Dinah ri da minha angústia. Estou procurando um homem, acho.

— Tem certeza de que é Dinah?

— Disso eu tenho certeza. Ela zomba e ri de mim. Acho até que ela se parece com a Dinorá, a mulher que se juntou com meu pai.

— Querida, se eu lhe contar uma coisa, promete que guarda segredo? Jura?

A menina juntou os indicadores em cruz e os beijou:

— Juro. Pode confiar em mim. Não conto nem à Carmela.

Valentina contou-lhe sobre os sonhos que também tivera no passado. O sonho era muito parecido com o de Lilian. De repente, num clarão, Valentina reviu a cena e lembrou-se de tudo como se tivesse acabado de acontecer.

— Lilian, eu tenho certeza de que o que sonha é uma cena do seu passado, quer dizer, do nosso passado.

— Acha mesmo possível?

— Certeza. Vou reunir meus amigos hoje à noite para nosso sarau filosófico. Você gostaria de participar?

— Gostaria.

— Fábio é dentista, excelente profissional e estudioso do comportamento humano. Estudou no exterior e tem grande bagagem de conhecimento, além de também ser estudioso dos fenômenos mediúnicos.

— O que é isso?

— São coisas que nos acontecem por influência do mundo espiritual. Entende?

— Um pouco. A Carmela me explicou um pouco sobre isso. Ela afirma que vivemos rodeados de espíritos e que podemos sofrer influências boas e ruins, como também podemos influenciá-los.

— Ótimo que pense dessa forma. Você é uma mocinha e precisa estudar e aprender a lidar com o invisível. Se não enxergamos, precisamos ter conhecimento para lidar com ele de outras maneiras.

A conversa fluiu de forma agradável. Valentina sentia uma leve sensação no peito. Tinha a nítida certeza de que conhecia Lilian de outras vidas. Iria se certificar desse pressentimento logo mais à noite. Ela comunicou à menina a nova função de Marilda e que, a partir do dia seguinte, teria um quarto só para ela. Valentina explicou-lhe o que era uma dama de companhia e Lilian escutava com atenção. Seus olhinhos brilhavam e piscavam alegres.

Passava das seis da tarde quando Valentina levantou-se e sugeriu que Lilian fosse tomar um lanche leve e se preparasse para a reunião logo mais às oito da noite. A menina passou na cozinha e Benta lhe serviu leite morninho com mel e alguns biscoitos. Depois, foi até o quarto dos criados, no fundo do terreno.

Entrou e encontrou Marilda, de banho tomado e sorrindo placidamente.

— Sei porque está rindo dessa maneira.

Marilda fechou o cenho.

— Sabe? Como? — indagou, apreensiva. "Será que escutara algo?"

— Dona Valentina me disse que você vai ser governanta e que eu vou ser sua dama de companhia.

Marilda suspirou aliviada.

— Pois é. Olha que notícia boa!

— Mas você está muito feliz, Marilda.

— Estou mesmo.

— Vou me arrumar, porque fui convidada para participar da reunião mais tarde.

— Está bem, minha querida.

Lilian tirou o laço e desfez a trança. Foi ao banheiro e, enquanto se banhava, Marilda, estendida na cama, relembrava os momentos de prazer que vivera havia pouco com Argemiro. Estava feliz. Muito feliz!

# Capítulo 41

O carrilhão do *hall* deu oito badaladas. Todos os convidados haviam chegado. Geralmente eles se reuniam numa saleta contígua à sala de estar antes de irem para o salão. Era uma sala decorada com simplicidade, porém com muito bom gosto. Havia uma grande estante de livros variados. Algumas poltronas, cadeiras e canapés faziam um círculo no ambiente, cuja luz fraca convidava todos para a meditação e o contato interior.

Era um local propício para a retirada de energias densas e restauração das mesmas. Os convidados chegavam, vindos do trabalho ou de suas casas, e ficavam ali por alguns minutos. Meditavam, desligavam-se dos assuntos do dia, das pessoas com as quais se envolviam, ou seja, empurravam todo contato com o mundo externo para fora de suas mentes e, relaxados e sem ligações mentais com o "mundo externo", tiravam os sapatos e caminhavam por linda alameda de azaleias e jasmins que conduzia o convidado até o salão cultural, um anexo construído do lado de fora da casa. Era todo envidraçado e rodeado de alamedas floridas.

Valentina entrou na saleta acompanhada de Lilian.

— A vida é dura e triste — suspirou Lilian, enquanto sentavam-se numa poltrona.

— Feche os olhos — ordenou Valentina, de maneira doce, porém com modulação de voz alterada, mais firme.

Lilian assentiu e cerrou as pálpebras. Valentina respirou fundo.

— Podemos escolher entre o amor ou o medo, não importa a hora. A qualquer momento, eu posso escolher ficar ao lado do medo, e desta forma receber energias perturbadoras que vão me acompanhar e atrapalhar minha vida. Posso, por outro lado, escolher ficar no amor e receber bênçãos e luzes, acreditando que essa energia poderosa pode me abraçar e cuidar de mim, protegendo-me das energias ruins e inspirando-me a decidir o melhor para mim. Se você acredita que a vida é dura e triste, então a sua vida será permeada de muito sacrifício e muita tristeza. Vai ser uma vida regada de acontecimentos desagradáveis, um atrás do outro, porque assim você acredita.

Os olhos de Lilian, embora fechados, não conseguiam controlar as lágrimas. Valentina prosseguiu, olhos também fechados.

— Você se vê como vítima do mundo. Acredita que é infeliz e desamparada pela vida. Culpa o mundo pela falta dos pais, culpa Deus por ter sido molestada, está se tornando uma pessoa amarga e fadada ao infortúnio. Seu espírito está preso ao corpo de uma mocinha aparentemente frágil e desprotegida. Não pode se esquecer, Lilian, de que você viveu muitas vidas e que a sua vida agora é o resultado das experiências vividas ao longo dessas encarnações passadas. Está na hora de parar de se castigar. Chegou o momento de deixar de se iludir pelo mundo e tomar posse de si. Precisa aprender que, ao escolher ficar ao lado do amor, estará ao lado do sol. O sol é poderoso, ilumina, aquece e conforta. Às vezes, ele é encoberto por nuvens, contudo continua ali em seu lugar. Quando as nuvens se desvanecem, ele ressurge, forte e vigoroso. As nuvens são passageiras, assim como tudo o que acontece em nossa vida.

"Chega de ficar presa ao passado. Em última existência, você se deixou corroer pelo ciúme doentio e deixou-se levar pela opinião dos outros. Não acreditou em si e não quis escutar a voz amiga de sua consciência que a alertara para os perigos de se deixar levar pela maledicência do mundo. Deus não a puniu. A vida não a puniu. Não se esqueça de que colhemos o resultado do que acreditamos ser verdade. Se acredita que o mal vence, ele vencerá. Se acredita tão somente no bem, ele vencerá."

Lilian abriu os olhos e enxugou as lágrimas com as costas das mãos. Fungou um pouquinho, e Valentina pegou um lencinho sobre a mesinha lateral e o entregou à menina.

Nuri estava ao lado delas, inspirando Valentina com as belas palavras. Aproximou-se de Lilian e sussurrou:

— Hoje à noite, ao se deitar, vou tirá-la do corpo físico e levá-la para um lindo lugar em outra dimensão. Acredite, esse pesadelo não vai mais se repetir.

Ela beijou a fronte da menina. Em seguida, dois espíritos apareceram e começaram a fazer a limpeza energética do ambiente. Em instantes, a saleta tornava-se novamente ambiente tranquilo e sereno.

Valentina deu a mão para Lilian. Levantaram-se e foram para o salão. Valentina apresentou a menina aos convidados. Duas amigas de sociedade, Maria Helena e Renata, ficaram encantadas com tanta desenvoltura. Lilian falava com propriedade, apontava para os quadros espalhados pela parede e discursava sobre as cores, tons, estilo, dizendo com segurança o nome dos artistas e de suas obras.

Em seguida, todos se sentaram à vontade. As luzes foram diminuídas, e um dos rapazes levantou-se e começou a falar sobre o poder das amebas[18].

— Não vim falar sobre seres unicelulares, mas sobre formas-pensamentos que ficam presas ao nosso redor e nos influenciam sobremaneira — tornou Fábio. Além de

[18] Amebas são formações psicoenergéticas que surgem no momento em que nos impressionamos, negativa ou positivamente, com um fato, situação ou opinião emitida por nós ou, mais comumente, pelos outros.

bonito e rico, era inteligente e possuía sensibilidade fantástica. Ele prosseguiu:

— Por incrível que pareça, nós todos temos muito medo de sermos nós mesmos. Por esse motivo, criamos regras para sermos "aceitos" no mundo. Essas regras que criamos são estruturas da mente chamadas de amebas.

— Quer dizer que amebas nada mais são do que pensamentos ou crenças que aceitamos e acreditamos como verdadeiros? — indagou um dos presentes.

— Isso mesmo. Como temos uma forte crença de que não somos pessoas boas, acreditamos que não seremos considerados no mundo, caso sejamos verdadeiros. São as amebas que criam as situações que iremos experienciar em nossa vida. Para entender melhor essas amebas, basta percebê-las como aquelas nossas vozes interiores, com as quais conversamos o dia todo. Elas são fruto de nossa vontade e do nosso poder.

— Então podemos criá-las, recriá-las ou mesmo destruí-las?

— Sim. Podemos criar ou destruir essas estruturas mentais de acordo com a necessidade de nos defendermos do mundo. Se você acredita num mundo duro e triste, essas amebas vão criar situações duras e tristes em sua vida, porque assim você acredita. Você dá alimento a essas estruturas mentais quando acredita que o mundo é perigoso, por exemplo. Do mesmo modo, se acreditar que a vida é boa e cheia de ótimas oportunidades de crescimento, essas estruturas vão ajudá-lo a experimentar situações as mais positivas possível. Tudo é uma questão de escolha interior. Precisamos rever nosso sistema de crenças, perceber quais nos fazem bem e quais nos perturbam. Essas que nos perturbam precisam ser dissolvidas e trocadas por amebas positivas que nos ajudem a viver bem conosco e com o mundo ao nosso redor.

O estudo decorreu de forma agradável, como de costume. No encerramento, todos se levantaram e deram as mãos, pedindo lucidez e clareza de ideias em suas vidas.

Depois, os convidados serviram-se de lanchinhos e refrescos. Alguns artistas apareceram em seguida, e o ambiente tornou-se alegre e festivo. Um artista começou a desenhar o rosto de Valentina numa tela; outro pegou Lilian pelas mãos e a conduziu até o piano. Sentaram-se e ele tocou uma música clássica. Terminada a música, ele pediu que Lilian o ajudasse a tocar uma marchinha muito em voga na época. Lilian foi dedilhando uma nota aqui e outra ali. Notou que tinha facilidade em tocar as notas musicais, embora nunca tivesse tido aulas de piano.

A noite transcorreu alegre e passava das duas da manhã quando o último convidado despediu-se delas.

Lilian estava cansada, mas feliz.

— Vamos? — disse Valentina, enquanto passava o braço pela cintura da menina. — Quero que tenha uma boa noite de sono e amanhã, quando eu voltar da oficina de costura, teremos uma conversa.

— Uma conversa?

— Sim. Mas não se assuste. Estive pensando... e quero lhe fazer uma proposta. Uma boa proposta.

— Se é boa, eu aceito. Pode adiantar?

— Não, senhorita. Agora é hora de dormir. Você deveria estar deitada há horas. Hoje foi uma exceção.

— Adorei a noite. O discurso do Fábio foi lindo. Entendi alguma coisa. Parece que ele estava falando tudo aquilo para mim. Agora percebo como sou responsável por tudo o que me aconteceu.

— Todos nós fizemos, de uma forma ou de outra, escolhas negativas no passado. Isso não significa, em hipótese alguma, que somos maus ou mesmo que somos obrigados a ficar com elas. Lembre-se do que Fábio disse: podemos criar ou destruir essas estruturas mentais, ou mesmo recriá-las. Isso posto, temos a liberdade de escolher nos livrar dos velhos condicionamentos que nos perturbam e atravancam nosso caminho rumo à lucidez. A partir de agora você vai dormir aqui.

Lilian assentiu com a cabeça. Entraram na casa, e lá o silêncio reinava. Todos os criados dormiam a sono solto. Elas subiram a escada e despediram-se no corredor. Lilian trocou-se e colocou sua camisola. Deitou-se, fechou os olhos e em seguida adormeceu.

São Paulo — Panorama visto do Viaduto do Chá

# Capítulo 42

António terminou de ajeitar as roupas na mala. Perpassou os olhos pelo ambiente. Não havia se esquecido de levar mais nada. Ele suspirou triste e fechou a bagagem.

Desceu as escadas, colocou a mala próximo à porta de entrada e seguiu para a cozinha. Arlete havia terminado de coar o café.

— Bom dia, filho.

— Bom dia, mãe.

— Acordou cedo hoje. Ainda não tem mais alguns dias até ocupar seu posto?

Decidi antecipar. Vou-me embora logo mais.

— Por quê?

— Preciso dar um rumo em minha vida. A dor por ter me separado já passou. Agora preciso e quero seguir em paz, sem estar preso ao passado.

Arlete colocou o café no bule. Sentou-se à mesa, de frente para o filho.

— Você está triste. Eu sinto isso.

António serviu-se de café com leite. Pegou um pãozinho e passou manteiga. Comeu a contragosto, de maneira mecânica.

— Estou confuso, mãe.

Uma lágrima escapou pelo canto do olho. Arlete serviu-se de café e pegou uma fatia de bolo de fubá.

— Seu pai e seus irmãos ainda estão dormindo. Podemos conversar um pouco.

— Não quero conversar.

— Está bem, mas de que adianta negar o fato de gostar de Lenita?

António arregalou os olhos.

— Como assim?

— Sou sua mãe, você foi gerado aqui dentro — apontou para a barriga. — Conheço a todos os meus filhos e até Lenita, que, embora não tenha saído de mim, conheço como a palma de minha mão. Tem tido sentimentos diferentes por ela, não é?

— Estou encabulado e sinto vergonha. Sou um homem de vinte e cinco anos de idade. Como posso sentir algo diferente por uma menina de seis?

— Como se sente ao lado dela?

— É como se eu a conhecesse há muito tempo, mas como mulher, e não como uma menininha. Não sou um monstro e jamais faria qualquer barbaridade.

— Sei disso. Você não é um tarado. Gosta dela de outra forma. Não é crime, desde que você espere ela crescer e tornar-se mulher.

— Eu gostaria de esperar. Quem sabe, daqui alguns anos, ela também perceba o mesmo? O fato é que eu vou embora e ela vai ficar aqui, ao lado do Luisinho. Ele gosta muito dela. Tenho medo de...

— Medo de ela crescer e apaixonar-se pelo seu irmão?

— É. Na verdade, eu preciso esquecer de tudo isso, mãe. Quero ir embora, cuidar da minha vida. Quem sabe eu não vá encontrar em Campinas uma moça de bem e ser feliz? Lenita é uma garotinha linda e encantadora. Talvez eu tenha misturado as emoções. Quem sabe não vou casar e ter uma filha?

Arlete sorriu e não respondeu. Havia notado os olhos do filho sobre Lenita. Não eram olhos de desejo ou de volúpia, mas olhos de puro amor. António sorria diferente quando estava perto da menina. Percebia que ele ficava mais alegre, conversava mais.

Chegara a conversar com Dorival sobre o assunto, ao que ele respondeu:

— Bobagens! Quando António põe os olhos em Lenita, lembra-se de que poderia ter uma filha.

Arlete não deu prosseguimento. Sabia que António, muito correto e responsável, iria embora o quanto antes. Todavia, algo dentro dela dizia que essa história não havia terminado.

— Prometo que vou escrever, mãe. Vou escrever todos os meses. Um dia, quem sabe, eu volto...

Eles se abraçaram e despediram-se emocionados.

— António vai voltar — disse para si quando ele dobrou o portãozinho de madeira e partiu rumo à estação de trem. — Ele um dia vai voltar.

— Falando sozinha, mãe?

— Lenita, acordada? Ainda é cedo.

— Senti o cheirinho de café e desci. Estou com fome.

— Vamos. Vou lhe servir café com leite.

Entraram e sentaram-se à mesa.

— António foi embora, né?

— Foi.

— Ele vai voltar daqui muitos anos.

— Por que diz isso?

— Tive um sonho esta noite.

Arlete sorriu. Serviu a xícara de café com leite e cortou um generoso pedaço de bolo de fubá.

— Conte para mim, filha.

Lenita primeiro mordeu o pedaço de bolo e, em seguida, sorveu o líquido morninho.

— Estava num quarto e havia sangue e pessoas mortas.

Arlete levou a mão à boca.

— Credo, filha. Que sonho ruim. Foi um pesadelo.

Lenita abriu largo sorriso.

— Não, mãe. Não foi pesadelo. Deixe eu lhe contar. Eu estava nesse quarto sujo e eu era uma das pessoas mortas. Aí, uma mulher bonita — bem bonita — apareceu e me levou. Tinha uma moça que também havia sido morta. Era Lilian. Nós duas fomos para uma colônia e descobrimos que fomos assassinadas. Fiquei triste, mas em seguida um moço bonito apareceu e disse que iria cuidar de mim. Ele era a cara do António.

— Do António, seu irmão?

— Hum, hum. Ele tinha sido meu noivo no passado. Disse-me que ia cuidar de mim nessa colônia, só que ele precisava renascer antes de mim. Havia feito planos com você e papai e precisava reencarnar. Declarou que iríamos nos reencontrar, casar e ter filhos.

— Sonhou tudo isso?

— Sonhei. Sei que era eu no sonho, mas com outro corpo e outro nome. Mas fiquei tão feliz quando reencontrei o António. Pode acreditar, mamãe, ele vai voltar um dia e vamos nos casar.

— Você é uma menininha. Como pode pensar num assunto de gente grande?

— Porque sei que isso vai acontecer, oras.

Lenita falou, pegou outra fatia de bolo e passou manteiga. Comeu a fatia com gosto, enquanto Arlete, estupefata, tentava entender o sonho da filha e os sentimentos de António, que naquele momento já estava na estrada, bem longe de casa.

Quando adormeceu, o perispírito de Lilian desprendeu-se do corpo físico e ela foi despertada por Nuri. Ao abrir os olhos, em outra dimensão, teve uma grata surpresa.

— Mamãe! Você voltou!

Nuri a abraçou com carinho.

— Não voltei, meu amor. Vivo numa outra dimensão.

— Você morreu tão nova!

— Eu quis voltar ao planeta por pouco tempo. Reencarnei para trazer você e Clara ao mundo. Eu quis dar a vida às duas.

— Minha mãe linda!

Lilian a abraçou novamente. Nuri era um espírito de muita luminosidade e muita firmeza, ou seja, tinha equilíbrio entre luz e sombra. Havia retornado ao planeta como Rosa, em última existência, para gerar as meninas. Cumprido o seu intento, Nuri regressou ao mundo espiritual e logo readquiriu a forma de uma existência passada.

— Você está diferente. Mais bonita, mais bem tratada.

— Aqui nesta dimensão podemos ter a forma que desejarmos. Eu prefiro ficar com essa aparência de quando vivíamos na França.

Lilian fechou o cenho. Entristeceu-se.

— Não gosto de me lembrar dessa época. Foi lá que tive a maior decepção de minha vida. Aprendi que não podemos confiar nas pessoas e que o mundo é muito vil. Eu não merecia passar pelo que passei.

— Passamos pelo que precisamos passar, de acordo com nossas crenças. Você acreditou no mal e deu força a ele. Se tivesse escutado a voz de sua consciência, sua vida seria completamente diferente.

— Eu amava Paul. Por que tive de morrer tão jovem? Até hoje pensam que eu matei os dois e em seguida me matei. Você sabe que é mentira...

Uma lágrima escorreu pelo canto de seu olho. Nuri colocou a cabeça da garota em seu peito. Enquanto alisava seus cabelos, falou com voz doce:

— Lilian, está na hora de perdoar a si mesma pelos erros do passado.

— É difícil. Ainda fica tudo confuso na minha mente.

— Vou ajudá-la.

Nuri afastou-se e pousou a mão na testa de Lilian. A menina fechou os olhos e num instante toda uma outra vida se descortinou à sua frente.

# Capítulo 43

Por volta de 1770, a França era bem diferente do que viria a ser alguns anos depois, com a Revolução Francesa. Foi uma época em que o reinado viu a prosperidade da aristocracia e da opulenta burguesia, ainda que o país estivesse à beira da bancarrota.

Apesar de tradicionalmente ser conhecido como homem voltado ao prazer e aos caprichos, Luís XV fez destacar o reino no plano intelectual e das artes.

A jovem Lilian não estava interessada nos assuntos do rei, de suas amantes ou da Corte em geral. Estava apaixonada e seria feliz.

Filha de um artesão, ela conheceu um nobre. Paul era um rapaz muito bonito e muito galante. Estava noivo de Claire; contudo, ao conhecer Lilian, apaixonara-se verdadeiramente. Mas os casamentos naqueles tempos eram baseados em acordos e nunca nos sentimentos dos nubentes.

Paul gostava do dinheiro que iria ganhar casando-se com Claire. Por mais que amasse Lilian, eles não podiam se unir, não pelas vias do matrimônio.

Eles se encontravam uma vez por semana, e Lilian entregava-se a ele. Amavam-se, e Paul era sincero.

— Sabe que não tenciono casar-me com você. Não posso.

— Fuja. Podemos ir para outro país. Juntos poderemos vencer e até ganhar dinheiro, termos uma posição. Afinal, você é um nobre.

— De forma alguma. Eu não tenho onde cair morto. Minha família está falida. O casamento com Claire vai beneficiar muitos.

— E quanto ao nosso amor?

— Você poderá ser minha amante. Eu não posso viver sem você.

— Sei disso. Eu também não.

— Tenho uma ideia melhor. Por que não a apresento a Claire? Vocês podem ficar amigas. Desse jeito, posso levá-la à cidade e hospedá-la em minha casa assim que casarmos. Não despertará suspeitas e, quando Claire não estiver em casa, poderemos nos amar.

Um brilho emotivo perpassou os olhos de Lilian.

— Ir para a capital e sair desse lugar nojento é tudo o que mais quero.

— Não sei como você consegue viver dessa maneira.

Disso Paul tinha razão. Lilian morava num subúrbio de Toulouse, numa casa de três andares com dezesseis famílias. Sim, dezesseis! Uma família em cada quarto. Lilian estava cansada dessa vida tosca e aceitou partir com o amado, mesmo sob os protestos da irmã Camille.

A princípio ela ficou hospedada na casa de uma prima de Paul. Natalie era uma mulher bonita. O que tinha de bonita, tinha de rancorosa. Era apaixonada pelo primo, mas eles não podiam se casar. O dote que a família de Claire oferecia pelo casamento era muito mais valioso do que o pequeno dote que o pai de Natalie poderia oferecer.

Natalie dissimulava a contrariedade. Desde pequena sonhava em se casar com o primo. Paul nunca lhe dera trela. Era galanteador, saía com várias mulheres, mas nunca Natalie despertara nele qualquer interesse. Ela havia se casado anos antes e não se dava bem com o esposo. Viviam sob o mesmo teto, mas cada um levava sua própria vida.

Quando ele apareceu com Lilian e pediu que a prima a acolhesse por algum tempo até que o casamento fosse consumado, Natalie viu a chance de melar o matrimônio e reavivar o sonho de casar-se com Paul.

Ela fingiu ser simpática e aproximou-se de Lilian. Ficaram amigas e, aos poucos, Natalie foi destilando seu veneno, falando sobre a vida de amante.

— Se ele a ama de verdade, por que vai ser sempre a outra?

— Não tenho dote. Meu pai é artesão e não temos nada a oferecer. Desde que Paul continue me amando, não me importo.

— E se ele amanhã se cansar de você? Vai viver de quê?

— Não, ele nunca vai me deixar.

— Tenho uma amiga que sofreu muito nas mãos de Paul.

— Mesmo? Como assim?

— Ele prometeu mundos e fundos para Dinah. Ela acreditou e deixou de se casar com outro nobre para viver com Paul. Ele desistiu no último instante. Dinah perdeu o noivo, a reputação e hoje vive amargurada e triste.

— Mas ele me ama.

— Se tem tanta certeza disso...

Natalie foi plantando na cabeça de Lilian as sementes de discórdia, de desconfiança, dia após dia. Trouxe Dinah para o convívio delas e, à primeira impressão, Lilian não gostou dela. Havia algo de estranho, de sinistro naquela mulher.

O que ocorrera, de fato, é que Paul havia se interessado por Dinah muito tempo atrás. Ela não conseguia ser fiel e o traía a torto e a direito. Paul um dia descobriu as escapadelas e a deixou. Dinah arrependera-se, porém era tarde demais. Paul havia conhecido Lilian e apaixonara-se de verdade pela moça.

Mas o tempo foi passando e Lilian viu-se cada vez mais influenciada pelos pensamentos tóxicos de Dinah e de Natalie. Nesta altura da história, ela não queria mais que ele se casasse com Claire. Acreditou em todas as barbaridades que Natalie e Dinah lhe contaram, e estava decidida: não queria mais ser a outra.

Diante disso, ela deu um ultimato ao amado. Ou ele se casava com ela, ou Claire iria saber de seus encontros amorosos. Paul a amava, contudo não gostou de ser pressionado. Se o casamento fosse desfeito, sua família perderia absolutamente tudo. Ele não podia, de forma alguma, ser chantageado. Resolveu contar tudo a Claire, pois não queria viver sob chantagem, de forma alguma.

Claire foi muito compreensiva. Mulher inteligente e prática, percebeu que enquanto o casamento não se consumasse, ela poderia perder o noivo. Se eles se amavam e se iriam casar — acreditava ela —, por que então ela não se entregava a ele? Dessa forma, o interesse por Lilian iria se acabar como que por encanto.

Ela não pensou duas vezes. Deitou-se com Paul uma, duas, várias vezes. E, de fato, o interesse dele por Lilian foi diminuindo. Afinal, agora Claire dava-lhe tudo o que precisava. Lilian começava a ser descartada.

Natalie foi categórica:

— Eu lhe falei. Ele fez com você o mesmo que fez com Dinah.

Entre lágrimas, Lilian balançava a cabeça para os lados, completamente desiludida.

— Ele não pode fazer isso comigo. Ele me ama.

— Bobagem. Mentira.

Lilian enlouqueceu. Procurou Paul para reatarem, mas nada. Ele estava irredutível. Iria se casar em breve. O pai de Claire iria acertar algumas pendências com relação ao matrimônio e logo estariam casados e com a situação financeira de sua família restaurada.

A dor foi imensa. Ela não queria voltar para Toulouse, mesmo sob insistência da irmã que tanto lhe queria bem. Lilian não queria mais viver naquela casa cheia de cômodos e infestada de gente pobre.

— Natalie, você pode me ajudar?

— De que forma?

— O que podemos fazer para que esse casamento não aconteça?

— Não sei.

— Claire e Paul não podem se casar.

— Bom, a única maneira que vejo é...

— O que seria? Vamos, diga — indagou Lilian, nervosa.

— Se Claire estivesse morta, o caminho estaria livre para você.

— Matar? Eu nunca matei um bicho. Como posso matar uma pessoa?

Natalie deu de ombros. Na verdade, ela é que estava se consumindo de ódio pelo casamento do primo. Finalmente ele iria se casar e os sonhos dela de se separar e se tornar a madame Dubreil estavam a ponto de não se concretizar.

A constatação de que Paul tornou-se definitivamente parte do seu passado foi quando descobriu que Lilian estava grávida.

— Não pode ser! Você está grávida de Paul? — indagou Natalie, furiosa.

— Eu só me relacionei com ele.

— Tem certeza?

— Absoluta.

— E agora?

— Vou ter esse filho. Vamos ver se ele volta para mim. Claro que volta...

Essa criança não estava nos planos de Natalie. Precisava dar um sumiço em Lilian. Numa noite, Natalie encontrou-se às escondidas com Dinah.

— Precisamos fazer algo. Essa criança não pode nascer.

— Dê um chá abortivo para ela.

— Lilian é esperta. Disse-me que vai retornar para a casa dos pais, que ela detesta, mas vai apostar nesse nascimento, pois a estúpida da irmã vai ajudá-la. Depois vai voltar com a criança nos braços e procurar por Paul.

— Esperta essa garota. Mais esperta que você.

Natalie perdeu o controle.

— Essa fedelha não pode ter esse filho! E esse casamento com Claire não pode acontecer.

— O que quer que eu faça? Que a mate?

— Não deixa de ser uma boa ideia.

— Não sou assassina.

Natalie bramiu, descontrolada:

— Posso conseguir... — baixou o tom de voz — um bom dinheiro após meu novo casamento. Se me casar com Paul, farei de você minha protegida.

— Não posso me arriscar.

— Você é uma fraca.

— Não sou fraca, mas podemos fazer com que Lilian cometa o crime.

— Ela é boba.

— Tem razão. Ela é uma tola apaixonada. Creio que se Paul pudesse escolher, teria Lilian como esposa.

Natalie sentiu novamente aquele ódio no peito.

— Não fale um absurdo desses!

— Mas é verdade. Sabemos que Paul, lá no fundo, ama Lilian. Ele até gosta de Claire, entretanto, o dinheiro está falando mais alto. E, cá entre nós, Lilian não pisa nem em formiga.

— Já sei o que podemos fazer para afastar Lilian!

Uma ideia horrível passou pela mente de Natalie. Ela contou o plano sórdido. Com a ajuda de um amigo, poderiam colocar Lilian num sanatório. Como os loucos eram tratados de maneira pavorosa, em pouco tempo a moça estaria em total desequilíbrio. A criança, ao nascer, seria entregue para adoção.

— Ela não tem familiares por perto. Damos bastante vinho para ela e, quando acordar, estará no sanatório, presa.

— E de que vai adiantar? Paul vai se casar mesmo assim — ajuntou Dinah.

— Você não quer se vingar dele? Ele também a abandonou.

— Sim, mas o que fazer? Eu o traí. Não tenho controle sobre o sexo. E, de mais a mais, ninguém manda no coração.

— Você também é muito boba, Dinah. Prefere vê-lo feliz ao lado de outra, depois de ter espezinhado em seu coraçãozinho?

Dinah mordiscou os lábios. Estava insegura. Não sabia se acreditava em si ou nas duras palavras de Natalie. Algumas sombras escuras aproximaram-se dela e sussurraram em sua mente para que aceitasse participar do plano diabólico. Por fim, depois de dar ouvidos a Natalie e aos espíritos menos esclarecidos ali presentes, Dinah resolveu optar por se vingar.

— Farei o que me pedir.

Natalie sorriu de maneira mórbida. Tudo sairia como ela planejara. Se não podia ter Paul, ele também não teria ninguém. Não teria Lilian, não teria Claire. E não teria Dinah. Estava decidida. Se tudo seguisse conforme seus intentos, o caminho estaria livre para Paul e ela. Somente ela.

Na semana seguinte, Dinah deitou-se com um sentinela e mais dois atendentes do sanatório. Dessa forma, Natalie conseguiu que Lilian fosse trancafiada numa cela. Agora, precisava pensar em afastar Claire e depois pensaria no que fazer com Dinah.

— Essa é a que me dá menos trabalho. É muito boba e insegura — disse para si, enquanto saboreava as imagens de um lindo futuro ao lado de Paul.

Natalie havia subornado um dos empregados do sanatório. Conseguiu vender umas joias de família e deu-lhe dinheiro para que deixasse Lilian escapar. Na primeira tentativa, Lilian desequilibrou-se ao escalar o muro, caiu de altura considerável e perdeu a criança.

Na segunda tentativa, meses depois, ela saiu sorrateiramente do sanatório. Caminhou bastante até chegar à cidade, pois ele ficava num local afastado. Daí encontrou Dinah no caminho. Dinah sabia que as faculdades mentais de Lilian haviam sido afetadas, muito mais depois de ela ter perdido o bebê. Aproveitou-se da situação e, conforme o combinado com Natalie, falou o que tinha de dizer:

— Paul e Natalie estão juntos. Para ser mais exata, estão se amando.

— Impossível! Ele prometeu ficar comigo.

— Veja por si mesma. Neste momento...

E daí seguiu-se tudo como no início desta história. Lilian correu até a casa de Paul, pegou a pistola, saiu em disparada na direção da estalagem. Ao chegar, deparou-se com Paul e Claire.

Dinah havia mentido, conforme solicitado por Natalie.

— Por que quer que eu minta para ela e diga que você está com Paul?

— Porque assim ela vai se descontrolar. Ela acabou de perder o filho e ficou trancafiada num sanatório. Está no limite de suas forças. Lilian chegou a ponto de cometer, literalmente, uma loucura. E eu vou ajudá-la, só isso.

— Quer que eu atice a moça, provoque-a para ir até a estalagem?

— Faça isso. O resto deixe comigo.

Lilian chegou ao quarto e, ao notar que Paul estava com Claire, por instantes fraquejou. Não tinha coragem de atirar no homem que amava, tampouco na moça que mal conhecia. Definitivamente ela não era uma assassina.

Ela chegou a apontar a arma para os dois, mas não atirou. Voltando um pouco a cena, Natalie estava escondida num outro quarto, que alugara para esse fim. Ao ouvir os gritos dos três, precisava ser rápida e aproveitar a oportunidade.

Munida de um revólver, ela entrou feito um tufão no quarto e atirou no casal. Primeiro em Claire, depois em Paul. Lilian mal conseguia tirar os olhos daqueles corpos caídos e sem vida. Com a garganta seca, voz entrecortada, perguntou, aterrorizada e pressentindo o que estava prestes a lhe acontecer:

— O que você fez? Por quê?

— Porque eles merecem morrer. Se Paul não vai ficar comigo, não vai ficar com mais ninguém.

Em seguida, Natalie mirou e atirou no peito de Lilian. Um tiro fatal. Imediatamente, de maneira fria e num gesto calculado, colocou a arma na mão de Lilian. Pegou a pistola da outra e saiu do aposento, entrando no quarto ao lado.

Quando o gerente da estalagem subiu, encontrou os três corpos caídos no chão. Paul, Claire e Lilian tiveram morte instantânea.

O caso virou notícia, pois envolvia a morte de gente da nobreza. No entanto, como todo escândalo, teve os dias contados, porquanto em 1774, com a morte de Luis XV, seu neto Luís Augusto foi coroado rei, com o título de Luís XVI. O povo interessou-se mais pelos escândalos de sua esposa Maria Antonieta, e esse triste episódio caiu no esquecimento do público.

Mas não caiu no esquecimento de Dinah.

Ao saber dos assassinatos, ela não acreditou na versão que se tornou oficial aos olhos dos homens: de que Lilian, enciumada, matara Paul e Claire e depois se matara. O comissário de polícia encarregado de investigar o caso só ficou intrigado com um brinco encontrado no chão, perto dos corpos.

É um entra e sai nesta estalagem que deve ser de outra hóspede — justificou o gerente.

Todavia, Dinah sabia da verdade. Soubera do brinco achado entre os corpos e sabia que o conhecia de algum lugar. Não demorou muito para se recordar de que o brinco em questão era de Natalie.

Numa tarde, ao saber que Natalie não se encontrava em casa, Dinah entrou, vasculhou seus armários e encontrou o brinco que completava o par.

— O que faz em minha casa? — indagou Natalie, nervosa.

Dinah sorriu e mostrou o brinco.

— Acharam o outro no quarto, na tarde do crime...

— Não, eu...

— Não precisa me explicar nada, querida. Somos amigas, esqueceu?

Foi dessa forma que Dinah ganhou algumas joias e outros favores de Natalie. Porém, cansada de ser extorquida, um dia Natalie resolveu colocar um fim na chantagem e acabar de vez por todas com essa história. Convidou Dinah para um passeio dominical nos jardins do rei.

Por dois anos Natalie fez esse jogo de amiga fiel. Dizia a Dinah que o passado estava enterrado e que não guardava mágoas ou rancores.

— Mesmo depois de eu chantagear você?

— Claro. Entendo que você ficou agastada com toda aquela situação. Agora somos você e eu no mundo.

— O que quer dizer?

— De que adianta os homens se temos uma à outra? Podemos ser felizes juntas.

— Será?

Natalie a seduziu e tornaram-se amantes. Mas por pouco tempo. Numa tarde linda de verão, foram se refrescar à beira de um riacho. Natalie aproveitou que estavam a sós e, num momento em que Dinah estava distraída, pulou sobre ela e a afogou.

— Idiota! Achou mesmo que eu gostava de mulher? Ainda continuo casada...

Entre gargalhadas, deixou que o corpo da outra, sem vida, seguisse o curso do rio. O corpo de Dinah nunca fora encontrado.

A história de Natalie também terminou de forma trágica. Alguns anos depois, por ter ligações com a Corte, ela foi uma das inúmeras pessoas que perderam a vida na guilhotina, no auge da Revolução Francesa.

São Paulo — Praça do Patriarca

# Capítulo 44

Lilian abriu e arregalou os olhos. Havia se lembrado com tanta nitidez do passado recente que até sua aparência perispiritual estava mesclada com a Lilian de outrora.

— Meu Deus! Que horror! — disse ela, numa voz entristecida.

— De fato — tornou Nuri —, os acontecimentos naquela vida terminaram de maneira muito triste.

— Agora me lembro bem. Logo depois de ser atingida, fui acolhida por minha madrinha.

— É verdade. Marguerite, em espírito, ajudou-a muito e tinha carinho especial por você. Tencionava levá-la para viver com ela em Lyon, mas adoeceu e faleceu. Você ficou muito triste e também irritada com a vida.

— Nunca aceitei a morte dela.

— E de que adiantou não aceitar? O fato estava consumado. Marguerite havia morrido e nada mudaria essa situação. Mas você deixou-se levar pelo mar da ilusão, da descrença e em seguida atirou-se nos braços de Paul. Ele foi sincero.

— É. Não tenho rancores em relação a ele. Entretanto, fiquei muito magoada com Dinah e Natalie. Entrei no jogo das duas. Acreditei em suas mentiras, dei mais valor às besteiras que elas me falaram. Deixei de escutar a voz do meu coração.

— Exatamente. Deu o seu poder nas mãos dos outros. Acreditou na maldade do mundo, na maledicência das pessoas, que sempre existiu e que vai perdurar ainda por muito tempo. As pessoas encarnadas no planeta, quando se sentem ameaçadas, lançam mão de tudo, principalmente da maldade, para se defender.

— Demorei para perdoar a todos. Ao rever vidas passadas, percebi que também havia aprontado com Natalie. Mas Dinah foi mais difícil de perdoar.

— Por esse motivo, a vida as uniu novamente. Ela, você e Claire.

— Como? Quer dizer...

— Sim, minha querida. Dinorá e Clara são Dinah e Claire no passado. O espírito de Dinah, arrependido, culpou-se por ter ajudado a causar a morte de vocês.

— Mas ela não me matou. Quem me matou foi Natalie.

— Contudo, o remorso corroeu seu espírito por anos a fio. Veja, Lilian, o que interessa para a espiritualidade é quem levou a bala, e não quem apertou o gatilho. Quem apertou foi ferramenta da vida para movimentar os intrincados mecanismos cármicos que regem a evolução do espírito. Ou seja, para a vida, não existe desperdício. Tudo é bênção e lição. Você foi atingida, teve a vida ceifada e aqui na outra dimensão pôde, ao lado do espírito bondoso de Marguerite, reavaliar seus condicionamentos e desfazer-se de muitas amebas, de muitas estruturas mentais que não lhe serviam para mais nada, e que, na verdade, atrapalhavam sobremaneira o seu caminho evolutivo.

— Fiquei bastante impressionada com o que Fábio disse no sarau filosófico. Quando repeti para mim mesma que a vida era "dura e triste", lembrei-me de alguns fatos anteriores àquele fim trágico. Parecia que, se eu continuasse a pensar do mesmo jeito, a história iria se repetir.

— Sem sombra de dúvidas. Note que, se você muda a sua maneira de pensar, duas coisas vão acontecer: ou as pessoas ao seu redor vão se modificar ou então vão se afastar de sua vida. Foi o que ocorreu com Dinorá. Por meio do livre-arbítrio, ela livrou-se de você e de Clara. Poderia ter ficado com as duas, ter dado carinho, apoio e, dessa forma, atenuaria os remorsos que seu espírito carrega ao longo de muitos anos.

— Onde ela está?

— Vive em outra cidade na Terra, mas está atormentada por outros desatinos. O que importa é que a sua ligação com Dinorá — ou Dinah — não existe mais. E nem com Clara.

Lilian lembrou-se da irmãzinha com afeto.

— Eu nem a conhecia. Nós nos vimos uma única vez naquele cômodo barato, na estalagem. Em seguida morremos.

— Clara é espírito lúcido e muito inteligente. O pouco tempo que ficaram juntas serviu para você afeiçoar-se a ela, nada mais. No astral, depois de desencarnadas, por algum tempo você a odiou pelo fato de ela ser, digamos, a preferida de Paul.

— Depois percebi que ele não a amava. Quis ficar com ela por conta do dote. Ele nutria sentimento verdadeiro por mim — seus olhos marejaram e ela perguntou: — Onde anda Clara? Está aqui?

— Não. Está tendo outras experiências, vivendo uma outra vida. Logo vou trazê-la para cá a fim de termos uma boa conversa. Ela é uma criança, mas seu espírito é bastante lúcido. Vamos conversar sobre o futuro — Nuri não tinha intenção de revelar a nova identidade de Clara. Mudou o foco da conversa: — Você agora precisa se preparar porque chegou o momento de reencontrar Paul.

Lilian sentiu um frêmito de emoção.

— Ele está reencarnado? Paul está vivendo na Terra?

— Está. Natalie continua a assediá-lo, mas, se deixarem o passado para trás e deixarem brotar o amor sincero que está represado há muitas vidas, creio que desta vez poderão ficar juntos.

— Eu e Paul? Juntos, de verdade?

— Tudo pode acontecer.

Lilian sorriu. Era impressionante como tudo ficava mais claro fora do corpo físico.

— Oh! Camille é Carmela, certo? — Nuri assentiu. — E bem que eu desconfiava conhecer Valentina de algum lugar. Ela é minha madrinha Marguerite, certo?

Nuri pendeu a cabeça para cima e para baixo em sinal afirmativo.

— Sim. Valentina gosta muito de você. Tudo o que ela não pôde lhe fazer na vida passada vai tentar fazer nesta. Aproveite porque está vivendo com um espírito bondoso, tido em alta conta aqui nas esferas superiores, que nutre afeição sincera por você.

— Gosto muito de Valentina.

— Ela é uma mulher excepcional. Além de ser a ternura em forma de mulher, vai contribuir sobremaneira para disseminar a cultura e as artes no país. Valentina faz parte de um grupo de espíritos artistas que reencarnam somente com o intuito de levar um pouco de beleza ao mundo terreno.

— Fico feliz. Até o estupro ficou para trás.

— Aureliano apareceu a você certo dia e lhe falou sobre um passado distante seu. Está lembrada?

— Estou. Parece que meu espírito atraiu aquela experiência ruim para eu poder me libertar de vez dos padrões de pensamentos negativos.

— O mundo está infestado por estruturas mentais — amebas — negativas. Precisamos de um sopro de novas ideias, de novos conceitos. Logo, muitos espíritos vão reencarnar com o propósito de quebrar os condicionamentos enraizados no mundo e trazer novas maneiras inteligentes de agir e pensar.

— Quero contribuir de maneira positiva.

— Pois faça a sua parte. Liberte-se do passado e se ligue na força do bem. Só o bem é real e verdadeiro. Você precisa voltar para seu corpo físico. Logo vai despertar e não vai se lembrar de tudo o que conversamos, somente do essencial.

— Voltarei a vê-la?

— Algumas vezes, mas, por ora, ficará sozinha. Terá muitas coisas boas para fazer nesta vida.

A garota sorriu.

— Obrigada por tudo.

— Não se esqueça — Nuri disse antes de ajudá-la a se encaixar no corpo: — Ligue-se na força do bem...

Lilian despertou na manhã seguinte com aquelas palavras na mente: "A força do bem". Ela espreguiçou-se, levantou-se e abriu a janela. Estava amanhecendo, e o sol estava lá, forte e vigoroso. Não havia uma nuvem no céu.

Ela sorriu para os pássaros que cantarolavam, pulando de galho em galho. Rodou nos calcanhares, foi até o banheiro, fez a toalete, vestiu-se com apuro e desceu para o café.

— Onde está Valentina? Ainda não acordou? Também, fomos dormir tão tarde. Passava das duas da manhã.

Benta balançou a cabeça para os lados, sorridente como sempre.

— Ela acordou bem cedo, arrumou-se com elegância, como de costume, e saiu com Elias. Foi até a cidade para comprar passagens.

— Passagens?

— Sim, vocês vão viajar.

— Ah...

Lilian deu de ombros e serviu-se de café e leite. Em seguida, pegou um pãozinho, passou manteiga e depositou sobre o pratinho ao lado. Marilda apareceu com lindo sorriso nos lábios.

— Bom dia — disse ela, cheia de entusiasmo.

— Bom dia. Você está tão bonita!

— Acha? — Marilda perguntou e rodopiou na copa. — Estou tão feliz, Lilian. Eu e Argemiro estamos nos entendendo.

— Fico feliz. Ele é bem melhor do que aquele crápula do Jaime que vivia às suas custas, em Santos.

— Tem razão. Argemiro é diferente. É homem bom, companheiro. Ele me pediu em casamento.

— Jura?

Marilda mostrou o anel na mão direita.

— Olha só! Ele me deu o anel que fora de sua mãe. Estamos noivos. Não vejo a hora de contar ao papai.

Lilian levantou-se e abraçou a amiga.

— Você vai se casar. E vai ser muito feliz, eu sinto isso.

— Está diferente, Lilian.

— Diferente, eu?

— Sim. Sua postura, seu jeito. Parece mais adulta. Seus olhos brilham de maneira diferente.

— Não sei. Talvez tenha sido a noite agradável que tive ou o sonho agradável com aquela mulher linda. Acho que sonhei com minha mãe.

— Que maravilha. Pelo menos não teve pesadelo.

— Creio que nunca mais vou ter aquele pesadelo. Faz parte do passado.

Estavam conversando alegremente quando Benta as interrompeu:

— O doutor Paulo Renato está lá na sala e deseja muito falar com dona Valentina.

— Hum... o irmão dela — disse Marilda.

— Estou curiosa em conhecê-lo — ajuntou Lilian.

— A cara dele é de poucos amigos — disse Benta.

— Benta, você pode conduzi-lo até a biblioteca? Aquele lugar promove a calma e o bem-estar. Leve-o até lá e em seguida vou conversar com ele.

A criada assentiu e foi até a sala. Conduziu Paulo Renato até a biblioteca.

— A menina Lilian vem conversar com você.

— Eu quero é conversar com Valentina. Fui até o ateliê de costura e me disseram que ela não iria trabalhar hoje. Vim correndo para cá.

— Algo grave?

— Não, mas você é de casa, Benta — ele estava com a voz rápida e entrecortada, andava muito nervoso. — Conheço você há anos e sinto-me seguro para falar. Selma não arreda pé de casa.

— Coloque-a para fora.

— Não posso.

— O que aconteceu?

— Sinto calafrios só de pensar em enfrentá-la.

— Reaja. Você é forte e precisa, mais do que nunca, ficar do seu lado.

— É, creio que tem razão.

— O senhor é dono daquele casarão em Campos Elíseos.

— Sei disso, mas estou muito envergonhado. Cometi um desatino.

Benta percebeu que ele havia entrado numa fria.

— Melhor ficar aqui e se acalmar. Dona Valentina não vai demorar. Vou fazer um chá com conhaque para acalmá-lo.

— Obrigado.

Ela saiu e foi direto para a cozinha. Marilda foi para seus novos afazeres, que eram muitos. Lilian, sorridente, foi caminhando até a biblioteca. Ao entrar e ver Paulo Renato com os cotovelos apoiados na mesa, segurando o rosto e fitando o chão, ela sentiu aquele mesmo frêmito de emoção. O coração estremeceu. Imediatamente o rosto dele transformou-se no de Paul. A menina abriu e fechou os olhos. Só podia ser ilusão de ótica. Meneou a cabeça e espremeu os olhos. O rosto voltara a ser o de Paulo Renato. Contudo, Lilian tinha a certeza de conhecê-lo de algum lugar.

— Olá — disse ela, de maneira jovial e alegre.

Paulo Renato levantou a cabeça e por instantes seus olhos viram outra pessoa. Ele viu, como um *flash*, a Lilian do passado. Passou a mão pelo rosto.

— Quem é você?

— Sou Lilian. Moro aqui.

— Mesmo? E o que você faz? — perguntou ele, com largo sorriso nos lábios. Por um instante Paulo Renato esqueceu o real motivo que o trouxera até a casa da irmã.

Valentina entrou. Enquanto falava, tirava as luvas.

— Lilian é minha dama de companhia.

— E de onde surgiu essa moça tão bonita?

Uma longa história. Depois eu lhe conto.

Valentina olhou para Lilian. A menina entendeu a mensagem e disse num gracejo:

— Vou deixá-los a sós.

Lilian saiu e fechou a porta da biblioteca. Sentiu o coração bater mais rápido. Algo lhe dizia que sua vida estava mudando para melhor e que seria feliz, muito feliz.

# Capítulo 45

Valentina sentou-se ao lado do irmão. Logo Benta entrou na biblioteca. Trazia uma bandeja com bule e uma xícara.

— Preparei um chá com conhaque. Precisa se acalmar.

Paulo Renato pegou o líquido fumegante, assoprou e bebericou.

— Obrigado, Benta. Agora, por favor, deixe-me a sós com Valentina.

Ela assentiu e saiu.

— O que o traz aqui?

— É Selma.

Valentina deu de ombros.

— Ainda? Por que se deixa levar por essa mulher? Toque ela para fora de sua casa.

— Não posso.

— Por quê?

Paulo Renato suspirou, triste.

— Dormi com ela.

Valentina levou a mão à testa.

— Ai, essa não! Paulo Renato, como pôde ser tão leviano?

— Não sei o que me deu. Fui tomado por um torpor, não me lembro direito. Deixei-me seduzir e aconteceu.

— Ela engravidou?

— Não sei. Parece que não, mas disse que quer casar. Se eu não me casar com ela, vai abrir a boca e fazer escândalo. Disse-me que vai aos jornais. Será o fim da credibilidade de meu escritório. *Bulhões e Carvalho — Advogados* terá sua imagem arranhada por uma doidivanas.

— Eu falei e você não me escutou. Deixou que ela entrasse em casa, que se transformasse na rainha do lar. Faltou pulso. Precisa aprender a ser mais firme.

— Ajude-me, Valentina.

— Eu?! O que poderia fazer? Ir até lá e arrancar Selma à força? Não se deixe chantagear. Coloque-se em primeiro lugar. Não entregue mais o seu poder nas mãos das pessoas. Vá até lá e coloque-a para fora de sua casa.

— Ela vai aos jornais. Disse-me que vai pedir diretamente ao Assis Chateaubriand[19] uma matéria na revista *O Cruzeiro* contando tudo. Vai acabar com nossa reputação. Estou perdido.

— Pois deixe que vá e que conte! Assuma responsabilidade pelos seus atos. Seja um homem de verdade, e não um covarde. As pessoas vão criar alvoroço, mas depois surge novo escândalo e tudo passa. Em breve as páginas da revista, se é que ela vai fazer isso mesmo, vão estar embrulhando cachos de banana no mercado. Não vale a pena ficar nas mãos de uma sirigaita feito Selma. Nem sei como ela é de nossa família.

Paulo Renato levantou-se de um salto.

— Você tem razão. Selma há de se ver comigo. Prefiro o escárnio passageiro da sociedade do que suas ameaças. Cansei-me de ser manipulado. Agora chega!

[19] Francisco de Assis Chateaubriand Bandeira de Melo, mais conhecido como Assis Chateaubriand, ou Chatô (1892-1968), foi jornalista, empresário, mecenas e político brasileiro. Criou e dirigiu a maior cadeia de imprensa do país, o Diários Associados. O Masp — Museu de Arte de São Paulo Assis Chateaubriand — foi fundado em 1947 por iniciativa de Chatô e pelo negociador de obras de arte Pietro Maria Bardi (1900-1999).

Falou, rodou nos calcanhares e saiu decidido. Valentina sorriu.

— Agora ele mudou. Que bom! — ela sorriu para si e em seguida foi até a copa. Lilian ajudava Benta a arrumar a mesa para o almoço. — Querida, importa-se de vir comigo até a biblioteca?

— Pois não.

A menina terminou de ajeitar os pratos e dirigiu-se à pequena sala.

— Fui comprar passagens hoje cedo.

— Benta me falou. Vamos viajar?

— Sim. Vamos para os Estados Unidos.

— Conhecer a terra dos astros de cinema?

— Essa mesma.

— Adoraria ver os astros de perto. Mas, diga-me, eu posso viajar?

— Quanto a isso fique sossegada. Eu já havia pensado na possibilidade de uma viagem ao exterior, e Marcos entrou na justiça para que eu seja sua tutora. Você não tem parentes vivos, então o processo será mais fácil. Sou dama da sociedade, e o juiz vai expedir a documentação que me dá a tutela.

— O que é isso?

— De acordo com o Código Civil[20], são os poderes e deveres confiados a alguém — no caso o tutor ou tutora — para que defenda, preserve, proteja e zele por uma criança ou menor de idade, que por conseguinte perdeu os pais, como ocorre no seu caso. Preocupado mais com a preservação do patrimônio do órfão rico, o Código Civil disciplinou a matéria, dedicando apenas um deles aos menores abandonados ou sem parentes vivos.

— Eu não tenho nada, nenhum patrimônio.

— Por isso tudo fica mais fácil. Vamos embarcar no Natal.

---

[20] Até meados do século vinte, quando a sociedade não tinha problemas conjunturais graves referentes à infância e à juventude, e em que os menores abandonados não tinham qualquer atuação na vida jurídico-social do país, as orientações do Código Civil de 1916 eram acomodadas à essa realidade.

— Eu não vou estudar no ano que vem?

— Vou contratar professores para você. Vai aprender o necessário para se tornar uma mulher culta e refinada. Nada mais de escolas tradicionais.

Lilian vibrou de felicidade.

— Eu vou para a América!

— Vai, sim.

— Posso ligar para Carmela e contar a novidade?

Valentina sorriu feliz.

— Por certo. Vá, minha querida.

Lilian levantou-se e correu até o *hall* onde estava o telefone. Discou para a casa da amiga e contou-lhe as novidades.

— Fico feliz que você viaje para o exterior. No entanto, estou triste porque não vai poder ir ao meu casamento. Marcamos para o comecinho do ano que vem.

— Por que não pede ao Marcos uma viagem de lua de mel até os Estados Unidos? Assim poderemos passar mais tempo juntas. O que acha?

— Sua ideia é brilhante, Lilian. Papai estava mesmo querendo me dar um bom presente. Vou pedir as passagens como presente de casamento.

— Faça isso.

— Agora preciso ir. Estou reformando minha futura casa. Estou com mestre de obras, pedreiros e pó até o último fio de cabelo.

— Está certo. Mas promete uma coisa?

— Claro. O que é?

— Você vai se despedir de mim no cais do porto?

— Não precisa nem pedir. Claro que eu, Marcos, papai e mamãe estaremos lá para dar nosso adeus. Tenho certeza de que essa viagem vai lhe fazer tremendo bem.

Conversaram um pouquinho mais e desligaram. Em seguida, Lilian correu para levar a notícia a Marilda. A felicidade reinava na casa de Valentina.

O mesmo não acontecia na casa de Paulo Renato. Ele chegou em casa feito um vendaval, passou por Jurema e quase a derrubou no chão. Subiu as escadas a passos firmes e entrou no quarto de Selma.

— O que faz aqui? Entra sem bater? Perdeu os modos depois que se deitou comigo?

Ele aproximou-se e, com olhos injetados de fúria, sacudiu-a pelos braços.

— Escute aqui, sua doida. Eu não a quero mais em minha casa.

Selma gargalhou.

— Pode tirar seu cavalo da chuva. Eu fico.

— Não fica. A casa é minha.

— Esqueceu-se de que me deflorou? Vou levar a notícia aos jornais. Marquei, inclusive, uma reuniãozinha com o Chatô.

— Sua vadia! — Paulo Renato se descontrolou e virou um tapa na cara dela. — Pode ir aonde quiser. Não tenho mais medo de você!

Empurrou-a para a frente, rodou nos calcanhares e saiu batendo a porta com tremenda força. Selma estava estupefata. Nunca vira o primo agir daquela maneira. Saiu correndo atrás e pedindo:

— Por favor, entenda. Eu quero me casar com você. Serei uma boa esposa. Eu o amo.

Paulo Renato descia as escadas e nem olhava para trás.

— Saia de minha casa, sua louca! Eu vou embora agora. Vou para o escritório. Quando voltar, logo mais à noite, não quero ver um rastro seu nesta casa. Se ainda estiver aqui, irei ao distrito policial e arranco você daqui à força. Ou então vou até a casa do governador na outra quadra. Eu é que farei um escândalo.

Saiu e bateu a porta com tremenda força. Jurema torcia as mãos nervosamente no avental.

— O que deu no patrão? Está de ovo virado?

— Se está ou não de mau humor, eu não sei — disse Selma entre dentes —, mas nunca vi Paulo Renato falar comigo neste tom agressivo. Estou estupefata.

— Ele está bem nervoso.

— Aposto que aí tem dedo daquela enxerida da Valentina. Só pode ser.

— Não sei, não... Doutor Paulo Renato anda muito estranho.

Selma colocou as mãos no quadril.

— Escute aqui! O que acontece que seus feitiços não estão dando certo?

Jurema pendeu a cabeça para os lados.

— Imagine, dona Selma. Claro que meus *trabalhos* funcionam. A senhora me deu a cueca e conseguiu deitar-se com ele.

— Só isso?

— E afastei aquela tonta da Inês. Ela foi atropelada e nunca mais vai sair da cama. Dá certo o que faço.

— Isso foi meses atrás. Eu penei para lhe dar a cueca e ganhei uma única noite de amor? Que amarração mais chinfrim é essa, Jurema? Eu quero mais, muito mais. Quero o Paulo Renato comendo aqui na minha mão — apontou. — Quero ele subjugado, dominado. Exijo que ele tenha olhos só para mim. E você trate de arrumar logo isso.

— Posso tentar, dona Selma.

— Tentar?! Está louca — bramiu.

— Preciso comprar muito material. Uma amarração como essa sai muito caro.

— Dane-se o valor. Desde que dê resultado...

— Posso ver o que fazer.

— Rápido, pois não posso perder tempo. Ou Paulo Renato se casa comigo ou...

— Ou?

— Ou se casa comigo! — exclamou, nervosa. — Essa é a única alternativa, entende? Estou desesperada, Jurema.

— Calma, senhora. Vou lhe fazer um chá de cidreira.

— Chá não vai resolver meu problema. Você vai fazer essa amarração para mim, contudo vai demandar tempo. Paulo Renato vai chegar logo mais à noite e vai me arrancar desta casa. Ele é advogado, amigo do governador. Ele é muito influente e sabe das coisas.

— Isso é verdade, dona Selma. Eu só posso fazer esse tipo de trabalho na semana de lua cheia. Só na semana que vem é que vou ter condições de fazer o que a senhora deseja.

— Não posso sair daqui. Se eu sair hoje, não volto nunca mais. Você precisa me ajudar, Jurema.

— Eu?! — indagou de maneira aturdida. — Não sei o que fazer.

— Sei lá, faça oração para um de seus guias espirituais. Eles não têm poder?

— Não é assim que funciona.

Selma andava de um lado para o outro da sala, nervosa. O motorista apareceu para saber se as malas estavam prontas. Quase que o coitado foi atingido por cinzeiros, vasos e outros objetos voadores. Selma estava fora de si. Sentia-se acuada e aflita.

— Ele vai me botar para fora de casa. Sei disso. Eu sinto. E agora, o que fazer? Como me manter nesta casa?

Ela andava para lá e para cá. Jurema correu até a cozinha e preparou um chá de cidreira. Trouxe a xícara fumegante numa bandejinha.

— Tome, dona Selma. Acalme-se. De nada vai adiantar ficar assim nervosa. É uma mulher inteligente e astuta. Vai encontrar uma maneira de permanecer nesta casa.

— Como?!

— Tome o chá.

Selma pegou a xícara e entornou levemente o líquido quente boca adentro. Devolveu a xícara à mesinha, fechou os olhos e deixou o corpo cair sobre o sofá. Tirou os sapatos.

— Jurema, dê-me uma luz.

A criada pensou, pensou e de repente sorriu.

— Já sei!

— O que é? — indagou Selma, aflita e curiosa. — Vamos, diga-me o que é, criatura!

— Bom, lembra-se de como a senhora entrou e ficou nesta casa? Não torceu o pé depois que tropeçou na escada?

— Sim. Mas o que uma coisa tem a ver com a outra?

— Dona Selma, finja um novo tombo! Torça novamente o pé. Garanto que o doutor Paulo Renato, ao constatar que seu tornozelo está luxado, vai sentir leve remorso e vamos ganhar mais uns dias. Só até semana que vem, quando eu tiver como fazer novo feitiço em plena lua cheia.

Selma levantou-se de um salto, com os lábios abertos num enorme sorriso. Ela aproximou-se de Jurema e a abraçou e beijou numa das faces. A criada mal podia acreditar numa demonstração de afeto desse tipo.

— Você é um gênio! Sabia que seus guias iriam me ajudar a encontrar uma ótima solução.

— Quando ele se aproximar com o carro, a senhora cai uns dois degraus até o chão. Eu corro para chamá-lo e o resto do teatro fica por sua conta.

— Perfeito. Vou me banhar, trocar de roupa e colocar um lindo penhoar que comprei semana passada. Ficarei linda e perfumada para a ocasião.

A tarde correu e, quando as estrelas despontavam no céu, Selma, já de banho tomado, perfumada e trajando linda camisola de cetim em tons de verde-claro, levantava-se a cada barulho ou ronco de automóvel. Ouviu o motor do carro de Paulo Renato. Como de costume, ele entrou com o veículo na garagem, na lateral da casa, e estacionou nos fundos.

— Corra, Jurema! Faça cara de pânico e diga que tropecei.

— Sim, senhora.

Jurema saiu pela cozinha e quase se jogou na frente do veículo. Paulo Renato freou bruscamente e fez cara de poucos amigos. Meteu a cabeça para fora da janela do carro:

— Está louca? Quer se matar?

— Desculpe, doutor, mas dona Selma caiu da escada...

Enquanto isso, Selma subiu um, dois, três degraus.

— Aqui está bom. Não, aqui está melhor.

Indecisa e insegura, foi subindo, subindo, até alcançar o último degrau da escadaria de mármore. Ao ver a distância entre este último degrau e o chão, preferiu correr um risco maior.

— Vou rolar escada abaixo. Deste ponto.

Nem hesitou. Ela inclinou o corpo para a frente e deixou-se cair. Rolou as escadas e bateu com a nuca na quina do último degrau.

Paulo Renato veio bufando e gritando com Jurema:

— Se for mais uma das armadilhas de Selma, eu juro que boto as duas para fora de casa. Eu juro!

Ele entrou pela cozinha e passou pelo corredor, apertando o passo. Ao aproximar-se do vestíbulo, viu o corpo caído e um filete de sangue escorrendo pelo canto da boca de Selma.

Paulo Renato apavorou-se. Jurema estava logo atrás e riu por dentro. Disse para si:

— Dona Selma é danada! Enganou ele direitinho.

Ele aproximou-se do corpo virado no chão e mediu a pulsação. Olhou atônito para Jurema:

— Meu Deus! Ela está morta!

São Paulo — Largo da Sé

# Capítulo 46

Um mês depois, a morte de Selma ainda gerava burburinho, afinal, não era toda hora que uma conhecida dama de sociedade morria acidentalmente ao cair da escadaria de casa. Paulo Renato estava consternado. Sentiu-se culpado com a situação. Valentina tentava acalmá-lo.

— Não foi culpa sua. Ela deve ter tropeçado na cauda do penhoar e rolou escada abaixo. Foi um acidente, foi fatal. Paciência.

— Eu estava descontrolado, Valentina. Pensei que Selma estava aprontando mais uma para ficar na casa. Confesso que não esperava por um desfecho tão trágico.

— Selma fez suas próprias escolhas. Ela foi a única dona de seu destino. Poderia ter feito outras escolhas e talvez estivesse viva.

— Não me perdoo.

— Não pense assim. A dor e a culpa só trazem aborrecimentos para nós. Mude sua forma de agir e pensar.

— Impossível. Não consigo olhar para a escada.

— Você está impressionado.

— Às vezes parece que vejo Selma subindo as escadas.

Valentina sentiu um arrepio desagradável.

— Vamos rezar pela alma dela.

— Vou à igreja acender uma vela.

— Faça isso, mas, por favor, não se sinta responsável pela morte dela. Selma foi a única responsável pelo fim trágico de sua própria vida.

Paulo Renato afundou as mãos sobre o rosto. De fato, ele estava bastante mexido com toda a tragédia. Valentina sugeriu:

— Por que não vem viajar comigo e Lilian?

— Viajar?

— Sim. Partimos depois de amanhã. Noite de Natal. Eu prometi a ela que este seria bem diferente do anterior. Afinal, no Natal passado, ela havia acabado de perder o pai.

— Não posso. Marcos vai se casar mês que vem. Eu lhe dei dois meses de licença. Não posso largar o escritório nas mãos dos funcionários.

— Converse com os outros diretores. Peça ajuda ao seu Mílton.

— A universidade vai ser criada em breve. Com o tempo, vou deixando o trabalho no escritório nas mãos de Marcos e vou me dedicar novamente, e tão somente, às aulas.

— Passe um mês conosco, ao menos.

— Não. Não posso sair. Você vai. Aproveite bastante. E, na volta, traga-me alguns discos de *jazz*.

— Comprarei com gosto e mandarei por intermédio de Marcos e Carmela. Não se esqueceu de que eles vão passar parte da lua de mel nos Estados Unidos, não é?

— E você, volta quando?

— No fim do ano que vem estarei de volta. Deixarei a casa do Morumbi aos cuidados de Marilda e Argemiro.

— E Benta?

— Virá comigo. Aonde vou, Benta vem atrás.

Paulo Renato sorriu como há tempos não sorria.

— E o ateliê de costura?

— Conversei com Carmela e ela adorou a ideia de conduzir a oficina.

— Ela adora estudar e trabalhar.

— Carmela adora estar ativa. Não importa se com trabalho ou estudo. Ela é competente e responsável. Tem gosto pela costura e vai se matricular num curso de modista, a fim de aperfeiçoar o seu dom. Quer trabalhar e ganhar seu próprio dinheiro. Disse que planeja ter muitos filhos e, mesmo com o ótimo salário de Marcos, quer ser independente e ajudar nas despesas da casa. A oficina de costura vai crescer muito mais em suas mãos. Ela tem tino para os negócios.

— Carmela é boa moça.

— Ela e Lilian são feito unha e carne. Têm sincera afeição uma pela outra.

— Você é competente, minha irmã.

— Sei que sou, mas Carmela tem jeito para esse tipo de negócio. Quero me dedicar mais às artes, descobrir novos talentos, novos artistas. Tenho a intenção de comprar mais telas e outras obras de arte.

— Está ficando viciada nisso.

— Não. Desejo ter um grande acervo. Depois vou doar ou mesmo criar um museu, como me sugeriu a Tarsila.

— Nunca é tarde. Ainda não temos um museu brasileiro de arte.

— Quem sabe um dia? — disse ela, sorriso maroto.

Paulo Renato estava com o semblante menos triste e carregado.

— Tem certeza de que quer ser a tutora dessa menina? Não tem medo da responsabilidade? Ou mesmo de ela se transformar numa moça intratável?

— Não acredito nisso. Eu e Lilian temos forte vínculo afetivo. Tenho certeza de que nos conhecemos há muitas vidas. Ela vai se transformar numa mulher muito bonita e muito culta. Tem uma queda pela pintura e artes em geral.

— Ela é muito bonita. Pena que seja tão novinha.

— Quando voltarmos, ela estará com quinze anos. É uma boa idade para namorar.

— O que está insinuando?

Valentina sorriu.

— Nada. Não estou insinuando nada.

— Eu tenho trinta anos de idade. Sou muito velho para Lilian.

— Não há limite de idade quando se trata de amor.

— Você é uma romântica inveterada.

— Sempre serei.

— Quer me ver casado.

— Eu quero. Ainda vou vê-lo casado e com filhos.

— Vá sonhando...

Continuaram entabulando conversa. Valentina acertou outros detalhes, como manutenção da casa e pagamento dos empregados enquanto estivesse no exterior. Durante o jantar, combinaram de ele levá-las até o porto de Santos.

O dia da viagem foi muito emocionante. No carro de Paulo Renato foram Valentina, Lilian e Benta. Elias, o motorista, transportou os baús de viagem num veículo à parte. Estavam todos lá para dar o adeus: Carmela e Marcos, Marilda e Argemiro, Meire e Mílton, Maria e Cornélio. Depois de uma despedida esfuziante, elas entraram e logo apareceram no convés.

As mulheres balançavam seus lencinhos brancos e secavam uma ou outra lágrima furtiva. Os passageiros acenavam lá do alto e os amigos e familiares, em terra, acenavam com mãos agitadas, chapéus jogados para o alto e expressões carinhosas:

— Façam boa viagem!

— Voltem logo!

— Vão com Deus!

Lilian abraçou-se a Valentina e chorou, chorou bastante.

— Chi! Calma, pequena. Está tudo bem.

— Eu sei. Estou emocionada. Estou feliz.

Valentina a beijou na fronte e também não segurou as lágrimas. Também estava emocionada e muito feliz.

Nuri estava com elas no convés. Beijou Benta na testa e em seguida abraçou Lilian e Valentina. Sussurrou em seus ouvidos:

— Vocês são felizes e serão cada dia mais. Podem acreditar e confiar.

# Capítulo 47

A viagem seguiu tranquila. O vapor *SS Uruguai* atracou no porto de Los Angeles quarenta dias depois, no início de fevereiro do ano de 1934. Valentina conversou com sua grande amiga Ester, que tinha se mudado para lá anos antes, e ela conseguiu uma boa casa para as duas, no bairro de Bel-Air, onde moravam os grandes artistas das fitas de cinema.

A princípio, Lilian ficava de boca aberta e mal podia acreditar no que via. Saía para uma caminhada na calçada perto de casa e se deparava com Joan Crawford e Norma Shearer, ou Mary Astor e Mirna Loy. No dia seguinte era um "oi" que recebia de Greta Garbo ou de Marlene Dietrich. O dia em que a menina sentiu o coração quase saltar pela boca foi quando Richard Arlen, seu ídolo, abriu-lhe enorme sorriso enquanto corria em companhia de seu cachorro.

Aos poucos, Lilian foi se acostumando com as celebridades do cinema americano. Almoçava na casa de Carmen Miranda, quando esta se mudou para lá, jantava na casa de Claudette Colbert ou de Barbara Stanwyck. Era assediada por Errol Flynn. Discutia roteiros com o casal Clark Gable e Carole Lombard...

E assim os anos foram passando...

O inglês dela atingiu um nível de perfeição sem igual. Lilian aprendeu com facilidade e se expressava como uma autêntica americana. Também estudou francês, italiano, espanhol e arranhava o alemão.

Amante das artes, teve aulas de história da arte com professores renomados, principalmente depois que muitos deles foram se exilar na América por conta da Segunda Guerra Mundial que devastara a Europa.

Em pouco tempo, Lilian sabia identificar qualquer obra que fosse, inclusive saber se a tela era verdadeira ou falsa. Era um dom natural, algo que estava adormecido em seu espírito desde os tempos que reencarnara como incentivadora das artes na Itália em plena Renascença. Agora ela podia novamente extravasar esse dom e dedicar-se às artes em geral. Aquela garota triste e vítima do mundo havia morrido. Nascia em Lilian uma nova mulher, impregnada de ternura, que se deixava levar pelo amor divino.

Valentina continuou com seu sarau filosófico em terras americanas. Montou um grupo com amigos brasileiros e americanos. Em pouco tempo, sua bela e espaçosa residência, em Crescent Drive, recebia, todas as terças-feiras, um grupo de intelectuais, artistas, políticos e gente de várias áreas acadêmicas. Valentina era naturalmente bonita e elegante, e, por intermédio do amigo Jorginho Guinle[21], conheceu um rico banqueiro americano.

[21] Jorge Eduardo Guinle (1916-2004), conhecido como Jorginho Guinle, foi uma das figuras mais carismáticas e benquistas que a elite brasileira produziu. Playboy assumido e herdeiro milionário, residiu no hotel Copacabana Palace — fundado por seu tio, Octávio Guinle — até a sua morte. Sua autobiografia recebeu o título que resume a sua trajetória: *Um século de boa vida.*

Da simpatia ao casamento foram três meses, e Valentina pôde finalmente viver seu conto de fadas, porquanto Edward era um verdadeiro cavalheiro, marido romântico e apaixonado. Ele adotou Lilian, e a menina passou a ter o sobrenome dele e nacionalidade americana.

Infelizmente, dez anos depois, Edward sofreu ataque cardíaco fulminante e morreu. Deixou para Valentina e Lilian uma herança de valores astronômicos, digamos, o suficiente para sustentar algumas gerações futuras.

Lilian tornou-se mecenas[22] e descobriu artistas talentosos em vários campos das artes.

Por conta da Segunda Grande Guerra, muitas obras de arte foram adquiridas por Valentina e Lilian por intermédio de *marchands* europeus a preços módicos, porquanto as ofertas de obras de arte no mercado internacional tornaram-se bem atraentes. Valentina aproveitou parte de sua imensa fortuna e adquiriu obras de Matisse, Picasso, Cézanne, Miró, Renoir e Van Gogh, entre outros.

O tempo correu de forma tão rápida que, num piscar de olhos, se passaram quinze anos...

Chegamos em 1949. Em vez de navio, Valentina e Lilian decidiram por bem voltar de avião. Foi um sufoco convencer Benta de que a aeronave não iria cair. Depois de muita conversa e muita reza, aterrissaram no aeroporto de Congonhas no começo de uma noite quente e agradável de verão.

Valentina continuava bonita e elegante como de costume. Mais madura, seu semblante adquirira maior suavidade e serenidade. Os cabelos penteados à moda e o vestido Dior deixavam-na bem mais jovem e atraente.

Lilian tornara-se uma figura linda, elegante e sorridente. Tornara-se mulher alta, corpo esguio, seios fartos e cabelos

[22] Indivíduo rico que protege artistas, homens de letras ou de ciências, proporcionando recursos financeiros, ou que patrocina, de modo geral, um campo do saber ou das artes.

que caíam na altura dos ombros. Por onde passava, chamava a atenção. Era impressionante como se transformara numa linda mulher.

Ao descer da aeronave e caminhar até a saída do aeroporto, aspirou o ar da cidade.

— Meu Deus, quanto tempo!

— De fato — tornou Valentina —, fomos para ficar apenas um ano fora.

— Quando Carmela e Marcos foram nos visitar, logo em seguida à nossa chegada, pensei que o ano demoraria a passar. Mal posso crer que voltei ao Brasil quinze anos depois. E solteira.

— Solteira porque quis. Teve até um Rockefeller que morria de amores por você.

— Namorei alguns homens, mas nunca senti amor, como nas fitas de cinema.

— Isso não existe! — protestou Benta, depois de bater com os pés no chão e fazer o sinal da cruz. — Nunca mais ando numa geringonça dessas!

Caíram na risada. Lilian balançou a cabeça para os lados.

— Valentina acredita no amor feito os filmes de cinema. E viveu sua história. Por que eu não posso viver a minha? Sei que a vida a dois não é um mar de rosas, mas quando se ama, tudo se supera. O amor vence tudo.

— Parece nome de filme — tornou Valentina, sorridente.

— Deveríamos ter avisado ao Paulo Renato que chegaríamos hoje.

— Não queria atrapalhar a vida de ninguém — replicou Valentina. — Decidimos voltar e vamos ficar de vez. Teremos muito tempo para rever os parentes e amigos. Temos pouca bagagem, visto que nossos pertences virão de navio. Nada de alarde. Nas últimas cartas que troquei com Paulo Renato, deixei claro que voltaríamos em breve. Também fiz questão de avisar Marilda para que deixasse a casa pronta para o nosso retorno.

— Marilda! — suspirou Lilian. — Minha amiga querida, meu anjo. Estou com tanta saudade dela. Quero beijar seus filhos. Só os conheço por fotos.

— Chegaremos em casa logo mais. Vamos tomar um táxi.

— Estou cansada — disse Benta.

— Pois eu estou ótima — retrucou Lilian. — Amanhã vou sair logo cedo. Quero rever Carmela, Marcos. Nossa, tanta gente! Também quero sair e bater pernas por São Paulo. Pelas reportagens que vi em revistas, é impressionante. Esta cidade não tem mais nada a ver com aqueles tempos da Revolução.

Valentina olhou ao redor enquanto se dirigiam para o táxi.

— Está com cara de cidade grande. E, de fato, não há um resquício sequer daqueles tempos.

Caminharam e, ao pegarem o táxi, Valentina acomodou-se no banco e falou:

— Espero que as obras cheguem a tempo para a exposição do Museu de Arte Moderna.

Lilian tirou um folheto da bolsa e leu:

— "Do figurativismo ao abstracionismo", esse é o nome da exposição de abertura do museu, na rua Sete de Abril, no centro da cidade[23].

— Não vejo a hora de expor a tela do Jackson Pollock que compramos do próprio artista.

— Nem posso crer. Quando fomos embora, a cidade não tinha um museu sequer. Agora temos dois. Um criado por intermédio do Chatô e outro graças ao Ciccillo e sua adorável esposa. Fico contente em saber que as pessoas, de todas as faixas etárias, poderão contemplar obras de arte.

— E poderá levar a sua ideia de dar aulas gratuitas de história da arte para quem não tem recursos.

— Desse projeto não abro mão. É um sonho antigo. Nada como a arte para sensibilizar o próximo — ajuntou Lilian.

— Repito: devemos isso ao Chateaubriand, ao Ciccillo e à Yolanda.

[23] Criado em 1948, pelo industrial e mecenas Francisco Antônio Paulo Matarazzo Sobrinho (1898-1977), mais conhecido como Ciccillo Matarazzo, e sua esposa, Yolanda de Ataliba Nogueira Penteado (1903-1983), o Museu de Arte Moderna de São Paulo (MAM), localizado atualmente no parque do Ibirapuera, em São Paulo, é um dos mais importantes museus de Arte Moderna do Brasil.

— E a nós, afinal, estamos trazendo muitas telas que ficarão aqui para sempre.

— Tem razão.

As três foram conversando amenidades e ficaram surpresas com o crescimento e prosperidade da cidade. A capital paulista estava repleta de novas ruas, avenidas, pontes e viadutos. Surgiram novos bairros, mais modernos, mais bonitos e mais elegantes. A fina nata paulistana não mais se concentrava na Paulista, Higienópolis ou Campos Elíseos, esparramando-se também na direção dos Jardins, Pacaembu e Morumbi.

O táxi chegou, parou no portão e elas desceram. Benta pagou o motorista. O rapaz ajudou a carregar as malas até o jardim. Lilian observou que duas meninas brincavam no imenso terreno, ajardinado, florido e muito bem cuidado. As crianças aproximaram-se.

— Olá — disse uma.

— Oi — tornou a outra.

Lilian abaixou-se e as cumprimentou.

— Eu sou a Lilian, amiga de sua mãe.

— Você é a tia estrangeira?

Ela riu-se.

— Sou, sim.

— Eu me chamo Letícia, tenho doze anos. E esta é Laura.

— Completei dez anos no mês passado — ajuntou a linda garotinha.

Marilda apareceu no jardim e quase desmaiou ao revê-las. Soltou um gritinho de contentamento:

— Desde que me avisaram da chegada, eu mal preguei os olhos.

Lilian correu ao seu encontro e a abraçou com carinho. Não conseguiram segurar as lágrimas.

— Querida, quantos anos! Como você cresceu.

— Eu lhe mandei muitas fotos — protestou Lilian.

— Mas ao vivo e em cores é bem diferente. Mal posso crer.

Marilda a abraçou novamente e em seguida cumprimentou Valentina e Benta.

— Sejam bem-vindas.

Valentina perpassou o olhar ao redor. Notou que as árvores estavam mais frondosas e que as espécies de flores aumentaram sobremaneira.

— Vejo que tomou conta da casa como se fosse sua. Está mais bonita, bem conservada. O jardim está mais florido e mais belo.

— Argemiro e eu cuidamos da casa com muito esmero, dona Valentina. Queria inclusive agradecer pessoalmente por ter nos enviado dinheiro e permitir que reformássemos a casa dos empregados.

— Estão bem instalados?

— Eu, Argemiro e as crianças vivemos muito bem ali. Tem espaço de sobra. Às vezes até o Elias dorme lá com a gente, quando não sai para namorar — disse Marilda, baixando o tom de voz.

— Namorar faz bem — tornou Lilian.

— Entrem, por favor. Vou chamar o Argemiro para levar as malas para os quartos.

— Onde está Elias?

— Estava meio cabreiro porque queria buscá-las. Foi até o mercado comprar algumas mercadorias.

Elas subiram para um banho e troca de roupa depois da exaustiva viagem de volta, com várias escalas. Contudo, Marilda estava tão feliz e as crianças faziam tantas perguntas sobre a vida nos Estados Unidos, que a conversa seguiu horas a fio. Foram dormir quando a madrugada era alta.

São Paulo — Rua Barão de Itapetininga

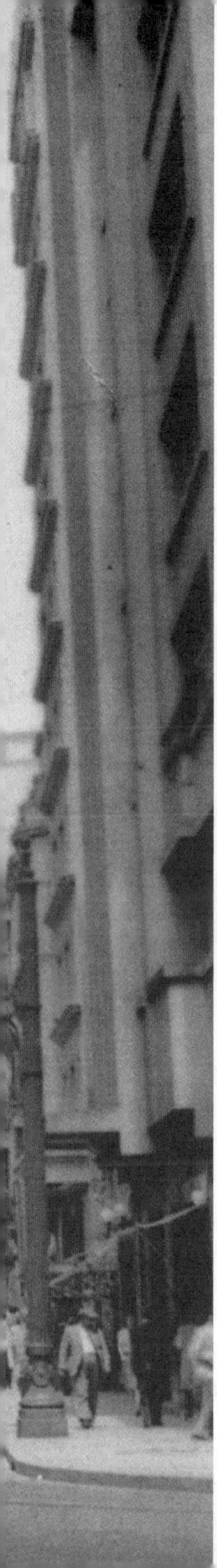

# Capítulo 48

Os dias que se seguiram foram de muita emoção e agitação. Lilian, no dia imediato à chegada, foi até a casa de Carmela. As amigas abraçaram-se e choraram muito. De felicidade, obviamente. Nem parecia que aquele sobradão tinha sido o mesmo onde Lilian vivera por alguns anos, muito tempo atrás.

A casa havia sido totalmente reformada e parecia outra residência, bem mais ampla, bem mais bonita. O entorno crescera bastante, e a Lapa tornara-se agradável bairro da classe média.

Lilian ficou maravilhada com os cinco filhos de Carmela. Marcos, Eduardo, Paulo Otávio, Maria Helena e Maria Clara. Ao ver a caçula, Lilian sentiu um frêmito de emoção.

— Ela lembra a Clarinha.

— É falante e adora me ajudar na confecção.

Lilian aproximou-se e estendeu a mão.

— Quantos anos você tem, querida?

— Seis. Vou completar sete logo.

— O que quer de presente?

Maria Clara olhou para ela, sorriu e em seguida encarou Carmela.

— Posso pedir qualquer coisa?

— Claro, filha. Lilian é como se fosse da família. Pode chamá-la de tia.

A menina encostou o dedo no queixo e pensou.

— Quero tecido.

— Tecido?!

— É. Preciso de roupas novas para minhas bonecas. Você se importa de me dar de presente alguns tecidos?

Carmela interveio:

— Ela adora costurar. Dos cinco filhos, já sei quem vai dar continuidade aos negócios.

Elas riram. Em seguida, as crianças foram brincar. As amigas sentaram-se numa poltrona e Lilian pousou delicadamente suas mãos nas de Carmela.

— Como dá conta de tantos filhos?

— Eu e Marcos adoramos. Sempre foi o nosso desejo ter uma família bem grande. As crianças são obedientes, ótimas, uns amores. Seu Mílton e Meire nos ajudam bastante. Depois que se casaram, mudaram a duas quadras de casa.

— Tenho saudades do seu Mílton. Você sempre teve certa afinidade com ele.

— Muita. Após a morte dos tios do Marcos, seu Mílton ficou muito próximo. Eu diria que ele, na verdade, vê Marcos como um filho. Sempre que pode, seu Mílton visita Marilda, Argemiro e suas netas, mas considera meus filhos seus netos também, e os cinco o chamam de *vô* Mílton. E Meire também é um doce de criatura. Os dois estão aposentados e têm tempo livre para ajudar uma mãe com cinco crianças que trabalha fora!

— Quem diria que ele iria se casar depois de tantos anos!

— O amor não tem idade, oras. Você vai conhecer a Meire e vai entender o porquê de ele tê-la como esposa.

— Seus filhos são lindos! Estou encantada. Já sabem o que querem estudar? Pelo menos os mais velhos?

— Marcos e Eduardo querem ser advogados. Paulo Otávio e Maria Helena querem ser professores. E Maria Clara, nem preciso dizer...

Lilian abriu um sorriso lindo, que mostrava seus dentes alvos e enfileirados.

— Você disse que queria ter muitos filhos e morar nesta casa. Conseguiu tudo o que queria.

— Consegui. E vou conseguir muito mais. A vida é muito boa para mim, querida.

— Carmela, gostaria de agradecer por tudo o que fez por mim.

— Eu?!

— Sim.

— Não fiz nada.

— Suas palavras de encorajamento, seu estímulo, seu apoio. Passei por momentos muito difíceis, muito ruins, mas me tornei uma mulher alegre, feliz e que se ama incondicionalmente.

— Dá para notar. Sua aura está brilhante.

— Estudei e compreendi muitas coisas. Aprendi a me colocar em primeiro lugar e ter uma mente mais saudável e consequentemente mais positiva.

— Você se tornou uma borboleta, de verdade.

Lilian sorriu.

— Lembro-me até hoje da história das borboletas que você me contou. Tudo faz sentido agora. Eu passei anos, talvez até vidas, presa num casulo. Agora saí e me libertei. Eu sou, sim, uma borboleta.

— Uma linda borboleta. E por acaso essa borboleta — apontou — não está comprometida ou interessada em alguém?

— Não. Você sabe de toda minha vida, escrevemos centenas de cartas uma para a outra. Eu tive lá alguns namoros, mas não me apaixonei, não aconteceu.

— Será que seu amor está em terras brasileiras?

— Quem sabe? — Lilian deu de ombros. — É um assunto que não me aguça tanto. Estou mais interessada na exposição do museu, em redescobrir a cidade, ir ao teatro.

— Eu e Marcos vamos muito ao teatro. As peças são maravilhosas e creio que não deixamos nada a desejar aos outros países.

— Li comentários bem positivos a respeito.

— Vamos marcar de assistir a uma peça na semana que vem?

— Sim. Adoraria. Eu nunca assisti a uma peça de teatro no Brasil.

— Ótimo. Vamos assistir *Da necessidade de ser polígamo*.

— De que se trata?

— É uma deliciosa crítica aos costumes da burguesia. A peça está em cartaz no Teatro Brasileiro de Comédia — TBC —, com a Margareth Moura e Silveira Sampaio, que, aliás, é o autor da peça.

— Quem é ele?

— Silveira Sampaio[24] é um versátil artista carioca. A peça é muito engraçada. Vamos nos divertir para valer.

— Estamos combinadas. Pode pedir para Marcos comprar os ingressos.

Carmela consultou o relógio.

— Preciso voltar para a confecção.

— Transformou uma oficina de costura numa grande fábrica, hein?

— Com dedicação e empenho, cheguei lá. Confesso que Valentina havia feito muito. Quando peguei a oficina na rua Marconi, ela só precisou de um empurrãozinho. O resto aconteceu por si só. Mamãe e papai, depois que ele se aposentou, ajudam-me bastante. Por falar neles, estão esperando por você. Vamos atravessar a rua e revê-los?

— Estou morrendo de saudades da dona Maria e do seu Cornélio.

---

[24] José Silveira Sampaio (1914-1964) foi autor, ator, diretor e empresário. Homem de teatro, implementou um estilo cômico essencialmente ligado à cultura carioca dos anos 1950 e 1960. Mais informações sobre Silveira Sampaio, você encontra nos livros: *Bate-papo com o Além, O mundo em que eu vivo* e *O repórter do outro mundo*, todos psicografados por Zibia Gasparetto e publicados pela Editora Vida & Consciência.

Valentina reviu amigos queridos, ofereceu jantares, deu entrevistas para programas de rádio, revistas e jornais, porquanto era tratada como celebridade. Ao saberem de sua chegada, os amigos exigiram que ela retomasse os saraus filosóficos, o que ela acatou com grande prazer.

Por duas vezes quis ir à casa do irmão, mas uma força estranha a impedia de chegar ao casarão dos Campos Elíseos. As atividades das terças-feiras começariam em duas semanas. Até lá, Valentina iria checar melhor o que de fato era essa estranha sensação que se apoderava e oprimia seu peito.

Na casa de Paulo Renato quase tudo seguia seu curso normal. Quase tudo, porque, se alguém que lá entrasse tivesse um mínimo de sensibilidade, perceberia certo peso no ambiente. Uma pessoa com clara capacidade de vidência podia enxergar um espírito que não arredava pé do sobradão.

Jurema havia feito reza, defumação, tudo o que estava ao seu alcance. Chegou um ponto em que, assustada e com medo das investidas do espírito, pediu demissão e foi-se embora. Paulo Renato contratava nova criada e alguns dias depois ela mesma pedia demissão.

A rotatividade de criados não parava mais no casarão. Era um entra e sai dos diabos desde aquela fatídica noite, muitos anos atrás.

Quando caiu da escada e desencarnou, Selma percebeu sair do corpo, como se fosse empurrada. Olhou ao redor e não acreditou. Passava a mão nos objetos, tentava se sentar no sofá, queria tomar um copo d'água, mas tudo em vão. Seu espírito não conseguia atingir as coisas do plano físico, da matéria.

Desde seu grito horrorizado ao ver seu próprio corpo sem vida no chão até os dias de hoje, passou-se muito tempo. Selma aprendeu a dominar a matéria e, o mais interessante, aprendeu a escutar a mente das pessoas. Não foi difícil afastar uma ou outra sirigaita — nas palavras dela — que tentava se aproximar de Paulo Renato com o propósito do matrimônio.

No devido tempo, lembrou-se de sua última existência como Natalie. Fechou o cerco ao lado de Paulo Renato. Tentou perceber se Lilian ou Dinah estavam reencarnadas e próximas. Não as viu por perto e tranquilizou-se.

Paulo Renato entrou em casa, depois de um dia cheio como professor da USP[25]. Estava morrendo de saudades de Valentina. Queria ir ver a irmã, mas sempre acontecia alguma coisa que o impedia.

— Se depender de mim, você nunca mais vai ver a maluca da Valentina — dizia ela, enquanto lixava as unhas, postada ao lado da porta de entrada.

Sim, Selma aprendera a plasmar objetos com o poder da mente perispiritual. Por isso está com uma "lixa" de unhas.

— Vou tomar um banho e ver minha irmã — tornou ele.

Selma captou seus pensamentos e balançou a cabeça para os lados.

— Nã-na-ni-na-não! Daqui você não sai hoje. Estamos com vazamento na pia da cozinha.

Paulo Renato absorveu o pensamento de Selma e foi até a cozinha. Perguntou à nova criada:

— Algum problema aqui?

— Não, senhor. Tudo em ordem.

Foi só a mulher falar e Selma aproximou-se da pia. Mirou os olhos injetados de fúria sobre o cano. Paulo Renato virou as costas e ouviu um estrondo.

— O que foi isso?

A criada, assustada, abriu a portinha embaixo da pia.

— Vixe, doutor! O sifão estourou.

— Esta casa está caindo aos pedaços — vociferou ele. Toda semana tem algum problema hidráulico ou elétrico — Onde está o motorista?

— Foi fazer compras e ainda não voltou.

[25] A Universidade de São Paulo — USP, criada em 25/1/1934, é uma das mais importantes instituições brasileiras de ensino superior. Possui o maior número de vagas de graduação e de pós-graduação do país, sendo responsável também pela formação do maior número de mestres e doutores do mundo. A sua criação foi, de certa forma, uma reafirmação da grandeza de São Paulo após a derrota da Revolução de 32.

— Diabos!

Ele arregaçou as mangas e foi tratar de arrumar o sifão. Demorou muito e, quando Paulo Renato consultou o relógio, era tarde demais.

— Amanhã eu vou.

— Ha, ha, ha — gargalhou Selma. — Vai uma ova! Você não vai se encontrar com aquela mulher, nem que eu tenha de estourar todos os canos desta casa — ela aproximou-se e sussurou em seus ouvidos: — Eu sou a única que habita esta casa. A única! Mulher aqui só se for empregada, e bem feinha.

Paulo Renato sentiu um frio percorrer a espinha. Sentia-se cansado, pois de vez em quando Selma até conseguia absorver dele um punhado de energias vitais, importantes para que ela, como espírito, pudesse permanecer transitando pela dimensão terrena.

Ele subiu as escadas e foi ao banheiro. Despiu-se e entrou sob a ducha. Sentada sobre o vaso sanitário, de pernas cruzadas, Selma se comprazia.

— Está um pouco flácido e está envelhecendo. Mas o conjunto está bom. Ainda lembra o Rodolfo Valentino, embora ninguém mais se lembre desse ator.

Paulo Renato terminou o banho, enxugou-se e vestiu pijama e robe. Desceu para o jantar. Ela sentou-se ao seu lado.

— Eu estava pensando, querido, que talvez pudéssemos mudar a cor das paredes. Não gosto muito desse tom que *aquela* mulher escolheu.

A criada apareceu e perguntou:

— Doutor Paulo Renato?

— Sim.

— Dona Valentina está ao telefone. Quer saber se pode vir visitá-lo.

— Hoje?

— Ela disse que gostaria muito de vir até aqui, caso o senhor não se importe.

Ele consultou o relógio no canto da sala de jantar.

— É tarde. Mesmo assim, diga que eu a espero.

— Sim, senhor.

A criada saiu e Selma bramiu:

— Como pode? Vai deixar aquela lambisgoia entrar nesta casa? Valentina não pode entrar.

Paulo Renato não registrou nada. Estava absorto, terminando seu prato de sopa.

Uma onda de medo percorreu o perispírito de Selma. Não adiantava estourar outro cano ou fazer alguma lâmpada rebentar. Não tinha jeito. Ela tinha de tentar manter o equilíbrio e esperar pela visitante indesejada.

— Vamos ver quem é a mais forte — disse para si, entre ranger de dentes.

# Capítulo 49

Arlete segurava a mão de Dorival. O homem, em idade avançada, havia pegado uma forte gripe e tentava se recuperar. Havia terminado de tomar um caldo quente, e um rapaz bonito e atencioso apareceu na soleira da varanda.

— Vamos tomar um pouco mais de xarope?

— Chega, Luisinho. Estou bem.

O filho sorriu e começou a cantarolar uma musiquinha bem popular em referência ao medicamento, cuja letra era anunciada em cartazes espalhados pelos bondes:

— "*Veja ilustre passageiro, que tipo belo e faceiro...*"

— Ah, não! Vou me entupir de tanto tomar esse xarope.

— Seu pai está bem melhor.

— Mesmo?

— Filho, você se preocupa demais conosco. Precisa pensar em suas coisas. A viagem, por exemplo. Quando vai arrumar as malas?

— Mãe, eu viajo na semana que vem.

— Mas viaja para o estrangeiro. A Inglaterra não fica a cem quilômetros de Poços de Caldas. Precisa levar bastante roupa de frio, agasalho e...

Luisinho a cortou, com simpatia e largo sorriso.

— De maneira alguma. Vou levar o essencial. Esqueceu-se de que minha noiva já levou muitas roupas minhas?

— De fato, Dirce levou algumas malas. Todavia, preocupe-se com a sua viagem. Eu cuido do seu pai.

Dorival sorriu:

— Arlete desempenha muito bem esse papel. Pode ter certeza.

Ouviram uma voz feminina vinda de dentro:

— O jantar está servido.

Luisinho passou a língua pelos lábios.

— Hum... o que será que a maninha preparou desta vez?

Lenita meneou a cabeça.

— Não vou contar. É especial. Peguei a receita com a diretora do colégio.

— Você é a professorinha mais linda de Poços de Caldas.

Ela bateu de leve no ombro do irmão.

— Não passa de um sedutor barato. Vou contar para a Dirce.

Abraçaram-se com carinho. Lenita havia se transformado numa moça muito bonita. Os cabelos eram naturalmente cacheados e escorregavam pelos ombros. Tinha estatura mediana, corpo benfeito e lábios carnudos e bem vermelhos. Os olhos eram vivos e expressivos.

A menina crescera amante dos livros e decidira pelo magistério. Era professora num colégio da cidade. Era amada e querida pelos alunos e outros colegas de trabalho. Lenita tinha o dom natural de ensinar e exercia a profissão com dedicação, amor e carinho.

Ela afastou-se de Luisinho e sorriu.

— Vai partir em breve. O que farei sem você por aqui, meu grande companheiro?

— Não posso perder essa bolsa de estudos. Essa especialização veio a calhar.

— Pretende mesmo se casar com Dirce em Londres?

Ele assentiu com a cabeça.

— Comprei as alianças. Vou lhe mostrar.

O rapaz saiu e foi até o quarto. Voltou em seguida e mostrou a caixinha de veludo azul-marinho.

— Olhe.

Lenita abriu a caixa e seus olhos brilharam emocionados.

— São lindas! Que amor.

— Dirce não sabe da novidade, pensa que vamos nos casar só quando voltarmos para cá. Quer dizer, para Belo Horizonte. Fico preocupado com papai e mamãe. Ele está bem velhinho e ela também não é mais uma mocinha.

— Eu estarei sempre aqui ao lado deles.

— Precisa pensar na sua vida. Está na hora de arrumar um moço e se casar.

— Moço eu já tenho. Só falta casar.

Luisinho a encarou com olhos maliciosos.

— Recebeu nova carta de António?

— Recebi. Ele chega logo mais, no último trem.

— Mas papai e...

— Chi! — ela colocou o dedo nos lábios dele — António quer fazer uma surpresa. Conseguiu nova transferência e vem para cá. Vamos nos casar e viver aqui, cuidando de papai e mamãe.

— Mas não é justo. Você precisa ter uma vida só sua, seus filhos, por exemplo.

— Eles vão crescer muito bem nesta casa. Nós crescemos aqui e fomos felizes. Por que meus filhos também não serão? E papai e mamãe vão me ajudar a criá-los. Não tenciono abandonar a escola. Quero continuar a trabalhar.

— Essa cabecinha pensou em tudo. Vocês, mulheres!

— Vocês só vão para a frente porque nós estamos atrás. Ainda vamos dominar o mundo!

Luisinho começou a fazer cócegas na irmã e um começou a correr atrás do outro pela sala.

Arlete balançou a cabeça para os lados.

— Esses dois... parecem crianças — disse para si, enquanto esboçava bonito sorriso. Arlete estava contente e feliz, demasiadamente feliz. Apertou a mão do companheiro e ficaram contemplando na varanda o lindo pôr do sol, cujo brilho alaranjado tingia o imenso céu de Poços de Caldas.

Na reunião daquela terça-feira, após os estudos de praxe, Fábio teve forte intuição. Era Nuri que se aproximava dele.

— Vá até a casa de Paulo Renato. Chegou a hora de levarmos Selma para tratamento. Custe o que custar. Confie.

Assim que terminaram de estudar um livro espiritualista muito em voga, ele cutucou Valentina levemente nos braços.

— Os espíritos querem que eu vá até a casa de Paulo Renato.

— Mesmo?

Fábio baixou o tom de voz, discreto:

— O espírito de sua prima está preso à casa.

— Eu tinha certeza de que Selma, mesmo morta, iria continuar dando trabalho. É por esse motivo que desde que voltei não consigo rever meu irmão.

— Ela não quer o encontro. Sabe que você pode percebê-la e tentar afastá-la de lá.

— Mas aquela casa nunca lhe pertenceu. Nem quando era viva, imagine agora, depois de morta!

— Faz anos que Selma habita aquela casa. Seu espírito adaptou-se à nova realidade e, se não fizermos alguma coisa, creio que ela nunca mais sairá de lá.

— O que os espíritos sugeriram?

— De irmos até lá depois do sarau.

— Conte comigo. Manterei o equilíbrio emocional para podermos somar forças e tirarmos aquela doida de lá.

— Vamos serenar e confiar.

Passava das onze e meia da noite quando a campainha tocou. Selma andava de um lado para outro da sala, impaciente.

— Eles não vão me pegar. Daqui não saio, de jeito nenhum.

A criada atendeu e os fez entrar. Valentina imediatamente sentiu o peso do ambiente e Fábio percebeu a presença de Selma. Ele tinha facilidade em perceber e se comunicar com os espíritos.

Valentina deu longo abraço no irmão.

— Está ficando com os cabelos grisalhos. Embora com aparência bem cansada, continua lindo como sempre. Acho que se Rodolfo Valentino estivesse vivo, teria essa aparência.

— Obrigado. Você está radiante e linda. Os anos só lhe fizeram bem.

— Temos muito o que conversar, mas antes eu e Fábio precisamos dar uma palavrinha.

Paulo Renato cumprimentou Fábio e os três dirigiram-se ao escritório. Selma fungou de raiva e atravessou as paredes. Não queria perder nada da conversa.

Fábio, em poucas palavras, explicou o motivo que os trazia até o casarão. Depois de escutar o relato dele e de Valentina, ele custou a acreditar.

— Sou um homem acadêmico. Não posso acreditar nessas coisas!

— Eu também sou — aquiesceu Fábio. — Sou dentista e também leciono na USP, mas a realidade espiritual independe de nossa formação, educação ou profissão. É algo verdadeiro e que está aí ao nosso redor.

— Selma morreu há mais de quinze anos. Eu providenciei seu enterro. Ela está enterrada no mausoléu da nossa família, no cemitério da Consolação. Podem ir lá ver a lápide. Tem até foto.

Fábio pendeu a cabeça para os lados.

— Sei que você a enterrou, meu amigo. Mas o que está enterrado no cemitério é o corpo de Selma. Seu espírito continua vivo.

— Difícil acreditar.

O rapaz fechou os olhos e se concentrou. Em seguida falou, ainda de olhos fechados:

— Selma está aqui no escritório.

— Onde? — indagou Paulo Renato, assustado.

— Está parada na porta e recusa-se a ir embora.

— Isso é mentira.

— Está usando uma camisola, ou o que restou de uma. O tecido está bem puído e parece ser verde-claro.

Paulo Renato levou a mão à boca.

— Selma morreu com essa camisola! Só o médico que fez o atestado de óbito a viu assim. Depois, fez a gentileza de trocar sua roupa e colocar nela um vestido. Não pode ser!...

— Pode. Quando morremos, nosso espírito liberta-se do corpo físico. Quem tem conhecimento espiritual consegue administrar melhor a morte, porquanto sai do corpo com a consciência da eternidade e vai para as cidades astrais em que vivia antes de reencarnar, em vez de ficar vagando nesta dimensão.

— Eu nunca ouvi nada a respeito.

— Não ouviu porque não quis — protestou Valentina. — Há quantos anos comecei a fazer as reuniões das terças-feiras? Há anos. Você chegou a ir e depois de umas duas reuniões nunca mais apareceu.

— É verdade. Mas nunca vi nada, nunca percebi nada. Como acreditar no invisível sem ter provas?

— Acredita que estamos sozinhos neste Universo imenso? — indagou Fábio. — Tem a pretensão e arrogância de achar que somos os únicos seres inteligentes que habitam este vasto mundo?

— Para mim, quando morremos tudo se acaba.

— E de que adiantou você nascer em berço de ouro e ter condições de estudar, ter uma profissão e uma boa vida?

— Sorte? — arriscou Paulo Renato.

— Sorte?! Então o rapaz que nasceu pobre e vive com dificuldades, com um pai acamado, é azarado? Pronto? Está tudo devidamente explicado? Faz sentido achar que Deus brinca conosco tirando um papelzinho e dizendo: "Este vai nascer com sorte, aquele outro vai nascer com azar"?

— Nunca pensei dessa forma. Nunca quis pensar sobre morte. Acho o assunto bizarro.

— No entanto, todos vamos morrer um dia. A morte deveria ser encarada como algo natural. A sociedade finge que ela não existe e, quando acontece, perturba e transtorna. Claro que perder um ente querido é muito triste, mas fechar os olhos e negar a existência da continuidade da vida, isso para mim é pura burrice.

Paulo Renato arregalou os olhos. Fábio falava com modulação de voz alterada.

— Você está ficando velho antes do tempo. Suas energias estão sendo sugadas por Selma. Amanhã outro espírito virá habitar esta casa. Está na hora de tomar posse de si e ser responsável pela maneira como pensa e acredita na vida. Essa mudança de atitudes e pensamentos é vital para que você tenha ainda — ele frisou — uma boa e longa vida.

— O que devo fazer? Rezar?

— Não vai adiantar, por ora. Você não é homem de fé.

— Eu vou fechar os olhos e fazer uma prece — interveio Valentina.

— Faça isso — replicou Fábio, enquanto consultava o relógio. — É meia-noite. Os espíritos chegaram e vão levar Selma. Fiquemos em oração. Pensemos em coisas boas, no bem.

— Difícil pensar em alguma coisa boa numa situação dessas.

— Faça um esforço. Pense na sua infância, em coisas boas que viveu. Pense em seu pai, por exemplo — tornou Fábio, intuído pelos amigos espirituais.

Paulo Renato fechou os olhos e sentiu um calor apossar-se de seu peito. Imediatamente, lembrou-se de todas as fases de sua vida, sempre ao lado do pai. Renato foi um pai rígido, como era costume na época, porém doce e atencioso. Paulo Renato orgulhava-se de dizer aos amigos que carregava o nome do pai. Enquanto permanecia de olhos fechados, a imagem de Renato veio forte em sua mente.

Os espíritos começaram a fazer a limpeza do ambiente. Um grupo foi para o andar de cima e outro permaneceu no andar de baixo. Dois guardiões postaram-se na frente do imóvel, evitando que outros espíritos entrassem na casa. Formaram uma barreira energética ao redor do casarão.

Nuri aproximou-se de Selma, acuada e tremendo de medo.

— Por que tem tantos como eu aqui? O que eles querem?

— Viemos buscá-la.

— Eu não saio daqui. Esta é minha casa.

— Não é. Nem esta casa, nem este mundo lhe pertencem mais. Você morreu e precisa partir.

— Não vou deixar Paulo Renato — Selma mirou uma das lâmpadas do escritório e esta queimou.

— De nada vai adiantar queimar lâmpadas ou estourar canos. Estamos de olho em você há um bom tempo. Agora chegou o momento de partir.

— Vocês não podem fazer isso.

— Como não? Há quantos anos estamos enviando mensageiros de luz para levá-la para um tratamento adequado? Eu mesma vim conversar com você várias vezes. Sempre na paz.

— Eu não preciso de tratamento. Estou cansada dessa sua cara de boa samaritana. E, além do mais, estou muito bem onde estou.

— Não está. E agora preciso dar um basta.

— Não têm o direito. Vocês não são bonzinhos e compreensivos? Por que querem usar de violência comigo?

— Você não tem mais o direito de permanecer nesta casa. Seu momento de atrapalhar a vida de Paulo Renato acabou.

— Ele é meu! — bramiu. — Ninguém jamais vai se aproximar dele.

— Isso não importa. Não temos muito o que conversar, por ora. Você precisa e *vai* sair agora, civilizadamente ou à força.

— Quero ver. Estou aqui há quinze anos e...

Selma nem terminou de falar. Nuri fez sinal com os dedos e um guardião com mais de dois metros de altura, vestido elegantemente num terno preto, abraçou-a por trás, segurando com força. Disse num tom sério:

— Vamos embora.

Sob protestos e gritos, Selma foi arrancada da casa. O guardião partiu com ela rumo a um posto de tratamento perto da Terra. Chegaram próximo a um grande portão de ferro preto, ricamente trabalhado. Ele acenou com a cabeça e disse algumas palavras numa língua desconhecida. Os portões se abriram e podia-se ver um grande prédio todo envidraçado e brilhante, com muitos andares. O guardião conduziu Selma até a recepção.

— Cuidem desta aqui.

— É a tal que estava presa no casarão? — perguntou a recepcionista.

— A própria.

A moça sorriu simpática e, com o dedo indicador, tocou delicadamente uma tela de cristal à sua frente.

— Vejamos... Selma. Aqui está a sua ficha. Última encarnação, de 1904 a...

Selma a cortou ríspida.

— Não precisa contar a minha vida, oras!

— Era só para me certificar.

— Cuide dela e não a deixe sair — disse ele, enquanto se preparava para voltar.

— E se ela der trabalho?

— Tratamento de choque.

— Como ousa, seu patife? — Selma estava indignada.

Ele aproximou-se dela e seus olhos, avermelhados como fogo, intimidaram-na.

— Comporte-se, pequena. Você não está mais na Terra.

Ele falou, rodou nos calcanhares e saiu. Em poucos instantes, estava na porta do casarão de Paulo Renato.

— Tudo sob controle, chefe — disse um simpático espírito que fazia guarda no portão da residência.

No interior da casa, o ambiente estava calmo e limpo. O ar não estava mais carregado. O espírito de Renato aproximou-se do filho e o abraçou.

— Paulo Renato, abra os olhos para a realidade espiritual. Você tem tanta coisa boa para fazer neste mundo. Deixe as ilusões de lado e liberte-se para uma vida verdadeiramente feliz. Eu o amo muito.

Por um instante Paulo Renato sentiu o abraço e até o cheiro da loção após barba que o pai usava.

— Você sentiu, Valentina?

— Senti. Papai está aqui.

— Como pode ser uma coisa dessas? Estou sentindo o cheiro da água de colônia!

As lágrimas corriam insopitáveis. Ele abraçou a irmã.

— Ajude-me, Valentina. Por favor, ajude-me! Cansei de ser um homem rígido e com medo de expressar meus sentimentos. Ajude-me a ser feliz.

Ela o abraçou com carinho.

— Acredite e confie, meu irmão. Tudo vai mudar. Para melhor.

# Epílogo

Dois anos depois de todos esses acontecimentos, nascia o primeiro filho de Lenita e Antônio. O menino veio ao mundo com pouco mais de quatro quilos. Um bebezão lindo, gordinho, com bochechas salientes.

Dorival vivia grudado no menino. A casa de Arlete era uma felicidade só. Receberam notícias de Luisinho. Ele e Dirce, agora casados, viriam no Natal para passar duas semanas em Poços de Caldas e depois iriam ficar na Inglaterra por mais dois anos.

Antônio era a alegria em forma de pessoa.

— Você me faz muito feliz — disse enquanto alisava o rosto da esposa, deitada no leito e recuperando-se do parto.

Lenita sorriu.

— Eu o amo, Antônio. Sempre o amei.

— Quando a vi pela primeira vez, senti algo inexplicável. Fiquei até com vergonha, porque não conseguia vê-la como uma irmãzinha.

— Deve ser porque seu espírito lembrou-se de mim. Nosso amor deve ser antigo.

— Pode ser. Outro dia tive um sonho. Amávamo-nos, mas sua família não permitia nossa união. Eu era pobre e eles queriam que você se casasse com um moço rico. Eu usava roupas antigas e você também. Vivíamos na Europa. Sonho estranho.

— Você deve ter tido contato com nosso passado.

— Será? Não entendo muito dessas coisas do invisível. Acredito, mas não entendo.

— Eu posso lhe ensinar, meu amor.

Antônio a beijou delicadamente nos lábios.

— Descanse, querida. Vou ver nosso filho.

Lenita pendeu a cabeça para cima e para baixo. Em seguida adormeceu, esboçando leve sorriso.

Numa linda manhã de verão, Valentina e Lilian passeavam pelo calçadão da praia de Copacabana. Haviam recebido o convite de uma dama da sociedade carioca para um chá beneficente realizado anualmente, cujo dinheiro das obras leiloadas seria doado a instituições de um modo geral. Aproveitariam também para conhecer o Museu de Arte Moderna da cidade, recém-inaugurado.

Valentina colaborou para esse evento doando uma tela e algumas esculturas. Fazia muito tempo que ela não ia à capital federal, e foi com gosto que aceitou o convite da amiga e aproveitou a oportunidade para mostrar a cidade maravilhosa para Lilian.

Valentina estendera o convite a Paulo Renato. Depois que o espírito de Selma fora afastado de seu convívio, ele mudara para melhor. Passou a frequentar o sarau das terças-feiras e a apreciar o seleto grupo de amigos de sua irmã, formado por políticos, intelectuais, acadêmicos e artistas de variadas áreas da cultura, como pintura, música e cinema.

Paulo Renato dedicou-se com afinco aos estudos mediúnicos e compreendia e aceitava com naturalidade o mundo invisível. Lilian tornara-se sua companheira inseparável.

Ela o ajudara a remodelar o guarda-roupa, a trocar de carro. O palacete que ele havia construído anos atrás estava vago e Lilian convencera-o a deixar a antiga casa da alameda Glete e mudar-se para o elegante bairro do Jardim Europa. A decoração, de excelente gosto por sinal, ficou a cargo dela. Tornaram-se muito amigos.

Valentina acreditou que o contato com o mar e a linda paisagem carioca iriam fazer tremendo bem ao irmão. Aproveitando que a universidade estava em recesso por conta das férias, ela pediu que Lilian insistisse para que ele as acompanhasse, afinal eram apenas alguns dias. Ele aceitou o convite, desde que pudessem fazer programas nos quais Lilian estivesse presente.

Hospedaram-se no Copacabana Palace. Ficaram em quartos separados, mas lado a lado, no mesmo andar, de frente para o imenso e lindo mar de Copacabana.

Conforme caminhavam e apreciavam a bela paisagem, além de sentirem o clima de renovação e liberalidade adequados à modernidade que o bairro exalava, Valentina comentou:

— Paulo Renato está muito diferente. Até remoçou.

— De fato, ele mudou seu guarda-roupa e trocou os ternos escuros por roupas mais claras e mais leves. Mudou para melhor.

— Não é só isso. Noto que os olhos dele brilham quando ouve seu nome ou quando a vê.

Lilian corou.

— Percebi. Às vezes, em nossas reuniões, eu noto, de esguelha, que ele me observa. Depois de tudo o que aconteceu, e sem a interferência daquele espírito, ele está mais consciente e dono de si.

— Não é só isso. Paulo Renato está gostando de você.

— Eu também gosto muito dele.

— Por que não se declara?

— Eu?! Não — ela riu-se. — Tudo tem seu tempo. Não quero estragar nossa linda amizade. Não vou dar um passo maior que a perna. Deixemos a vida seguir seu curso. Eu estou aberta para me relacionar com ele. Sinto que, no momento que estiver pronto, vai se declarar.

— Espero. Além de tê-la como filha querida, adoraria que fosse minha cunhada.

— Vamos esperar.

Caminharam mais algumas quadras e se depararam com uma das organizadoras do chá. Cumprimentaram-se efusivamente. Dolores as convidou para visitarem uma das instituições.

— Meu marido é médico e trabalha no instituto. Se quiserem, podemos dar uma passadinha lá à tarde.

— Receio não termos tempo de nos arrumar para o chá beneficente, no *golden room* do hotel — tornou Lilian, enquanto segurava o chapéu de abas largas, de maneira elegante.

— Dá tempo para tudo. Depois do evento, vamos, num pequeno grupo, à boate do Hotel Vogue.

— Onde se apresenta o melhor *jazz* do Rio! — disse Valentina.

— Está por dentro das novidades — ajuntou Dolores.

— Ouvimos falar muitas coisas boas sobre o Rio. Os americanos têm muita curiosidade sobre esta linda cidade. Não se esqueça de que Carmen Miranda faz muito sucesso lá — tornou Valentina, ajeitando delicadamente o lenço sobre os cabelos e fazendo delicado nó sob o queixo.

— Adoraria ir à boate logo mais à noite — tornou Lilian. Aprecio muito o *jazz*.

Depois da conversa, elas voltaram ao hotel e arrumaram-se para irem até a instituição. Lilian vestiu um costume de fustão, na cor azul-claro, estilo *Mao* — gola alta. Uma discreta boina e luvas brancas davam certo requinte ao conjunto.

— Está linda! — disse Valentina.

Ela sorriu, e foram com Dolores até a instituição, não muito longe dali, na Praia Vermelha. O motorista parou e elas desceram. Ernesto, o marido de Dolores, esperava-as na entrada. Cumprimentaram-se e ele, enquanto mostrava, falava sobre o instituto[26].

— O hospital daqui passou a receber todos os doentes mentais indigentes, o que acabou por produzir uma segunda crise em decorrência da superpopulação de internos. Alguns anos atrás se iniciou a transferência de pacientes para o hospital do Engenho de Dentro. Hoje temos alguns pacientes aqui, em observação, principalmente aqueles que apresentam quadros de alta complexidade, em geral os de natureza psicótica.

Valentina e Lilian escutavam tudo com interesse. Caminharam pelo instituto, e Lilian sentiu-se atraída por um corredor estreito e comprido. Enquanto Valentina caminhava com Ernesto e Dolores pelos pavilhões, Lilian desviou e seguiu pelo corredor.

---

[26] Hospital psiquiátrico cujas origens remontam ao Hospício Pedro II. Localizado no bairro da Urca, na cidade do Rio de Janeiro, o instituto foi fundado em 1937 como Instituto de Neurossífilis. Em 1965 foi rebatizado como Hospital Pinel, em homenagem ao pai da psiquiatria, Philippe Pinel. A partir de 1994, passou a se chamar Instituto Philippe Pinel.

Foi andando e se deparou com alguns doentes. Sorriu para um, acenou para outro. Notou uma mulher de cabelos embranquecidos e em total desalinho. Andava de um lado para o outro, de maneira agitada, e uma simpática e paciente enfermeira tentava acalmá-la.

— Ele já foi embora.

— Não foi. Ele está aqui. Disse que vai me matar. Disse que vai me matar.

— Veja! — apontava a enfermeira. — Não há ninguém aqui.

— Ele vai me matar. Adolf vai me matar.

A mulher desvencilhou-se dos braços da enfermeira e correu até Lilian.

— Ajude-me, por favor.

Lilian tentou sorrir, mas, quando seus olhos se fixaram nos da doente, ela de imediato a reconheceu: era Dinorá. Muito magra e envelhecida, mas era Dinorá. Ela tinha certeza.

Ela segurou-se em Lilian e, enquanto pedia desesperadamente que ela a ajudasse, a enfermeira aproximou-se.

— Desculpe-me. Dinorá não está nada bem.

— Você disse Dinorá?

A enfermeira tirou uma ficha do bolso do jaleco. Olhou para o nome e certificou-se.

— Dinorá Oliveira da Costa.

Lilian sentiu o ar lhe faltar.

— A senhora está bem?

— Estou. Um pouco tonta, mas estou — ela procurou se recompor e indagou: — Há quanto tempo ela é paciente do hospital?

Dinorá acalmou-se e começou a conversar baixinho, enquanto balançava o corpo para a frente e para trás; a baba escorria pelo canto dos lábios, os olhos estavam petrificados e sem vida.

— Vejamos. Ela veio para cá há quinze anos. Foi trazida por um vizinho. O marido morreu de ataque cardíaco e logo depois ela passou a *ver* esse homem que a persegue. Não localizamos parentes vivos.

Lilian balançou a cabeça para os lados várias vezes. Mal podia acreditar no que via. Chegou a imaginar reencontrar Dinorá e todos os impropérios estavam ensaiados havia anos, na ponta da língua. No entanto, o que fazer agora? O que dizer?

Ela aproximou-se de Dinorá.

— Lembra-se de mim?

— Hã?

— Eu sou a Lilian. Lembra-se de mim?

— Não. Ele vai me matar e me arrastar até Paquetá...

Lilian passou a mão sobre seus cabelos desgrenhados.

— Fique em paz. Fique com Deus.

Falou, rodou nos calcanhares e saiu, cabisbaixa e desejando, do fundo do coração, que Dinorá pudesse um dia encontrar paz e equilíbrio ao seu espírito tão perturbado.

No último dia de viagem, sentadas confortavelmente em espreguiçadeiras à beira da piscina do hotel, observando o sol que se punha, Valentina perguntou:

— Por que anda tão calada? Desde que fomos ao instituto você está diferente.

— Foram os doentes — dissimulou.

— Não, há algo a mais aí.

— Não quero falar sobre isso, Valentina.

— Está certo. Você é quem decide. Contudo, gostaria que abrisse um pouco os lábios e desse um sorriso. Mandaram entregar isso para você — Valentina pegou sua bolsa sobre a mesinha lateral e de lá tirou uma linda caixinha.

Lilian olhou para a caixa de veludo e perguntou:

— O que é?

— Abra, oras.

Ela assentiu, pegou a caixinha e abriu. Dentro havia um lindo anel, cujo brilhante reluzia, envolvendo os olhos em contemplação. Ela sorriu.

— Meu Deus! Que anel mais lindo.

— Eu sou somente a moça da entrega — disse Valentina, em tom de brincadeira. — O cavalheiro que mandou entregar a espera em sua suíte — apontou para cima e para o alto.

— Não vá me dizer...

— Paulo Renato está aflito e ansioso. Está esperando. Vamos, menina, aproveite. É nosso último dia no Rio de Janeiro. Amanhã cedo voltamos para casa. Logo vai escurecer.

Lilian pendeu a cabeça para cima e para baixo.

— Tem razão. Eu e Paulo Renato precisamos ter uma conversa séria.

— Boa sorte, minha querida.

Valentina a beijou no rosto, levantou-se e juntou-se a um grupo de amigos ilustres para tomar seu Martini seco. Lilian subiu até a sua suíte. Tomou um banho refrescante, arrumou-se com aprumo e espargiu suave perfume no colo e nos pulsos. Respirou fundo, pegou a caixinha e caminhou até a suíte de Paulo Renato. Bateu levemente na porta. Ele abriu e, antes de falar, ela perguntou:

— Por que mandou o anel por intermédio de sua irmã?

— Queria me preparar para recebê-la. Precisava de tempo para os preparativos. Entre, por favor.

Lilian entrou e o ambiente estava divinamente decorado. As pétalas de rosas vermelhas estavam esparramadas por todo o quarto. Na cama havia mais algumas pétalas. O balde com gelo e champanhe, o som de Ella Fitzgerald saindo da vitrola e a luz tênue dos abajures suscitavam o romance.

— Vejo que não perdeu seu tempo.

— Enquanto Valentina entregava a joia, eu terminava de arrumar o quarto para recebê-la. Espero que goste — apontou para a caixinha de veludo, encabulado. — E que aceite o meu pedido de casamento.

Lilian aproximou-se e ele a tomou nos braços. Ela sentiu seu hálito quente e perfumado.

— Aceito. Não via a hora de este momento chegar. Quero ser sua esposa, sua mulher, sua companheira. Quero ser sua.

Paulo Renato não esperou um segundo a mais. Apertou-a de encontro ao peito e beijou-a com sofreguidão. Lilian sentiu o coração bater descompassado e retribuiu o beijo.

— Oh, Lilian, eu a amo.

— Eu também o amo, Paulo Renato. Muito.

Não falaram mais nada, pois uma onda de paixão anulou todo e qualquer pensamento que não fosse a vontade de estarem juntos. Ela ergueu os lábios e beijaram-se novamente, entregando-se ao amor que sentiam havia muitas vidas, represado por muito tempo. Lilian sentiu que a força do bem existia realmente. Ela estava cheia de emoção, de amor. Estava, enfim, cheia de ternura e de vida.

Da janela da suíte, as estrelas pareciam mais brilhantes e reluzentes, como os dedos de Deus apontados para o céu.

**Fim**

FALE COM O AUTOR

leitores.marcelocezar@uol.com.br

# Sucessos de Marcelo Cezar

## Ela só queria casar...

O que você faria se morresse neste exato momento? Aconteceu com Gláucia. Moça bonita, cheia de planos e prestes a se casar, ela descobriu que só acontece o que Deus permite. E Ele só permite o que é melhor para nós.

## O próximo passo

O que faz uma filha rejeitar a mãe? Por que uma mãe rejeita o próprio filho? As respostas, muitas vezes, encontram-se em vidas passadas. Aceitar e lidar com a rejeição é o caminho para o amadurecimento do espírito e a conquista da nossa felicidade.

## A vida sempre vence – nova edição

Uma tragédia muda o rumo do destino de uma família. O que poderia explicar a atitude tão surpreendente e radical de uma mãe? Este lindo romance, agora em edição revisada e atualizada, leva-nos a compreender como o livre-arbítrio influencia nosso destino.

## O amor é para os fortes

Muitos de nós buscam a relação afetiva perfeita. Este romance nos mostra que não existe a relação perfeita, e sim a possível. E é nessa relação possível que a alma vive as experiências mais sublimes, fazendo-nos entender que o amor é destinado somente para os fortes.

**A última chance**

Uma emocionante história que tem como cenário as transformações comportamentais provocadas pelo surgimento da aids. A leveza da narrativa propõe a quebra dos tabus e preconceitos contra os portadores do vírus HIV.

**Para sempre comigo**

Caio é acusado e preso por um crime que não cometeu. Em seu desespero, quer apenas provar que é inocente. Será que ele conseguirá ajuda divina? Neste romance, você terá a oportunidade de entender os segredos que movem os destinos dos homens.

**O preço da paz**

Quando nada sai como queremos, a frustração e a raiva nos levam à depressão. Buscamos soluções nas drogas, nas fugas viciosas do desequilíbrio destruidor. É quando percebemos que o que queremos é tão somente a paz para voltarmos a ter gosto de viver.

**Você faz o amanhã**

O poder de conquistar a felicidade está em suas mãos. Se deseja progredir sem sofrer, assuma seu desejo de permanecer no bem, jogue fora as ilusões e não tenha medo do futuro, pois você faz o amanhã.

**Medo de amar**

Neste romance surpreendente, que se passa no início da década de 1970, Maria Lúcia deseja, a todo custo, a riqueza, o luxo e o poder, acreditando na ilusão de se sentir preenchida por tudo isso. Mas o resultado vai se mostrar desastroso, pois nada substituirá o seu amor reprimido.

**Nunca estamos sós**

Conheça a vida de Heitor que, em sua última encarnação, viveu na cidade do Rio de Janeiro e desencarnou na tragédia do *Bateau Mouche*. Sua trajetória demonstra como a sabedoria da vida trama nosso reencontro com a verdade interior.

**Nada é como parece**

É a história de três amigas que, depois de anos, voltam a se encontrar, trazendo à tona o passado, em meio a conflitos e desentendimentos, e mostrando com clareza que em sociedade nem sempre as pessoas são como parecem.

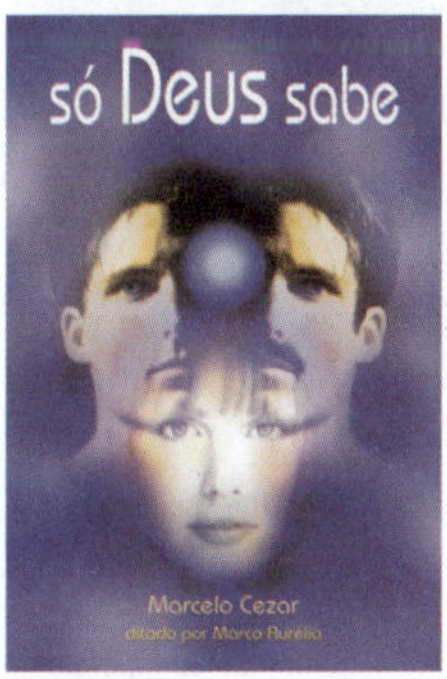


**Só Deus sabe**

Dois irmãos jovens e bonitos. Gêmeos, porém com temperamentos completamente diferentes. Um deles morre em um trágico acidente. Por quê? Neste romance encontramos muitas respostas que nos ajudam a entender como a vida funciona.

MAPPIN STORES
LIQUIDAÇÃO SEM
MAPPIN STORES
P 55-72

São Paulo – Praça do Patriarca

#ESP10334
Um sopro de ternura

VIDA & CONSCIÊNCIA
G R Á F I C A

Rua Agostinho Gomes, 2.312 – SP
55 11 3577-3200

grafica@vidaeconsciencia.com.br
www vidaeconsciencia com br